Del abismo
a la *luz*

Del abismo a la *luz*

La historia de la
mamá de Justin Bieber

PATTIE MALLETTE
con A. J. Gregory

Revell
a division of Baker Publishing Group
Grand Rapids, Michigan

Unilit

A mi Padre celestial,
por ser el Redentor al que nadie supera.

Prólogo

Por Justin Bieber

Mi mamá es la mujer más fuerte que haya conocido. Siempre lo supe, pero este libro me hace evocar cuánto lo es. Siempre la he admirado. Es el ejemplo de la persona que no negocia, que no renuncia. Solo por ser lo que es me inspira a ser un buen hombre. Y siempre me impulsa a ser mejor.

Sé que ha renunciado a muchas cosas, que ha hecho cantidad de sacrificios para ejercer su rol de madre y criarme. Por otra parte, me emocionan sus novedades, como este libro, en el que expone su propia vida. Como soy su hijo y su fan más apasionado, lo que yo diga nunca podrá ser imparcial, pero estoy convencido de que hay que conocer su historia. Cuando leas este libro verás que no tuvo una vida fácil y que gran parte de su infancia fue una lucha. Me fue difícil leer lo que mi madre sufrió, pero reconozco lo importante que es que su historia se conozca.

Hay muchas mujeres que han pasado por experiencias similares y que necesitan algo de esperanza: saber que, hay una luz al final del túnel. Y sé que eso es lo que mi mamá puede dar a través de esta historia. Espero que encuentres la paz y la fortaleza en la misma medida en que ella las halló. Te deseo lo mejor en tu propio camino. Y que sepas que Dios está contigo.

Te amo, mamá.

Nota de la autora

Gracias por leer mi historia. Antes que empieces, quiero decirte por qué la escribí y cuál es mi visión con este libro. No es solo un relato de lo que viví. Francamente, hay muchas partes de mi historia que preferiría olvidar y de las que no me siento orgullosa, por cierto. Sin embargo, también hay momentos de mucha gracia, la gracia abundante de Dios, por lo que estoy profundamente agradecida. Decidí hablar no solo para sanar las heridas de mi penoso pasado, sino también para ayudar a otras personas —que pasan por situaciones similares— a que se sanen y se liberen. La clave principal de mi propia sanidad fue el hecho de encontrar mi voz, esa que jamás pude tener de niña. Al darle a esa pequeña una voz, espero poder ayudar a otros para que encuentren la suya y que, a la vez, hallen la valentía que les haga emplearla. Deseo profundamente que mis palabras puedan dar a otras personas esa esperanza que descubrí en mi propia vida.

Escribo particularmente para ustedes, los que conocen el dolor del maltrato sexual y para todos los que han vivido el abandono, el rechazo y el temor. Escribo para aquellos que creen que son mercadería de segunda, usada, que se identifican por sus heridas y por lo que han sufrido. Escribo para animarte a que creas que hay esperanza, que hay una luz y que hay una vida digna de ser viviva más allá de los dolores del pasado. Escribo porque creo con todo mi corazón, que tú —como yo— podrás hallar el camino a la sanidad definitiva y a la libertad plena.

Entiendo que la honradez implica riesgos. El mundo está lleno de críticos. Como cuento cosas acerca de mi vida y, en particular, verdades no muy gratas y hasta difíciles de leer, habrá quienes se pregunten qué intenciones tengo. Quiero que sepan que con este libro no intento acusar, calumniar ni señalar a nadie. No quiero relatar mi historia a expensas del sufrimiento de otros. Créanme que he cometido errores, por tanto leerán algunos de ellos a lo largo de esta obra.

Me debatí entre la duda y la certeza durante mucho tiempo, buscando cómo escribir con propiedad acerca de los detalles más dolorosos de mi vida, pero sin echar sombras a las personas a las que amo tanto. Te pido que leas este libro sin piedras en las manos. Todos somos humanos, todos cometemos errores. Sin embargo, somos pocos los que los relatamos y los ventilamos para que el mundo los conozca. Entiende que la gente cambia, como yo. Y que todos merecemos la gracia y la comprensión de que se nos brinde una segunda oportunidad. En toda historia hay dos caras. Este libro es la mía.

Quiero agradecer a mi familia y a Jeremy por su comprensión en cuanto al modo en que también ellos, y sobre todo sus momentos de sensibilidad, forman parte de esta obra. Son parte del cuadro completo. Sus experiencias también podrán ayudar a otras personas a lograr un propósito mayor. Los honro por su audacia y los elogio por su valentía al permitirme relatar algunos recuerdos dolorosos.

Verás que Jeremy y yo tuvimos una relación particularmente difícil. Éramos demasiado jóvenes e inmaduros cuando nos unimos. Y, en especial, quiero que sepas que así como yo cambié, Jeremy también, y hoy es un hombre distinto. Me enorgullece ver lo lejos que ha llegado, como hombre y como padre. Hoy lo considero mi amigo.

Doy gracias a todos mis familiares y amigos que forman parte de mi historia. Los amo con todo mi corazón, no hay palabras para expresar mi gratitud.

Uno

Pasé años luchando con la oscuridad y ahogándome en el tormento. Y he pasado casi toda mi vida adulta tratando de examinar cuidadosamente cómo salir de la enredada telaraña de las heridas emocionales, de los despojos que dejó la oscuridad de mi infancia. Con paso trémulo he tenido que regresar a esos años en que era pequeña, deteniéndome con dolor en los diversos hechos que fueron moldeándome a lo largo de mi niñez. Y aprendí que, a veces, uno tiene que volver a su pasado para llegar a su futuro.

Una noche soñé que mi trabajo consistía en limpiar cada una de las habitaciones de una gigantesca casa, casi todas eran dormitorios. Pertenecían a chicas de distintas edades, desde bebés hasta adolescentes y estaban llenos de ropa, de basura, de juguetes amontonados en pilas de hasta treinta centímetros de altura. La faena me abrumaba. En la primera habitación solo pude despejar un pequeño espacio donde pararme, empujando con los pies todo lo que había tirado. Decidí entonces ir a otro cuarto y volver a intentarlo. Sucedió lo mismo. Fui de habitación en habitación y el resultado siempre fue igual: solo lograba despejar algo de espacio alrededor de mis pies. Me sentía frustrada. No tenía idea de cómo empezar a limpiar y ordenar.

Mientras estaba allí, sin posibilidad de moverme, oí una voz. Supe por instinto que era la voz de Dios: «Ve al principio, allí donde comienza la casa», me dijo.

En sueños, sabía lo que tenía que hacer. Me dirigí a la primera habitación, la sala principal, y empecé a quitar todo lo que había allí. Tiré todo lo que encontré: sillones, lámparas, alfombras, mesas, cuadros, libros... hasta que la habitación quedó vacía. Luego restregué las paredes, las pinté y solo traje de regreso los objetos que yo quería. Había logrado limpiar una de las habitaciones. Ahora sabía cómo volver a las demás, y cómo limpiar y ordenarlo todo.

Al despertar medité en lo que había soñado y vi que había cierta similitud entre la casa del sueño y los acontecimientos de mi infancia. Las diversas habitaciones me representaban a mí en distintas edades y en las áreas de mi vida que intentaba limpiar, ordenar o sanar, en mi edad adulta. Me impresionó la sencilla instrucción del sueño.

Vuelve al principio.

Ya había explorado los primeros años de mi infancia con terapia y, aunque la idea parecía una locura, me pregunté si ese sueño significaba que tenía que repasar mi vida, desde antes de mi nacimiento. Tal vez pasó algo traumático mientras estaba aún en el vientre de mi madre. De solo pensar en eso me sentí estúpida. ¿Volver al vientre? ¿Qué sentido tendría eso? ¿Cómo podría algo que ni siquiera viviste o conociste tener un efecto tan traumático en ti, en tu vida, mucho tiempo después? Sin embargo, quería hacerlo. Estaba desesperada.

Mi padre era un alcohólico que siguió los pasos del suyo, otro beodo. No sé mucho sobre él porque se fue cuando yo tenía dos años. Sé que era violento. Le daba empujones a mi mamá cuando estaba encinta, cuando yo estaba en su vientre. Supe, por lo que fueron contándome otros miembros de la familia, que papá era como un camaleón. Y es que mientras algunos lo veían como un esposo y padre amoroso, encantador y gentil, lo que veíamos nosotros era su lado oculto y oscuro. Me perturba saber que experimenté la violencia incluso antes de salir al mundo real. Eso me hace pensar que aparecí de repente, sin que nadie me deseara. En serio, ¿qué bienvenida puede esperar un bebé que llega a una familia en la que impera el abuso físico? Pareciera que mi futuro estaba marcado y manchado ya desde el principio.

Mi mamá, Diane, era la mayor de diez hermanos. Conoció a mi papá y quedó encinta cuando tenía dieciséis años, por lo que decidieron comenzar una nueva vida, juntos, en la ciudad de Timmins, Ontario, en Canadá, y al fin se mudaron a Stratford, a diez horas de allí.

Mi hermano Chris nació en 1967 y solo dieciocho meses más tarde llegó Sally, la hermana que nunca conocí. Cuando Sally tenía cinco años, su vida llegó a un trágico fin. En ese momento mi madre tenía cuatro meses embarazada de mí.

Me dijeron que fue una fría mañana de noviembre, cuando mi hermano y Sally se preparaban para cruzar la calle y dirigirse a la casa de la mujer que los cuidaba. Mientras salía el sol, Chris y Sally iban de la mano, caminando juntos hacia allí. Tal vez Sally quería ir más rápido. O quizá no querría caminar de la mano de su hermano. Nadie sabe por qué, pero se soltó. En un abrir y cerrar de ojos, soltó sus deditos de la mano firme de Chris y cruzó la calle corriendo mientras reía, contenta. No vio el auto que se acercaba. Chris lo vio. Y gritó. Pero demasiado tarde. Porque Sally murió al instante.

No quiero imaginar lo culpable que se habrá sentido mi hermano después de ver cómo el auto impactó el cuerpecito de su hermana, sabiendo que ni siquiera su mejor intento por salvarla podría engañar a la muerte. Solo hablé del accidente una única vez con Chris. Estoy segura de que fue algo que lo devastó demasiado como para recordarlo y conversar sobre eso, una y otra vez. Lo mismo tiene que haberle pasado a mi mamá.

Se me encoge el corazón al pensar en el tremendo dolor por el que tuvo que pasar mamá, ese dolor que no se va jamás cuando has perdido un hijo. Y además, estando encinta. ¿Cómo lloras a un hijo cuando tienes otro en el vientre? ¿Puedes llorar y celebrar al mismo tiempo?

Por supuesto, de todo eso me enteré mucho más tarde. Mamá jamás habló de la muerte de Sally. Es más, fue alrededor de mis diez años que supe que tuve una hermana y eso porque también me atropelló un auto.

Iba en bicicleta por la calle, un día de verano, muy caluroso. Y no estaba prestando demasiada atención a lo que sucedía alrededor. Sin mirar, giré para cruzar la calle y no vi que se acercaba un auto por detrás. Me pegó con tal fuerza que caí de la bicicleta y quedé tendida en el pavimento.

No me lastimé, pero mi mamá y mi hermano presenciaron el accidente y empezaron a gritar y a llorar. Hicieron un escándalo y me llevaron a rastra hasta nuestra casa, aunque solo sufrí unos magullones y raspones, nada más. Todo ese drama me dejó confundida y molesta. «¿Qué les pasa?», pregunté.

Mamá y Chris finalmente lograron calmarse y pudieron hablar, pasada ya su histeria. Me preguntaron si recordaba las fotografías de una nena, que hacía mucho teníamos en casa. No las recordaba. O quizá pensé que eran fotografías mías y por eso no les había prestado demasiada atención.

Mi madre me dijo: «Eran fotos de tu hermana Sally. La atropelló un auto y murió a los cinco años». Sentí que estaba en un episodio de la serie televisiva *La dimensión desconocida*. ¿Que tenía una hermana? ¿Muerta? Todo aquello era muy extraño. Luego, mi memoria logró despejar la niebla, se abrió un espacio diminuto y pude recordar. Recordé que había fotografías de Sally en los álbumes, fotografías que mamá me había dicho que eran mías. Es que éramos casi idénticas. Supuse que en ocasiones mamá me miraría y vería una aparición, el fantasma de mi hermana mayor.

Tiempo después me pregunté si la muerte de Sally tendría algo que ver con esa desconexión que siempre sentí entre mamá y yo. Durante años, eso me hizo suponer que era adoptada, ya que siempre sentí como que no pertenecía a esa realidad.

De vez en cuando, algo hacía emerger ese sentimiento con tal fuerza que me provocaba un ataque de ira. Recuerdo que cuando era adolescente, un día revolví toda la casa buscando una prueba, alguna evidencia que pudiera confirmarme que me habían adoptado. Me había convencido de que mi madre biológica estaba en algún lugar. Y que quizá me estaría buscando.

Abrí todos los armarios de la cocina, sin preocuparme por el ruido que hacían los vasos de vidrio y la vajilla de porcelana cuando metía la mano para hurgar cada rincón. Abrí y cerré de un fuerte golpe cada cajón del escritorio y de los dormitorios. En alguna parte tenía que haber algo. Algún papel, un documento. En cada armario busqué entre la ropa, apartando zapatos viejos, suéteres con olor a humedad, cajas cubiertas de polvo y pelusas que guardaban Dios sabrá qué cosas. Dejé la casa patas arriba ese día, como si fuera una adicta que busca drogas.

Al final, desesperada, pero sin explicaciones, le grité a mamá:

—¡Sé que soy adoptada! ¡Ya no me mientas! Dime dónde están los papeles. Sé que es así.

Mamá habrá pensado que me había vuelto loca.

—Basta ya... —me pidió—. ¿Qué estás diciendo?

Tomó un par de fotografías y las sacudió delante de mis ojos, puestas una al lado de la otra:

—¡Si eres igualita a mí! ¿Qué te hizo pensar que eres adoptada?

Nada de eso pudo convencerme. Nada podía calmarme. Había algo dentro de mí que me decía que yo no tenía que ver con ella. Que ese no era mi hogar. Que ella no era mi madre. ¿De dónde venían todas esas sospechas? ¿Y por qué me afectaban tanto?

Vuelve al principio.

Los sentimientos que te duelen no surgen de la nada. Nacen de cosas que has vivido, de momentos que tienen el poder de formarnos, de moldearnos. A veces ni siquiera podemos reconocer la magnitud de esos momentos fundamentales, sino hasta años más tarde.

Cuando papá nos dejó, también dejó un agujero en mi corazón, uno que empezó a llenarse de ideas y sensaciones que atacarían, y al final dañarían, mi identidad y mi autoestima. El dolor de sentirte abandonado te llega a lo más profundo y te cambia para siempre.

Incluso hoy, si cierro los ojos, siento ese caos emocional que marcó mi corazón en el momento en que se fue. Solo tenía dos años, pero lo recuerdo como si hubiera sido ayer. Tan vívido es el recuerdo. De hecho, es el primer recuerdo consciente que tengo de mi niñez.

Me acuerdo de que mi hermano y yo estábamos junto a la puerta de entrada, con los ojos bien abiertos, confundidos, viendo cómo papá se ponía la chaqueta. *Se ve muy serio. ¿Dónde va? ¿Para qué lleva esa maleta tan grande? ¿Mami...?* Papá se arrodilló delante de ambos y me dio un regalo de despedida, una muñeca Pulgarcita. Cuando toqué su piel de plástico y miré sus grandes ojos que me devolvían la mirada, decidí que sería mi mejor amiga. Mientras la tuve, jamás se separó de mí.

—Los amo mucho —empezó a decir papá—. Pero tengo que irme lejos.

Nos abrazó a los dos, y se puso de pie muy despacio, como si fuera un gigante junto a mi diminuta estatura.

—Los amaré siempre.

Mientras papá daba la vuelta, vi que apoyó su enorme mano en el picaporte de la puerta. Me pareció que pasó una eternidad así, antes de girarlo y abrir, para finalmente salir del apartamento. La puerta se cerró con lentitud y sentí que mi corazón se iba con él. Estaba tan confundida que no podía gritar, pero por dentro, todo mi ser era un alarido desesperado: *¡Papá, no te vayas! ¡Vuelve! ¡Por favor, te necesito!* Pero era demasiado tarde. Papi se había ido. No volvería a verlo hasta cumplidos mis nueve años.

Siendo adulta ya, me ha dolido el hecho de no haber tenido a papá junto a mí para que me llamara princesa, para que me dijera que era hermosa y para que amenazara a los chicos con los que salía. Fue para mí un duelo reconocer que no tuve un papá en cuya falda pudiera acurrucarme para sentirme a salvo de todo. Un papá que me enseñara a respetarme a mí misma como mujer. Un papá que me recordara que yo valía más de lo que creía, que alguien me valoraba mucho más.

En ese momento, cuando tenía dos años, lo único que quería con desesperación era subirme a la falda de mamá y hallar consuelo, en la ternura que solo una madre puede dar. Pero no pude hacerlo. Porque ese mismo día en que papá se fue, tuve que empezar a madurar. Tuve que secarme las lágrimas y levantarme sin ayuda de nadie. No había tiempo para tristezas. No había lugar para la confusión que sentía.

También fue el día en que empecé a darme cuenta de que mi madre, que se esforzaba trabajando para mantenernos, para que nada nos faltara, para cubrir nuestras necesidades físicas, no iba a ofrecerme ese afecto maternal y mimoso ni las palabras de afirmación que yo tanto anhelaba. No podía hacerlo.

Porque tenía su propio dolor, su propia carga. Su vida en una relación abusiva, el dolor de haber perdido una hija, sumado al estrés de que su esposo la abandonara para dejarla con dos pequeñitos a quienes debía mantener, le quitaron toda capacidad para darme el apoyo emocional que me hacía falta. Mamá era, y sigue siendo, una mujer muy fuerte. Sin embargo, yo no tenía ese temple de acero, esa fuerza que hace falta para sobrevivir. Todavía no.

A mis seis años mamá volvió a casarse y creí que había llegado el momento de empezar a vivir felices. Bruce Dale era un tipo callado, bueno y estaba muy enamorado de mi madre. Los dos estaban locamente enamorados y se besaban a cada momento. Al principio, yo solía mirar las peleas de boxeo en la televisión, sentada sobre su regazo, con la mirada clavada en la pantalla y los pantalones de colores de los boxeadores sudados, mientras se pegaban y yo decía con tono de orgullo: «¡Yo también voy a ser boxeadora!». Me encantaba la idea de que Bruce fuera mi papá.

Bruce trajo a casa a sus dos hijos: Candie, de trece años, y Chuck, que tenía once. Candie era amorosa, yo la admiraba. Era una hermana mayor muy buena, siempre tenía tiempo para mí y me hacía sentir especial. Mi hermanastro era bueno como su padre y divertido. Los amaba a ambos.

Cuanto más conocía a Bruce, más lo amaba. En especial porque sabía que trataba muy bien a mi mamá. El 15 de agosto de 1981, día de su boda, sentía tal entusiasmo y alegría que no podía contenerme. Mami se veía preciosa, con su cabello corto cepillado hacia un costado, formando una onda. Llevaba un vestido turquesa de chifón, que hacía juego con el color de sus ojos, y en la mano sostenía un ramito de rosas blancas y rosadas, preciosas. Bruce, alto y muy orgulloso, estaba de pie junto a ella. Tan elegante en su traje marrón oscuro. Y hasta el poco pelo que le quedaba estaba prolijamente peinado, no como siempre. Los varones vestían chaquetas de pana y por encima asomaba el cuello de sus camisas, como alas de mariposas. Se les veía incómodos con esa ropa elegante, como si quisieran arrancársela toda y ponerse sus viejos pantalones de jeans. Candie y yo llevábamos vestidos blancos, lindísimos, y teníamos medias blancas que combinaban y que nos llegaban hasta las rodillas. Fue la primera vez que me peinaron en una peluquería y me pusieron *laca*.

Claro que para mí, esa boda tenía que ver con mucho más que un lindo peinado o vestido. Era mi momento. Tendría un nuevo papá. Uno que me amaba. Un papá que querría quedarse. Pensé que era lo mejor que podía pasarme en la vida.

Más tarde, esa noche, llamé a mi papito nuevo que estaba en la otra habitación. «Papi», dije. Era tan grande mi anhelo de decir esa palabra. Quería que formara parte de mi vocabulario permanentemente. Quería tenerla para saber que tenía un papá, para vivir tranquila sabiendo eso. Que me amaría y me protegería. Que no se iría a ninguna parte.

Papi. Eso era todo lo que quería en la vida.

Pero al oír esas dos sílabas, apenas las pronuncié, mi hermano Chris explotó.

Tiró de mi brazo para tenerme bien cerca y que Bruce no oyera lo que me iba a decir: «Ese no es tu papá», susurró con tono sibilante. «Es el marido de tu madre. Un extraño en esta casa. Y no le digas "Papito". ¡Ya tienes un padre!»

Después de eso, olvidé el asunto. Siempre me agradó Bruce, pero admiraba a Chris. Después de todo, era mi hermano mayor y por eso respeté sus deseos. Pero en el proceso, me perdí lo que podría haber sido una relación especial con mi padrastro.

A decir verdad, y en defensa de Chris, hoy puedo entender lo que le sucedía. Es siete años mayor que yo, por lo que tuvo más tiempo con nuestro papá. Naturalmente, su apego a él era mayor que el mío. Como era el único varón en la casa desde que papá se fue, tal vez sentía que la nueva figura masculina era una invasión, o tendría miedo. No creo ni por un segundo que Chris supiera lo mucho que me hirieron sus palabras. Sé con toda certeza que si lo hubiese sabido, no las habría pronunciado.

Ese día, de inmediato, marqué una distancia entre mi padrastro y yo. Durante el resto de mi niñez, nunca pudo ocupar el lugar de un padre puesto que yo jamás le di siquiera una oportunidad. Antes de que pudiera asumir la figura de un padre de veras, yo ya le había cerrado las puertas. Jamás hizo nada malo, nada que me lastimara, pero para mí sería siempre el esposo de mi mamá. No mi padre. Así que lo mantuve desde ese momento a distancia, como si hubiese trazado una línea.

Así como viví distanciada de mi mamá y de Bruce, también me alejé de la religión. Mis hermanos y yo crecimos como católicos no practicantes. Jamás íbamos a misa. Los domingos no eran el día reservado para ir a la iglesia, sino para que mamá y Bruce durmieran un poco más, descansaran, se relajaran o se divirtieran. Los dos trabajaban duro toda la semana y no ganaban mucho porque eran obreros; por eso, cuando llegaba el domingo querían descansar. Ver un partido en la televisión. Ir de compras. Visitar a la familia. O incluso salir a tomar un buen desayuno en algún lugar.

Más o menos en la época en que mamá volvió a casarse, mi vecina y amiga Robbie Wigan me invitó a ir a la iglesia una semana. A mamá y a Bruce no les pareció mal. Era algo en qué ocupar mi tiempo. Mientras mamá andaba en pantuflas medio dormida por la pequeña cocina de la modesta casa, y abría un paquete de filtros para café, yo estaba arriba en mi cuarto, buscando algo lindo que vestir. Un bonito vestido. Y zapatos lustrosos.

Cuando terminé de vestirme y peinarme, bajé las escaleras dando saltitos y grité: «¡Me voy! ¡Adiós!», despidiéndome de mis padres. Corrí alegre hasta la casa de Robbie, a cuatro de la nuestra. Estaba muy entusiasmada porque iría a la iglesia. No sabía bien por qué, digo, ¿quién relaciona la palabra *entusiasmo* con ir a la iglesia?, pero a mí me parecía una aventura.

De camino al servicio, los adultos que ocupaban los asientos delanteros hablaban de cosas aburridas de gente grande, mientras una música suave inundaba el auto con una música suave. Robbie y yo charlábamos de esas cosas que hablan las chicas. La escuela dominical fue como un remolino de historias, crayones, manualidades, canciones y bocadillos. Me senté junto a Robbie completamente hipnotizada. Estaba fascinada por lo divertido y porque los otros chicos reían mientras dibujaban coloridas imágenes de Jesús. Todos se veían felices allí. La iglesia no era una de esas tareas pesadas y aburridas como lavar los platos o limpiar tu cuarto. La iglesia era... bueno... divertida. Y me gustaba ese tipo de diversión. Era diversión como la que yo quería. Me pregunté por qué nuestra familia no iba nunca a la iglesia.

Cuando la clase estaba a punto de terminar, la dulce maestra con el peinado alto preguntó si yo quería aceptar a Jesús en mi corazón. ¡Claro que quería! ¿Por qué no iba a querer? Por lo que había oído en las historias de la Biblia que contaban allí, y las imágenes que nos habían mostrado, me gustaba Jesús. Y sí, quería que fuese mi amigo. Y lo que más me gustó fue que parecía que Jesús quería ser mi amigo desde antes de ese día. ¡Imagínate eso! Así que acepté a Cristo en mi corazón mientras una de las maestras de la escuela dominical asentía, en señal de aprobación, allí junto al franelógrafo con esas coloridas figuras de los personajes bíblicos.

Creo que desde ese mismo momento, Dios entró en mi vida. Pero aunque yo le abrí la puerta, era pequeña, tenía solo cinco años. Todavía me faltaba mucho por vivir. Y aunque creo que ese primer encuentro con Dios plantó en mí una semilla para el futuro, la fe no iba a impedir que me pasaran cosas malas. No me protegería cuando me robaran mi inocencia. Una y otra vez.

Dos

Quien viera a nuestra familia diría que éramos normales, cualquiera sea su significado (aunque «normal» significa algo distinto para cada quien). Mi infancia transcurrió sin altibajos aparentes. Nuestra casa era pequeña, de dos pisos, y estaba en un vecindario tranquilo de los suburbios de Stratford, Ontario, Canadá. Mi madre y mi padrastro trabajaban duro para mantener a la familia. Ganaban poco porque pertenecían a la clase obrera. En nuestra cuadra había chicos de todas las edades y nos pasábamos prácticamente todo el día jugando.

Casi todos los días llegaba alguien a la puerta de casa. Llamaba y preguntaba si yo podía salir a jugar, o si podían entrar y jugar conmigo adentro. No hacía falta que lo preguntaran dos veces. Mis amigos y yo paseábamos en bicicleta. O jugábamos en el patio de juegos de la escuela primaria que estaba en la misma cuadra. Yo iba a las casas de mis amigos y comíamos galletas con trocitos de chocolate mientras pintábamos con el antiguo aparato electrónico Lite-Brite, jugábamos con muñecas con olor a frutilla o intentábamos armar el cubo de Rubik. Con mi amiguita Robbie organizábamos desfiles en nuestra cuadra con los chicos del barrio y hasta actuábamos en obras de teatro que escribíamos nosotros mismos cuando éramos un poco mayores. Vendíamos entradas a los vecinos y actuábamos sobre un escenario que armábamos en casa.

Mis fiestas de cumpleaños estaban llenas de globos de colores y regalos, siempre invitaba a todos los chicos del barrio. Jugaba con los muñecos y los animales de peluche. En la primaria, me enamoraba de los niños como una tonta. Y cuando nevaba en el invierno (y nevaba mucho), con mis hermanos hacíamos muñecos de nieve y castillos. De vez en cuando, salíamos de vacaciones familiares. Incluso fuimos a Florida un año. El Día de Acción de Gracias venían todos nuestros familiares y parientes, y comíamos hasta no poder más. Decorábamos el árbol de Navidad y comprábamos regalos en los centros comerciales.

Aparentemente, nuestra vida era normal. No había nada fuera de lo común. Nada inusual. Nada sospechoso. Pero, tras toda esa aparente normalidad, soporté muchos años de abuso sexual.

Mi primer recuerdo sexual es de algo que comenzó como el inocente juego del doctor, pero sin estetoscopio ni maletín de médico. Como sucede con muchos otros incidentes, solo recuerdo detalles borrosos, como si todo hubiera ocurrido en medio de la niebla. Pero por borrosos que sean, son recuerdos que permanecen en la memoria.

Me recuerdo tendida sobre una mesa. Creo que tendría tres años. Había otros chicos más grandes, caras conocidas. Se respiraba un aire de ansiedad, como si estuviera a punto de revelarse un oscuro secreto. A mí me tocaba ser la paciente, que esperaba que el «doctor» diagnosticara alguna terrible enfermedad. Uno de ellos tenía un termómetro en la mano, por lo que supuse que iban a ver, jugando, cuánta fiebre tenía.

Pero no estaba preparada para lo que pasó después. Me metieron el termómetro en lugares de mi cuerpo donde no debía introducirse. Me acuerdo que algo me dio asco. Algo no andaba bien. Es raro pero, aunque no tengo recuerdos específicos de que algo así sucediera con anterioridad, sí puedo recordar que sentía que eso ya había ocurrido. Como si no fuera la primera vez que me tocaban así. No puedo saberlo con certeza. Pero sabía que no sería la última vez.

Conocía al que abusaba de mí. Era un rostro conocido, de mi círculo familiar, de mi comunidad, de mis amigos. Cuando alguien que conoces, que se supone sea alguien con quien estás a salvo, te hace cosas o te hace hacer cosas que duelen y te lastiman, se rompe la confianza. Sientes que no son buenas. Que te confunden. Cosas perversas.

Yo tenía cinco años. Estaba ocupada eligiendo los crayones más lindos para pintar la siguiente página de mi libro de colorear, cuando él entró en la habitación. Estaba desnudo. El crayón con que iba a pintar un lindo sol de cálido color amarillo se deslizó entre mis dedos y cayó al piso, y se oyó un ruido sordo. Sentí miedo y confusión. Estaba paralizada.

¿Por qué está desnudo? ¿Por qué me está mostrando sus partes íntimas?

No sé cómo me hizo hacerlo ni qué pasó cuando todo acabó, pero terminé tocándolo. No quería hacerlo. Solo seguí sus indicaciones. Hice lo que me dijo. Como una niñita obediente.

Los siguientes cinco años continuó tocándome inapropiadamente. Y todo ese tiempo me mantuve callada. Me confundía toda esa atención física. Me confundía la forma en que acariciaba mi piel, las partes de mi cuerpo que en público siempre estaban cubiertas por una razón: porque eran mías.

Por desdicha, no era el único que abusaba de mí. En la misma época, un segundo abusador entró en mi vida. También era alguien conocido. Otra persona en quien yo confiaba.

Recuerdo que sus manos me alcanzaban para bajarme la ropa interior. Mi cuerpo se ponía tenso. No podía defenderme. No podía hacer nada. *¿Otra vez? Oh, Dios. ¿Por qué yo?* Otras veces estábamos en una habitación, en silencio. Y aunque estábamos tras las puertas cerradas, había ocasiones en que solo un par de metros nos separaban de los adultos. Adultos que tal vez estuvieran mirando la televisión. O comiendo. O hablando por teléfono. O limpiando. O leyendo el periódico. Adultos que hacían cosas de todos los días. Normales. Yo oía que se abrían y cerraban puertas. Oía pasos. Oía voces. A veces oía gente que estaba cerca y esperaba que vinieran a rescatarme o que les importara lo suficiente como para al menos darse cuenta de que algo malo sucedía, tan cerca. Pero nadie lo notaba.

Esa sensación de abandono que invadió mi corazón con tanto dolor cuando era tan pequeña, cuando vi que mi papá se iba, se estaba convirtiendo muy rápidamente en algo que me superaba. En ese momento no podía saberlo. Pero en retrospectiva, todos tenemos una vista mucho más aguda, una visión perfecta. Ahora, veo a una niñita que sentía tristeza. Que no se sentía querida. Que no se sentía amada. Esos sentimientos fueron creciendo como plagas y me hicieron sentir desesperada por atención.

Sabía que ese contacto sexual era incorrecto. Pero en cierto modo, muy pervertido, no me importaba mucho. No me malentiendas: *no me gustaba* lo que estaba pasando. Pero estaba tan desesperada porque alguien me quisiera y me amara que no importaba cómo lo hiciera, ni de dónde viniera esa atención.

Me violaron sexualmente tantas veces, a lo largo de los años, que casi se convirtió en algo normal para mí. Es una combinación muy rara: sabes que algo es malo, pero al mismo tiempo te parece normal, conocido. Cuando cumplí los quince años estaba harta de preguntarme siempre lo mismo, una y otra vez: *¿Qué pasa* *conmigo? ¿Qué tengo de malo? ¿Por qué atraigo sexualmente? ¿Por qué soy como un imán para el abuso?*

Quizá era obvio. Quizá, solo, pensaba yo, había sido creada para el sexo. O que era una chica pervertida. En cierto punto hasta me dio vueltas en la cabeza la idea de volverme prostituta o artista de *striptease*. Porque parecía que encajaba en el molde que mi vida iba creando para mí.

Uno no puede dejar de pensar todas esas cosas locas cuando ocasional, pero reiteradamente, el monstruo del abuso sexual asoma su fea cabeza. Es como como ese juego en que tienes que darles con el martillo a los cocodrilos. Por mucho que pegues para que no asomen, siempre hay alguno que sale. Mi vida estaba muy llena de basura, muy llena de perversiones, de muchos tipos de abusadores: jóvenes, viejos, hombres, mujeres, conocidos y desconocidos.

Cuando pienso en algunos de esos hechos, es como si algo explotara y yo pudiera ver el momento congelado en el tiempo. Una escena. Un rostro borroso. Sé qué es lo que está pasando, pero no puedo ver cada detalle. Me han dicho que es normal. Como sucede con casi todas las víctimas de abuso sexual, tuve que olvidar algunas partes para poder sobrevivir. Es un mecanismo de defensa. Mi mente se comporta así para que no recuerde el detalle, ya que no podría soportarlo. Casi nadie puede.

Pero hay cosas que son imposibles de olvidar.

A veces, cuando cierro los ojos, veo a una chica de la escuela que trata de enseñarme lo que es el placer. Un placer que no tiene que ver con muñecas, ni con patines ni con abrazos de mi abuela. Es un placer que no entiendo. Me muestra cosas de mi cuerpo que están más allá de mi nivel de madurez. Apenas puedo escribir una oración completa, sin embargo, sé cómo hacerme sentir bien yo misma.

Cierro los ojos y veo a una de las chicas del barrio que viene a jugar. Puesto que teníamos un enorme auto de plástico en el patio trasero de la casa, que es probable que fuese de Chris o de Chuck, inventábamos historias en las que nos íbamos de viaje, como al atardecer, con nuestro príncipe azul. Entonces, ella cambia el tono de aquello y lleva nuestra diversión infantil a un nivel de adultos. Uno que me hace sentir incómoda y sucia. Cuando termina, me siento culpable. Pienso en la iglesia. En que acepté a Cristo en mi corazón. Siento vergüenza. ¿Qué hice? Dios tiene que estar muy decepcionado. Creo que hasta me odia. Me abruma la preocupación. Entonces le digo a la chica: «No quiero hacer esto. Dios puede vernos. Él sabe lo que estamos haciendo. Y esto es malo».

Mi protesta cae en oídos sordos. Ella pone los ojos en blanco y me tranquiliza: «Pattie, Dios está demasiado ocupado como para molestarse con nosotras». No sé por qué, pero lo que dice me parece razonable. Es una justificación para excusar lo que está haciendo conmigo. Y me parece bien. Hago lo que hacemos muchos: comparo a mi Padre celestial con mi padre terrenal. Si mi papá no se ocupa de mí, ¿por qué habrá de hacerlo Dios? Si mi papito está tan ocupado como para fijarse en mí, ¿por qué le interesaría a Dios mi vida o lo que esté haciendo yo?

Luego hubo un niñero, cuando yo tenía diez años, que me llevaba pocos años. Cierta vez, cuando nos sentamos frente al televisor a ver el programa de Alf —el peludo extraterrestre que siempre enloquecía a Willie Tanner—, el niñero me preguntó si podía servirle de modelo. Se me iluminaron los ojos. ¡Modelo! ¡Claro que sí! Yo era fanática del teatro y había nacido para cantar, bailar y actuar. Caminar por una pasarela y ponerme ropa fingiendo que era de grandes diseñadores me parecía divertido.

Pero a él no le interesaba el vestuario que yo escogiera. Ni la pasarela espectacular. Ni el color rojo ardiente del lápiz labial que me pusiera. Lo que él quería mirar era mi cuerpo.

La primera vez que fui al dormitorio para cambiarme de ropa, me detuvo. Con una amplia sonrisa, dijo: «No te cambies allí. Trae tu ropa aquí, a la sala». Y señaló un espacio que había delante de él. «Cámbiate aquí».

De inmediato vio mi mirada confundida y se esforzó por persuadirme, hablando en tono serio. Logró convencerme de que estaba a salvo con él, porque si confiaban en él como niñero, también sería digno de confianza para que yo me quitara la ropa. «No es gran cosa», me dijo, para darme seguridad.

Por un lado, me sentí perturbada. Pero por otra parte, estaba tan acostumbrada a que me tomaran como objeto que no lo pensé mucho. Estar desnuda, y que me tocaran mis partes íntimas, era algo normal para mí. Así que lo que me pedía el niñero era algo conocido.

Cuando la mayoría de los chicos andan por la calle en bicicleta con rueditas de apoyo para aprender, ya las puertas de la sexualidad estaban abiertas de par en par en mi vida y me revelaban un mundo lleno de vergüenza, manipulación y deseos egoístas. Un mundo del que no sabía cómo escapar. El sexo me seguía, al acecho en rincones oscuros, esperando tenderme la celada perfecta. Y como yo anhelaba ser amada, era presa fácil.

El ciclo de abuso se repetía, despertando deseos sexuales a una edad demasiado temprana. Creó en mí una curiosidad inmadura que no lograba entender del todo, con la que yo no sabía bien qué hacer. Después de todo, era una niña. Y a las niñas y los niños no les interesa que les toquen sus partes íntimas ni su cuerpo. Ni necesitan tocar a los adultos en sus partes íntimas. Es que los niños no deben experimentar con las partes de su cuerpo que todavía no pueden entender, porque les falta madurar. Los niños necesitan disfrutar de su inocencia, jugar al aire libre, salir a aventurar por el vecindario. No tienen por qué pasar la vida en conflicto por acciones que les producen vergüenza, confusión y culpa.

Pero en mi caso, no fue así.

No sé con certeza qué edad tendría cuando encontré una pila de revistas pornográficas en el fondo de una mesa de noche. Las hojeé todas. Vi imágenes explícitas y, como sucede cuando ves un accidente en el camino, me quedé mirando con mucha atención. No estaba segura de qué era lo que mostraban las imágenes, pero tampoco podía quitarles los ojos de encima.

Fue como la vez cuando vi, al pasar, parte de lo que mostraba un canal pornográfico en la televisión. Me costaba dormirme y, una noche, en lugar de dar vueltas y vueltas en la cama, bajé para buscar un vaso de agua. Nunca llegué a la cocina, ya que desde el primer escalón de la escalera pude ver la televisión encendida en la sala. Mi mirada se pegó a la pantalla al ver la inolvidable imagen de gente desnuda en pleno acto sexual.

Pisé un escalón que crujió y el ruido me delató. En una décima de segundo oí un grito enojado: «¡Patricia! ¡Vuelve a la cama!». Me asusté tanto que salí como un murciélago que huye del fuego, con la cara ardiendo de vergüenza. No sabía bien por qué me habían gritado, pero estaba muy avergonzada. Lo que había visto en la pantalla quedó grabado en mi mente por años. Por eso, cuando fui un poco mayor y mis padres salían de noche, trataba de encontrar esas mismas películas.

Quiero dejar algo en claro: sé que mis padres jamás tuvieron la intención de que yo pudiera echar siquiera un vistazo a la pornografía, en ninguno de los formatos posibles. Pero el hecho es que lo hice. Y eso me impactó.

La connotación sexual que marcó mi vida desde que era tan pequeña, a veces se manifestaba en el modo en que jugaba con los otros chicos. Eso sucedió cuando tenía cinco años y siguió ocurriendo cuando fui un poco mayor. Una vez me encontraron jugando desnuda en el porche con uno de los chicos del barrio y, en otra ocasión, debajo de la cama con un muchacho de la escuela. Por alguna razón, siempre me atrapaban desnuda con algún chico.

Cuando llegué a la pubertad, un grupo de chicos del barrio y yo, íbamos a un almacén abandonado que había en nuestra calle para jugar al póker y otros juegos de cartas, el que perdía tenía que ir quitándose la ropa. Yo era la única chica, así que, ¿cuál era el premio? Yo, claro. El ganador podía fingir que tenía sexo conmigo, desnuda.

Era obvio que había una relación entre mi complejo de abandono y el abuso sexual. Porque por una parte yo buscaba, anhelaba, el afecto físico. No de forma perversa, sino como amor puro e incondicional. Por otro lado, no entregaba mi corazón, sabía cómo desconectarme de todo cuando las cosas me perturbaban. En los momentos en que abusaban de mí, aprendí a cerrar los ojos con mucha fuerza y a contener el aliento hasta que todo terminara. Trataba de no pensar en lo incómoda o asustada que me sentía, o en que quería acurrucarme, muy profundo, muy dentro de mí misma, y desaparecer. Solo me esforzaba por mantenerme en el vacío, por poner la mente en blanco y cerrar mi corazón a todo lo que pudiera sentir. Aunque mis experiencias me enseñaron a cerrar la boca y a diferir lo que en verdad quería, no podía evitar ese deseo insatisfecho de que me amaran incondicionalmente, como quería ser amada, con el amor que necesitaba de mi papá.

Tres

Aunque habían pasado años desde que lo vi, extrañaba a mi papá. Quería que volviera. Desde muy pequeña, vivía esperando el momento en que el teléfono sonara y fuera él quien llamara. Tenía el libreto memorizado. Papá estaría arrepentido, lamentando habernos dejado, y me diría cuánto me amaba y que volvía a casa para quedarse para siempre. Repetiría: «Lo siento», hasta que sus palabras sanaran mi corazón roto y me quitaran esa tristeza que cargué por tantos años.

Cuando cumplí nueve años, apenas quedaba una pizca de esa esperanza. Seguía con la fantasía de que él me rescatara, en especial porque no me había conectado emocionalmente con ningún otro adulto, ni siquiera con mi mamá ni con mi padrastro.

Un día, ese año, llegué a casa de la escuela saltando por la puerta del frente. Iba hacia la cocina a buscar una merienda cuando vi que mamá estaba sentada en el sofá con un hombre extraño. Hablaban en voz baja. La tensión era evidente. Mamá tenía los hombros rígidos, se veía incómoda. Y el hombre se veía nervioso.

Cuando me vio, mamá se puso de pie y se alisó los pantalones. «Pattie», dijo con voz monótona. «Este es Mike... tu padre». El hombre alto y delgado que estaba a su lado se puso de pie. Parecía una torre, en comparación conmigo, un gigante. Lucía nervioso y no dejaba de juguetear con las manos. ¿Era este mi papá? ¿El hombre al que había esperado toda mi vida? Parpadeé. Muchas veces. Me atraparon con la guardia baja. Por mucho que me imaginé ese momento tantas veces en mi cabeza, no estaba preparada. No estaba segura de cómo reaccionar. Definitivamente sentí mucho entusiasmo; como mariposas revoloteando en mi estómago. Pero no pude moverme. Tenía los pies pegados al piso.

Mi papá me miró a los ojos y sonrió: «Hola, Pattie», dijo en tono amable.

No recuerdo que hayamos tenido el momento que había soñado despierta durante siete años, ni siquiera algo parecido. Aunque no teníamos una conexión palpable, tampoco se percibía demasiada incomodidad. Digamos que éramos una compañía agradable, lo suficiente como para que esa noche pudiéramos disfrutar de una cena agradable, junto a mi hermano, Chris. Los tres fuimos después al centro comercial y mi padre me compró un tierno muñeco E.T. Yo estaba fascinada. Reemplazaría a la Pulgarcita, secuestrada y destrozada por mi hermano poco después de que papá me la diera.

Esa noche mi papá volvió a su casa, a Timmins, a diez horas en auto; pero prometió que nos mantendríamos en contacto. Pasada la sorpresa y la impresión, me sentí muy emocionada. No cabía en mí de la alegría. Papi había vuelto. Me sentía en las nubes sabiendo que tendría una relación con él. Que le importaba nuevamente. Ese era mi momento y nada podría quitarme a papá. Nada.

Papá cumplió su promesa. Recuerdo que llamaba a menudo por teléfono. Y hasta me envió por correo el mejor regalo que haya recibido jamás. Le había estado pidiendo a mamá una televisión con canales de cable para mi dormitorio, pero no había tomacorrientes en el piso superior. Papá me envió por correo el cable más largo que haya visto en mi vida, para que pudiera conectar mi televisor a la línea de abajo. A mamá no le gustó mucho, porque el cable recorrería toda la casa, desde abajo hasta mi cuarto, pasando por la sala, el pasillo y hasta mi dormitorio. Pero yo estaba feliz, ¡felicísima! ¡Cable, en mi cuarto! ¡Ahhhhh!

Pocos meses después de que nos visitara papá, mi hermano ya había hecho plancs para pasar el verano con él, su esposa y la familia que tenía ahora. La misma mañana en que Chris debía viajar, mamá recibió una llamada telefónica. Eran las seis y media. No oí el timbre del teléfono pero sí que se abría la puerta de mi habitación y que mamá se acercaba a mi cama. Yo estaba medio dormida todavía, como en una nebulosa.

«Pattie, lo siento...», me dijo. «Tu papá murió anoche. Tuvo un infarto». Me dijo que mi hermano ya había salido hacia Timmins y que estaría presente en el funeral.

Fue algo peculiar. No sentí nada. Era casi como si el sonido de aquellas palabras —la conclusión de algo en mi vida—, hicieran que mi corazón se apagara de repente. Todo vestigio de esperanza surgido en el reencuentro con papá, se esfumó. Y al igual que en tantas otras ocasiones, me aislé emocionalmente, para protegerme de cualquier sentimiento que pudiera emerger. Me desconecté por completo para mantenerme a salvo de la mínima insinuación de alguna emoción. Pero de todos modos, sentí pena por mi mamá. Le pregunté si estaba bien. Por supuesto, dijo que estaba bien. Y decidí que seguiría su ejemplo. De modo que yo también estaría bien. No era para tanto.

Seis años más tarde algunas de las emociones volcánicas que quedaron sepultadas ese día, empezaron a aflorar a la superficie. Fui a Timmins a visitar la tumba de papá. Casi todos nuestros parientes, de ambos lados, vivían allí. Así que al menos una vez al año, nuestra familia viajaba a visitarles. Era un día soleado, claro, sin ruido a excepción del zumbido de una máquina que un jardinero estaba usando para recortar unos arbustos. De pie frente a la tumba, grité lo más fuerte que pude.

Grité casi una hora, mirando la lápida inerte, con la esperanza de que salieran a la luz las emociones que sabía que estaban dentro de mí. Estaba enojada, pero no rabiosa, aunque sabía que la ira estaba en algún lugar. Me había pasado la vida entera ahogando emociones, echando a un lado mi dolor y mis penas, aplastando sentimientos legítimos hasta enterrarlos tan profundo que parecía imposible que pudiera volver a revivirlos, ni siquiera clavando los ojos en la lápida que tenía esculpido el nombre de mi padre. Le grité a él, por haberme dejado tan pronto, por abandonarme dos veces. Pero aun cuando escupía las palabras en una tormenta verbal, noté que no me conectaba emocionalmente. Todo aquello seguía enterrado, lejos, en algún profundo rincón de mi corazón.

Mis murallas interiores estaban firmemente reforzadas por la desilusión y el abuso. Mi estrategia defensiva, evidentemente, era la desconexión emocional. Era la única forma en que podía seguir llevando una vida normal (o lo que sea que signifique esa palabra). ¿Sufría abusos? Me desconectaba. ¿Tenía una madre emocionalmente ausente? Me desconectaba. ¿Se muere papá? Me desconecté. No pasó mucho tiempo antes de que todas esas defensas se me volvieran en contra. Pero como era profesional en eso de desconectarme, tenía ventaja.

Mi capacidad para desconectarme de la realidad me ayudó a nutrir mi amor al arte, en especial, por la actuación. Siempre pensé que iba a ser actriz. Cuando tenía más o menos nueve años, aparecí algunas veces en *Romper Room* y *Big Top Talent*, un programa de búsqueda de talentos infantiles de Canadá. Allí recité un monólogo de *Ana de las tejas verdes* y relaté el cuento *Jack y las habichuelas mágicas*. No solo me gustaba estar ante las cámaras sino que me encantaba fingir que era otra persona.

Estoy segura de que prefería hacer el papel de un personaje, porque eso me permitía evadir lo que me estaba pasando. Actuar me daba cierta sensación de control. Podía usar mi voz para hacer que la gente riera o llorara. Podía ser tan estridente o dramática como quisiera. Y también me gustaba cantar. En los últimos años de la primaria y durante toda la escuela secundaria, tomé todos los cursos de teatro y canto que pude. Todos los años formé parte del coro de la escuela y me daban papeles protagónicos en casi todas las obras. Era literalmente la reina del drama. Además, tomé clases de baile durante siete años. Nada que tuviera que ver con el arte me cansaba.

A los diez años, actué en el Festival Shakespeare de Stratford, que celebra el arte dramático todos los años entre abril y noviembre. Más de medio millón de turistas de todo el mundo llegan a visitar nuestra pequeña ciudad en esa época para ver las maravillosas interpretaciones de las obras de Shakespeare y otros grandes autores. Me eligieron para dos papeles en *El inspector general*, interpretando a una campesina y a una chica rica.

Me encantaba lo que ocurría tras bambalinas antes de cada función: eso de sentarme, que me peinaran y maquillaran, que me pusieran trajes extravagantes y que las actrices mayores estuvieran pendientes de mí. Pero lo que más me gustaba era estar en el escenario. Me daba una sensación de libertad. No sentía el agobio del abandono, del miedo o del rechazo, ni ninguno de esos sentimientos horribles de sentirme sucia, que no lograba entender todavía del todo. Era libre para actuar, para ser dramática y hacerlo desde un lugar de mi espíritu que guardaba aún cautiva mi inocencia. Libre, como un pájaro.

En la escuela primaria y durante los primeros años de la secundaria, mi cuarto fue llenándose de premios y trofeos que gané en competencias de canto y actuación. Hasta me aceptaron en una agencia de Toronto, pero como tenía que ir a las audiciones los fines de semana, mi mamá y Bruce no querían conducir una hora y media hasta allí, por eso no pude ir. Me sentí decepcionada. Era la única oportunidad que tenía de perfeccionar algo que en realidad hacía bien. Sentí que pisotearon mis sueños.

Aunque me encantaba actuar, y adoptar distintas identidades y personajes cuando era más joven, no podía huir de la forma en que mi cuerpo sufría con cada violación. Es que no se puede fingir el acento para ocultar la vergüenza. Me resultaba difícil conciliar el abuso sexual que había estado sucediéndome desde que era pequeña. Y aunque desde entonces he pasado horas en consejería e intentando sanar, aún hoy hay determinados recuerdos y sentimientos o sensaciones que no puedo eludir, que permanecen allí. Siguen habiendo momentos en que veo a esa niñita en mí acurrucada en las sombras, con miedo, sin que nadie la oiga, confundida, abrumada por la vergüenza.

Cuando busqué la ayuda de un consejero, muchos años después, mi terapeuta me dijo que las víctimas jóvenes de un trauma cargan con sus heridas aún hasta la edad adulta, aunque las hayan ocultado, tapado o enterrado en lo más profundo.

Desde pequeña, hice lo que debía para adaptarme a ese entorno de abuso. Por ello, esa criatura de cinco años jamás tuvo la oportunidad de enfrentar y resolver la injusticia. No podía expresar con mi voz la impresión de ese abandono. La sensación de dolor. De traición. De vergüenza. No tuve oportunidad.

En una de mis primeras visitas, mi consejera me recomendó un ejercicio en el que yo, como adulta, podía verme siendo pequeña durante esa época traumática, para recorrer parte de mi dolor. Mi yo adulto podía defender y hasta proteger a mi yo pequeñita, que se sentía tan sola. Me dijo que necesitaba viajar mentalmente de regreso a la edad en que abusaron de mí por primera vez. La adulta tenía que conectarse con la niña, por doloroso que fuera. Tenía que regresar al pasado y permitir que esa niña hablara. Tenía que darle una voz.

Mi primera reacción fue negarme. ¿Ir a mi yo interior a esa edad? ¡Por favor! Parecía sicología barata. Sin embargo, mi oposición casi siempre cedía ante la posibilidad de intentar diversos ejercicios, incluso aunque implicaran cierta incomodidad.

Por ello, un día en el consultorio de mi terapeuta, cerré los ojos y me imaginé a los cinco años de edad. Me sorprendió lo rápido que pude verme en mi mente. La pequeña estaba sentada sobre una cama, abrazándose las piernas, bien apretadas las rodillas contra el pecho y balanceándose como en cámara lenta. El cabello largo, lacio y oscuro con un flequillo tupido, enmarcaba sus facciones delicadas. Sus ojos verdosos, con un tinte azulado, que normalmente brillaban con mirada clara, se veían apagados y sin vida, mirando al suelo. Noté que tenía los hombros caídos, como si llevara una carga demasiado pesada, insoportable.

Le pregunté a esa pequeña Pattie si podía sentarme con ella un rato y me dijo que sí. Pasamos unos minutos en silencio y luego oí un tierno sollozo. Vi que por sus mejillitas rodaban las lágrimas y le pregunté qué le pasaba: «Mi mami no me ama», susurró.

Quiero dejar en claro que no recuerdo haber sentido que no me amaban cuando era pequeña. Mi madre no era mala ni abusiva, ni me descuidaba. Por el contrario, sé que trabajaba mucho y se esforzaba por criarme lo mejor posible. No creo que fuera necesariamente ese el punto de mi reconexión con mi niña interior de cinco años. Creo que solo tenía que reconocer a la pequeña confundida que sufría dentro de mí. Tenía que consolarla y decirle que todo estaría bien. Y más que cualquier otra cosa, tenía que dejarla que usara su voz, esa que sabía que nunca había tenido. La que por fin encontré cuando alguien me dijo que era correcto decir que no.

Tenía diez años cuando el anuncio de un servicio público, de treinta segundos, me ayudó a armarme de valor para patear el tablero y defenderme de todo el abuso que había estado sufriendo desde hacía tanto tiempo. Me hallaba en casa, viendo la televisión, sin pensar en nada. Entonces apareció un chico afroamericano, pequeño; reconocí que era Webster, del programa televisivo del mismo nombre, que me hablaba mientras se paseaba por las letras gigantes y de colores del alfabeto.

Dijo algo que me hizo prestar atención: «A veces, hay gente grande que toca a los chicos de una forma que a ellos no les gusta». Era la primera vez que oía que alguien decía con palabras, exactamente, lo que yo había estado sintiendo en los últimos cinco años. Ese chico sí que sabía lo que yo sentía. Mi corazón empezó a latir fuertemente. Pensé que se me iba a salir del pecho y despegar como un cohete. Entonces oí la voz de otro chico que hablaba desde fuera de la imagen y que decía algo de un tío que lo había tocado donde él no quería, que lo había hecho sentir mal. *¡Sí! ¡Así es!*, quise gritarle a la pantalla. *¡Sí, eso es así! ¡Es repugnante! ¡Es brutal!*

El chico siguió diciendo que uno se sentía mal cuando alguien lo tocaba y le decía que no se lo contara a nadie. Entonces, Emmanuel Lewis pronunció las palabras mágicas que me dieron una sensación de control. Aquello me dio una herramienta para ponerle fin al abuso. Aquello me dio mi voz.

«Di no. Y te vas. Y se lo cuentas a alguien en quien confíes».

Mi mente voló. Diversos pensamientos se agolparon en mi cerebro en ese momento. *¿Todo lo que tengo que hacer es decir no? ¿Así de fácil? ¿De veras? ¿Y resultará?*

Estaba nerviosa, pero muy desesperada como para intentarlo. Sabía que tenía que terminar con los toques. Se me revolvía el estómago al pensar en eso. Tenía que esperar la oportunidad para decir no. Tenía que esperar hasta que me tocaran de esa forma tan horrenda otra vez.

Me quedé aturdida frente al televisor mientras continué viendo el programa, pero sin distinguir colores ni sonidos. El miedo comenzó a manipularme. Empecé a pensar en todas las razones por las que no podía decir que no, que iba a tener que seguir con mi manera de actuar normal, sin decir nada, sin hacer revuelo. *¿Y si le digo que no y se enoja? ¿Y si cuando digo que no, se vuelve violento? ¿Y si cuando digo que no, me rechaza y no me habla* *nunca más?* Sin embargo, mi miedo mayor era otro: *¿Qué ocurre si no resulta?*

Al final, mi desesperación por acabar con el abuso triunfó sobre mi ansiedad. Supe que tenía que hacerlo. Que debía decir que no. Ese anuncio me dio valor, al menos el que necesitaba para intentarlo. Hasta que un día sucedió. Mi violador me arrinconó y comenzó con la rutina de sacarme la ropa poco a poco, obligándome a que lo tocara o me dejara tocar, por turno. Antes de que pudiera hacer más, me armé de valor y dije con voz débil: «No. No quiero que esto vuelva a pasar». Fue apenas un leve susurro, lo mejor que pude; pero fue claro, sin equivocación.

Y lo dije de nuevo, esta vez un poquito más fuerte: «No».

Lo que pasó entonces, sigue causándome asombro hasta el día de hoy. Asintió, dijo: «Está bien», y se fue de la habitación. Nunca volvió a tocarme.

Semanas más tarde me encontré en la misma situación, pero con el otro abusador de costumbre. Cuando aquel muchacho empezó su ritual conmigo, volví a susurrar, convencida y también con voz débil: «No». Igual que antes, con el otro: «No quiero más esto». Eso fue todo. Jamás volvió a ponerme una mano encima.

Por fin hallé mi voz. Fui encontrando poco a poco la fuerza que me permitía utilizarla.

Lo que no hice, sin embargo, fue decirle eso a nadie. No entendía por qué tenía que contárselo a alguien en quien yo confiara. Ninguno de mis violadores me había dicho explícitamente que no le contara nada a nadie. No lo hice. ¿Para qué iba a contarlo? No hacía falta que nadie se enterara de la insoportable vergüenza que pesaba sobre mí.

En esos pocos segundos que me tomó decir no, fui parte del presente. No alguien distante. No me desconecté. No cerré los ojos para fingir que se había detenido el tiempo y que no me estaban pasando esas cosas horribles. Reconocí que eso era incorrecto. Tenía que terminar con lo que estaba pasando.

Aunque el vocablo *no* constituía mi manera de permitirme hablar y defenderme, muy pronto me di cuenta de que no era una palabra mágica. Me resultaba para que ya no abusaran de mí, pero no me libraba del caos emocional. De esas emociones que mantenía a raya. De las que se multiplicaban y mutaban con el paso del tiempo. Cuando me sentía triste, instintivamente me daba cuenta de que llorar me haría bien. Pero había algo más fuerte dentro de mí que me ordenaba que no llorara. Si tenía miedo, quería buscar ayuda, pero me recordaba a mí misma que lo mejor sería ignorarlo. Pasó mucho tiempo hasta que aprendí a reconciliar mi voz con mi corazón.

Cuatro

Pasé la mayor parte de mis primeros años adolescentes en mi cuarto, aislada del resto del mundo y de mis oscuros recuerdos. Me enterré de cabeza en mis diarios personales, donde escribía furiosa que la vida era un asco y que me sentía terriblemente mal. Ese era el origen de mi depresión, sus coletazos se hicieron sentir ya entrada en la vida adulta. No sabía cómo lidiar con mi dolor, por lo que escribía un poema tras otro, relatando en todos la historia de una niña con el corazón roto. Mis palabras pintaban la imagen de una crisis de identidad adolescente, de mi evidente depresión e indicios de la confusión causada por mi trauma sexual.

> Lo intento, con esfuerzo
> para ser lo que los demás quieren que sea.
> Vivo siendo alguien que no soy,
> por eso, no sé quién soy...
> Duele tanto fingir.
> Siento que no encajo en ninguna parte...

Soy responsable de lo que hago, de las decisiones que tomo,
pero las malas decisiones llegan y los desastres también.
Cuando te guardas cosas dentro,
como la frustración, la ira o la confusión,
la idea del suicidio puede aflorar...

Nadie conocía la clase de cosas destructivas que iban carcomiendo mi corazón. Aparte de lo que pudieran ver como propio de una chica rebelde, al principio en breves estallidos, mi familia quizás no tuviera idea de que algo andaba mal. Uno quiere que los que se suponen que nos aman más que a nadie, incluso incondicionalmente, se tomen el tiempo para ver más allá de la confusión o imperfección de uno y le ayuden; pero no sentía que mi mamá ni mi padrastro tuvieran interés alguno en hacerlo. Supongo que es difícil tener hijos adolescentes y, más que eso, debe ser dificilísimo poder descifrar los jeroglíficos de un adolescente quebrantado, destrozado.

Nuestra familia raras veces pasaba momentos juntos, aparte de las comidas. Para esa época, mis hermanos ya habían dejado la casa, por lo que a menudo me sentía bastante sola. Quizá no lo demostrara, pero quería hacer cosas en familia, aunque solo se tratara de hacerlas con Bruce, mamá y yo. Podríamos pasear en bicicleta. O practicar algún juego por las noches. O ir a un evento deportivo. Pero no hacíamos mucho más que mirar televisión.

En nuestra familia la comunicación no se consideraba gran cosa. Aparte de platicar un poco sobre cosas mundanas como el clima o la escuela, la verdad es que no hablábamos demasiado. Definitivamente, no expresábamos con franqueza lo que sentíamos unos con otros.

Una tarde, al volver de la escuela, me senté a la mesa de la cocina mientras comía unas papas fritas con ketchup (muy populares en Canadá), cuando sonó el teléfono.

—Hola.

—Chris Zehr tuvo un accidente automovilístico —me dijo una amiga del otro lado de la línea, respirando con dificultad—. Ha muerto.

Tragué saliva. Me cubrió una sensación de incredulidad. Mi mente se llenó de recuerdos. Conocía a Chris desde que yo tenía tres o cuatro años. Nos cuidaba la misma niñera y en la escuela primaria siempre estábamos juntos. Cada vez que yo festejaba mi cumpleaños en esa época, Chris estaba en la fiesta. Con los años, dejamos de vernos tan seguido pero cada tanto nos manteníamos en contacto. Pensé en su mamá. Era soltera y Chris era su único hijo. ¿Cómo podía ser tan cruel el destino?

Colgué el auricular y corrí escaleras arriba, hacia mi cuarto. La noticia me dejó sin aliento. No podía respirar. Me eché sobre la cama y físicamente sentí cómo avanzaba el dolor abriéndose camino entre cada grieta de mi corazón. La tristeza pavimentó la vía a otras emociones más profundas que no podía entender. Sollocé y lloré, histérica, haciendo tanto ruido que Bruce se acercó para ver qué pasaba. Dio unos golpecitos en mi puerta y entró. Se veía más molesto que preocupado.

—¿Qué problema tienes, Pattie?

—Estoy triste —logré balbucear entre los sollozos que me estremecían—. Mi amigo acaba de morir.

Bruce largó un suspiro, exasperado.

—Oh, deja eso. Mi amigo Jimmy murió hace unas semanas. Y no me viste llorando o haciendo escándalo por eso, ¿verdad?

Parpadeé, con los ojos llenos de lágrimas, no pude pronunciar palabra. ¿No se supone que uno llora cuando se le muere alguien? (Ahora que lo pienso, tal vez Bruce, como mi mamá, se sentía incómodo ante las emociones profundas y no sabía cómo responder. Lo que sé es que no le gustaba verme tan mal).

Ese mismo día hablé con mi mamá y le conté lo que había pasado. Quería su permiso para estar triste. Tenía que oír de su boca las palabras que me indicaran que era correcto llorar.

—Mamá, Bruce dijo que no tengo que ponerme mal.

Ella se veía incómoda. Era una conversación que tal vez debíamos tratar con guantes de seda, pero al instante cortó todo trasfondo emocional.

—Bueno, eso me decían cuando murió Sally. Decían que llorar solo es una forma de sentir lástima por ti mismo.

En retrospectiva, lo que ella dijo rompe el corazón. ¡Qué triste, que mi mamá nunca haya podido llorar como debía la muerte de su hija, expresando sus emociones! ¿Cómo podía esperar que me diera permiso para llorar, si ella misma no se lo había permitido?

Mamá no era naturalmente de las personas que se conmueven, no mostraba sus sentimientos. Era directa. Al pan, pan y al vino, vino. Por desdicha, como resultado, lo que pudo haber sido un momento de enseñanza o una oportunidad para consolarme, pasó sin más. Una vez más recordé que lo mejor era callar. Los sentimientos no servían para nada, todo lo que pudiera hacerme sentir algo había que ignorarlo, sepultarlo o barnizarlo superficialmente. Punto.

Sé que mi madre reconocía la tensión existente entre nosotras. Incluso admitía a veces que no podía hablar conmigo, no había identificación ni relación. Sin embargo, reconocer la tensión no solucionaba las cosas.

Como cualquier otro que haya pasado por una experiencia traumática en la infancia, todo eso me dejaba llorando por dentro, por los reiterados abusos que había vivido. Anhelaba pedir ayuda, purgar todo lo que había tenido cerrado en mi espíritu, todo lo feo, toda la vergüenza. Me moría por contarle a mi madre las injusticias que había tenido que soportar, por decirle que me sentía sola, que tenía miedo. Pero no sabía cómo hacerlo.

Por desdicha, no sabía cómo expresar con palabras esos sentimientos profundos, así que casi todo lo que *lograba* expresar era gritando o de forma irrespetuosa. A veces me acercaba a mamá con lágrimas en los ojos por haberme peleado con alguna de mis amigas o porque me molestaban, pero ella siempre respondía de la misma manera. Una vez tras otra me decía: «No sé cómo lidiar con eso, Pattie. Mi mamá jamás hablaba conmigo, así que no sé cómo hacerlo contigo. Ve y busca al consejero de la escuela, o habla con alguna de las madres de tus amigas. Yo te amo, pero no sé qué decirte». Y eso era todo.

Aunque mi madre fallaba en cuanto a comunicación o para expresar afecto, era buenísima para actuar. Puedo ver que su «lenguaje del amor» es el de «la acción del servicio» (*Cinco lenguajes del amor*, de Gary Chapman, es uno de mis libros preferidos. Léelo para que descubras cuál es tu lenguaje). Eso quiere decir que demuestra su amor haciendo cosas por los demás.

Cuando yo era chica, mamá trabajaba a tiempo completo en una fábrica. Pero siempre volvía a casa y se ponía a cocinar, a lavar la ropa, a conseguir lo que necesitáramos para la escuela, a ordenar el hogar y darnos lo que pudiera para que nada nos faltara. (Todavía le sigue gustando hacer todas esas cosas cuando voy a visitarla a Canadá).

Hoy puedo ver el telón de fondo y entender su forma de ser. Pero cuando era adolescente, la verdad es que me hacía sufrir. No podía acudir a ella con cosas que para mí eran importantes. Como para contarle qué sentí cuando papá se fue, uno de los momentos más terribles. Su partida fue traumática. No entendía lo que pasaba, nadie me explicó nada. Estaba allí y, al minuto siguiente, ya no estaba.

Como mi madre no podía reconocer mi sensación de confusión, creo que no la veía como alguien confiable, con quien poder hablar profundamente. Cada vez que iba a conversar con ella sobre algo que me molestaba, sentía por dentro que era más bien una carga para ella, y no una niña que necesitaba a su mamita. Por eso decidí, y a temprana edad, que mejor era dejarla tranquila.

Todo eso me llevó a sacar algunas conclusiones no muy sanas: Que yo no era importante. Que mis sentimientos no tenían valor. Que lo que pensara no importaba. De manera que aprendí a enfrentar lo que no podía tratar, guardándomelo todo. Enterré los más incómodos y traumatizantes hechos en lo más profundo, con la esperanza de no desenterrarlos nunca más.

Cuando estaba en el octavo grado empecé a rodearme de malas compañías, de chicas que se metían en problemas por cualquier cosa. Robar era lo más emocionante y barato. Y lo que más nos gustaba era robar las hojuelas de papas fritas con ketchup [muy conocidas en Canadá] y los Doritos de queso, de la cafetería de la escuela. Sí, lo sé... ¡gran delito! (¿Quieres que te cuente un secreto realmente vergonzoso? ¿Entre tú y yo? Mis amigas y yo nos llamábamos *Las ardillitas*. ¡Qué cursi!)

Éramos seis chicas terribles, rebeldes sin idea alguna. Como seis siamesas, todo lo hacíamos juntas. Nos quedábamos a dormir todas en casa de alguna. Nos intercambiábamos la ropa. Nos gustaban los chicos lindos. Nos quejábamos de nuestros padres. No nos gustaba la escuela para nada. Y, por supuesto, también íbamos juntas a robar papas fritas como criminales de pueblo chico y, cuando nos sentíamos muy valientes, también robábamos lápices labiales de color rojo en la farmacia del pueblo. A cinco de nosotras nos encantaba cantar, por lo que formábamos parte del coro de la escuela, que a veces salía de gira.

Un día, el coro tenía programado cantar en un concierto en un enorme centro comercial de la ciudad de London, Ontario. Todos los que estaban allí —los que compraban, los que estaban comiendo, los que entraban o salían apresurados de las tiendas para conseguir lo mejor de las liquidaciones, los esposos con cara de aburridos y los chicos que subían y bajaban haciendo lío por las escaleras mecánicas—, iban a oír nuestro repertorio melódico, como mi favorita del grupo Chicago: «You're the inspiration» [Tú eres la inspiración]. Las cinco estábamos muy entusiasmadas con ese recital, pero más que nada, lo que nos enloquecía era que íbamos a salvarnos de ir a la escuela porque teníamos que acudir al centro comercial.

En el ómnibus que nos llevaba al lugar tuve una rara sensación. Estaba sola, en uno de los asientos de pares, y mis mejores amigas estaban en el asiento del otro lado del pasillo. Hablaban y charlaban sobre sus cosas, su mundo privado, y se inclinaban para hablar en secreto. Sentí que me estaban ignorando. Cada tanto asentían mirando hacia donde yo estaba, lo que yo aprovechaba para tratar de meterme en la conversación. Sin ser maleducadas, enseguida cambiaban de tema. Me sentí rara, incómoda. Excluida.

¿Habré hecho algo malo? ¿Dije algo incorrecto?

Mientras el ómnibus avanzaba por la autopista, estremeciéndose un poco, veía pasar a través de la ventana los enormes carteles y los edificios grises de oficinas. Pero por dentro, sentía que algo supuraba, como si fuera una herida infectada. Ignoré al resto del coro mientras ensayaban sus partes, preparándose para el gran debut. Cuando al fin el transporte llegó al estacionamiento del centro comercial, mis amigas se bajaron por la puerta delantera, y tuve que apurar el paso para no quedar atrás.

Teníamos una hora para caminar por los alrededores antes de encontrarnos y formarnos en fila para el concierto. Los maestros y las maestras nos dieron órdenes precisas, en cuanto a no llegar ni un minuto tarde y todo eso hasta que nos dejaron ir a pasear. Fue como si soltaras una tropa de potrillos en medio de un campo, o en este caso, como si la interminable hilera de tiendas nos esperara, dándonos la bienvenida para babearnos por un par de botas Doc Martens, por unos locos pantalones Hammer, o el último disco de Guns N' Roses.

Allí, en medio del grupo de mis mejores amigas, no pude ignorar la tensión. Era como si estuvieran obligándose a aguantar mi presencia. Noté que se miraban, como si tuvieran algo que decirse en secreto, solo con la mirada. Finalmente, una le dio un suave codazo a otra para que me enfrentara. La chica se veía incómoda y no podía mirarme a los ojos. Era obvio que no quería expresar lo que tenía que decir, pero que sabía que no había escapatoria.

—Hoy no queremos andar contigo, Pattie —dijo.

Luego hizo una pausa, miró hacia arriba y lanzó un largo suspiro.

—En realidad, ya no queremos andar contigo nunca más, no queremos ser tus amigas.

Fue como un puñetazo en el estómago. Un golpe tan fuerte que logró romper la capa protectora que había estado levantando a lo largo de los años, para defenderme del rechazo y el abandono. Fue una herida que me llegó mucho más adentro de lo que puede doler que alguien le diga a uno que no quiere ser más su amigo. Porque tocó una fibra íntima, conocida, una fibra de la que yo no estaba al tanto siquiera. Así que se me llenaron los ojos de lágrimas.

Otra de las «amigas», dijo enseguida, con tono más seguro pero para nada en son de disculpas:

—Sí... es cierto. ¡Y no te pongas a llorar como una bebé!

Entré en pánico. Mi mente era un torbellino.

—¿Hice algo malo? —pregunté—. ¿Fue algo que dije? ¿O algo que hice? Denme la oportunidad de arreglarlo. Lo siento...

Mi voz se fue apagando en medio de las disculpas que pude balbucear. Sentía que acababan de echarme medio kilo de sal en la herida abierta que llevaba dentro. La del rechazo.

Cuando sentí que las lágrimas empezaban a salir, apreté los dientes y me forcé, con todo mi ser, para tragármelas. Estaba orgullosa de mí misma. Lo logré. Tenía los ojos inundados, pero no se me cayó ni una sola lágrima.

Sabía lo que tenía que hacer: levantarme. Ser fuerte. No reaccionar. Fingir que esa conversación jamás ocurrió. Era la historia de mi vida: levantar murallas cada vez más altas para sepultar mis sentimientos. Terminé caminando sola, sin rumbo, en el enorme centro comercial. Estaba devastada. Completa y absolutamente devastada.

Aunque parezca un hecho tonto, fue algo que tuvo el poder de seguirme y acosarme muchos años. Porque confirmó, al menos en mi mente, que yo no era importante. Que no valía. Que nadie me quería. Ni siquiera mis mejores amigas.

Al año siguiente, mi rebeldía se hizo más notoria, más fuerte. No puedo disfrazarlo con otras palabras: era una chica problemática. A medida que empeoraba mi conducta, mi conciencia se fue haciendo más y más débil. La primera vez que robé algo, una barra de chocolate, sentí culpa; la adrenalina se agolpó en mis venas. Pero después de robar unos chocolates más, y luego cosas más grandes y caras, aprendí a ignorar esa culpa, al punto que acabó siendo nada más que un débil susurro, inaudible. Me repetía que lo que hacía no era malo y poco a poco fui logrando que mi conciencia perdiera sensibilidad.

Aunque me mantenía forzando los límites frente a figuras de autoridad, peleándome con maestros o teniendo que quedarme detenida después de hora en la escuela, empecé a buscar problemas mayores y peores. Comencé con el vandalismo en las instalaciones de la escuela; una vez me suspendieron por iniciar un incendio en uno de los baños.

Después, fueron las drogas y el alcohol.

Empecé a beber alcohol y a fumar a mis catorce años. Vivía de fiesta en fiesta, y en cada una había algún tipo de sustancia que me obnubilaba el cerebro. No recuerdo cuándo fue que bebí o fumé marihuana por primera vez. No debe haber sido una experiencia demasiado interesante. Como todos mis amigos bebían y se drogaban, me dejé llevar por la corriente; nadie me obligó a probar nada ni siquiera una sola vez. Además, Stratford era una ciudad pequeña. Es muy fácil aburrirse cuando no hay mucho que hacer. Las drogas y el alcohol eran como una actividad extracurricular. Al principio parecían algo inofensivo, solo como para divertirse un poco o hacer estupideces. Pero volar... eso sí hacía que la vida fuese más interesante.

Fue más o menos en la misma época en que empecé a experimentar con las drogas y el alcohol que volvió un viejo fantasma a la ciudad. Habían pasado unos cuatro años desde la última vez que alguien me tocó donde no debía. Esos cuatro años logré mantener casi toda esa basura oculta. Pero ahora, el fantasma estaba de regreso y venía por más.

Tenía catorce años. Era verano y andaba con mi mejor amiga, una de las infames *ardillitas*. Nos hicimos amigas en el jardín de infantes. Ella vivía en la casa de enfrente y éramos inseparables. Cuando crecimos y nos pusieron teléfonos en nuestros dormitorios, hablábamos todo el tiempo, desde que nos despertábamos e incluso hasta un minuto antes de encontrarnos para ir juntas a la escuela.

—¿Qué tal?

—¿Qué estás haciendo?

—¿Qué onda?

Y apenas apoyábamos la cabeza en la almohada por la noche, nos llamábamos y terminábamos el día con más de esas conversaciones sin sentido.

—¿Cómo estás?

—¿Qué haces?

—¿Algo nuevo?

Éramos como hermanas, yo solía pasar mucho tiempo con su familia. Ese verano pasamos una semana en un campamento con su abuelo y su hermana. Había visto al abuelo muchísimas veces y me caía muy bien. Era la clase de abuelo que le encanta a todo el mundo, un tipo cariñoso y supertierno, como un oso de peluche gigante que quieres abrazar todo el tiempo.

Como en casa yo no recibía todo el afecto que necesitaba (mis lenguajes del amor son el contacto físico y las palabras de aprobación), tenía hambre de cariño, de atención, de demostración física de afecto. Así era como podía saber que me querían. Que me adoraban. Que me aceptaban.

Así que me encantaba andar con el abuelo de mi amiga. El tipo era cálido, se interesaba por mí y siempre me abrazaba. Como yo era tan menuda —medía como un metro treinta y pesaba supongo que treinta y cinco kilos en ese tiempo— a veces me acurrucaba en su regazo. Me gustaba estar allí, sentada en la falda de ese hombre, no me sentía incómoda en absoluto.

Mi amiga y yo pasamos los primeros días de las vacaciones disfrutando de la naturaleza. Paseábamos en bicicleta, caminábamos por los alrededores o nadábamos en la piscina del campamento. Y por las noches nos sentábamos junto al fuego a tostar malvaviscos mientras escuchábamos música.

Una tarde vi que el abuelo de mi amiga estaba sentado en una silla de jardín grande, mirando al cielo, disfrutando de la cálida brisa. Se veía tan en paz. Contento. Disfrutando del verano sin que nada le preocupara. Yo quería participar en esa imagen tan bella, ser parte de la ecuación de esa nada tan pacífica.

Así que me subí a su regazo y apoyé mi cabeza contra la piel gruesa y ajada de su cuello. Él sonrió, sin abrir los ojos, y me dio unas palmaditas en la cabeza, en señal de afecto. Sentí que me quedaba dormida.

Pero entonces, sucedió. Sentí el calor de su mano. El movimiento me sobresaltó y mi ensueño acabó de repente.

Estaba ocurriendo de nuevo.

La verdad es que no lograba procesarlo todo. Su mano, lenta y deliberadamente, se iba metiendo dentro de mis pantaloncitos, deteniéndose donde no tenía que estar, y tocándome como no tenía que tocarme. *Oh, no. Esto no. Por favor, Dios.* Y aunque me asqueaba terriblemente, también sentí miedo. Miedo de rechazarlo. Miedo a decir que no y arriesgarme a que me odiara. Pensé: *¿Cómo podría salir de esta situación sin ofender a este viejito tan dulce?*

¿Ves lo retorcido que puede ser el proceso mental de la víctima del abuso sexual? Es una batalla que jamás pude ganar.

Fingí un bostezo y me estiré disimuladamente, como si acabara de despertar de una siesta. Muy despacio, me fui deslizando para bajarme de su regazo, de modo que quedara sentada más sobre la silla que sobre sus piernas. Volví a bostezar, me levanté y me alejé con pasos torpes, fingiendo que seguía con sueño. Esperaba que eso bastara como para bajarle el tono a esa situación tan incómoda y bochornosa.

Caminé hasta la casa rodante mientras el sol enceguecedor me abrasaba con su ardiente calor. Sentí que iba a los tumbos por un desierto estéril, a kilómetros de la civilización. En verdad, estaba a kilómetros de mí misma. Una vez más, logré desconectarme de la colorida escena que tenía delante de mí. Casi no veía a las familias que asaban carne allí cerca, a los niños que jugaban al Frisbee, a los caminantes cansados que volvían de su largo paseo. Estaba como en medio de una nube, atónita, atontada por lo que acababa de pasar.

Aquellos viejos sentimientos, tan conocidos, volvieron como si jamás se hubiesen ido. Más bien, estuvieron ocultos bajo la superficie, esperando el momento perfecto para surgir de nuevo. En mi mente, de inmediato volví al abuso sufrido en el pasado, transportándome en el tiempo, y las compuertas de los recuerdos no muy gratos se abrieron y dieron paso a una corriente de emoción abrumadora. Había sido tan perturbador que intenté convencerme de que no había pasado nada. Tal vez lo imaginé.

Pero no. No era un sueño. Ocurrió de veras. Y al fin, fue entonces que me armé de valor para decírselo a alguien.

Al llegar a la casa rodante, busqué a mi amiga y les dije a ella y a su hermana lo sucedido. Mi amiga hacía ruido masticando su chicle y mirándome con sus cejas arqueadas. Me dio la impresión de que sospechaba. No, peor aún. Apenas vi que meneaba la cabeza, supe que no me creía.

Hizo un globo enorme con su goma de mascar y lo estalló delante de mi nariz, casi sobre mi bronceada mejilla. Me miró con desprecio y me acusó de ser mentirosa. Su hermana también me dijo que todo era mentira.

No esperaba esa clase de respuesta. Su reacción me dejó hecha añicos. El anuncio televisivo que vi años atrás no me había preparado para la posibilidad de que pudiera contarle todo a alguien que no me creyera. ¿Qué hacer, entonces? ¿Qué haces si te dicen que eres mentirosa cuando eres la víctima?

En ese momento aumentó mi desconfianza hacia los demás. Esa conversación, además, me enseñó una valiosa lección: aunque estaba bastante segura de que no volvería a hablar de este tipo de cosas, sabía que en caso de hacerlo elegiría con sabiduría a mi confidente. No sería alguien cercano al abusador. Necesitaría a alguien que no defendiera automáticamente a esa persona.

Quise irme del campamento inmediatamente después de haberle dicho todo a mi amiga pero, por alguna razón, me quedé. Me esforcé por dejar de lado el incidente, decidida a recomponerme y actuar como si todo estuviera bien. Estaba acostumbrada a convivir a menudo con mis abusadores, fingiendo que no pasaba nada, así que para mí no era difícil hacerlo. *¿De qué viejo sucio hablas?*

Esa noche los cuatro jugamos a las cartas. Mientras esperaba mi turno en la segunda ronda de los Ochos Locos, sentí que una mano se deslizaba por mi pierna y se detenía justo donde empezaba el cierre relámpago de mis pantaloncitos. Era el abuelo. *Bueno. Basta ya. Me cansé.* No quería hacer una escena, así que me levanté y dije que no me sentía bien. Que iba a dormir. No quería —o en realidad no sabía— enfrentar aquella situación de ninguna otra manera. Me retiraría y nadie se enteraría de nada. De todos modos, ¿qué diría? «Tu abuelo otra vez está metiendo la mano donde no debe, ¿lo ves? Te dije que no mentía». Nadie me habría creído y yo no quería meterme en una discusión o pelea de esas en que uno acusa al otro de haber hecho algo y el otro replica que no fue así.

Elegí la salida más cómoda: me retiré.

Creo que eso es algo que les sucede muy a menudo a las víctimas de abusos. En lugar de usar la voz para hablar, nos callamos. Nos escondemos. Lo ignoramos. Fingimos. Y hay muchas razones diferentes por las que no decimos nada. No queremos hacer ruido. No queremos que nadie se enoje. ¿Y si piensan que nos la buscamos? ¿Y si quedamos como estúpidas o estúpidos? Es algo muy difícil, muy delicado. Cuesta controlarlo.

Aunque uno siente que hablar implica correr un gran riesgo, al guardar silencio vamos cavando un poco más nuestra tumba, día tras día. Al cargar todo ese peso solos, nos vemos obligados a buscar otras salidas que por lo general no son saludables pero que pensamos que nos ayudarán a soportarlo. La mayoría de las veces son salidas que nos empujan más a un callejón oscuro y nos cuesta más todavía encontrar por dónde salir.

Siendo adolescente envidiaba a los que podían andar sin miedo, con la guardia baja. Incluso lo escribí en mi diario: «Creo que estoy siendo más franca con mis sentimientos. Ojalá alguien pudiera entender lo que me está pasando. En la clase de teatro todo el mundo es tan sincero. Hay chicas que les contaron a todos que fueron víctimas de abuso sexual y un par de ellas fueron violadas. Fue muy triste. Todos lloraban».

Pero en la oración siguiente, di un giro de ciento ochenta grados en cuanto a escribir sobre la vulnerabilidad y puse: «Odio que haya gente popular solo porque son bellos». Era drástico, sin transiciones. Me había desapegado tanto de mi dolor, de lo que había sufrido, que ni siquiera mi diario personal conocía mis aguas más profundas.

Poco después del incidente del campamento, me pasaba el tiempo bebiendo y drogándome, todos los días. También me metía en líos cada vez peores en la escuela y casi todas las noches iba a alguna fiesta. Rara vez cenaba en casa y nunca cumplía con el horario que me imponían para volver. Hasta hubo noches en que volvía antes de que amaneciera.

Para mí, emborracharme y drogarme por diversión era una forma de automedicarme. No podía pasar un día en la escuela ni uno festivo en casa sin estar drogada o ebria. Cuando cumplí dieciséis años, ya no podía hacer nada si no metía en mi cuerpo algo que adormeciera mis sentidos.

Casi siempre prefería la marihuana, mi vieja y leal amiga, aunque a veces tenía la sensación de que los porros [de marihuana] que fumaba tenían algo de polvo de ángel o cocaína. También consumía LSD. En todos mis viajes, la paranoia y el miedo hacían estragos en mí. La ansiedad se apoderaba de mí las doce horas que duraba el efecto de la droga. Si me drogaba antes de ir a la escuela, era como una zombi ese día entero. Me sentaba en la clase e intentaba seguir lo que dijera el profesor de turno, pero lo olvidaba todo a los dos segundos. Lo mismo me pasaba cuando leía. Seguía las palabras con el dedo y para cuando llegaba al final ya no tenía idea de qué era lo que acababa de leer. Si andaba por un pasillo de la escuela y veía al director, tenía la certeza de que estaba dirigiéndose directamente hacia mi armario. Que lo abriría, que encontraría mi provisión de drogas y me haría arrestar. Entonces la policía me llevaría a empellones y me sacarían de la escuela a los gritos. Me echarían en prisión y allí pasaría el resto de mi vida. ¿Exagerado? Sí, claro. Bienvenidos al mundo del LSD.

Mi mamá no era estúpida. Se daba cuenta de que mi conducta era extraña. Aunque se molestaba conmigo si yo llegaba borracha o drogada, no insistía demasiado. De vez en cuando me preguntaba si consumía drogas o alcohol, yo siempre mentía y le decía que no, que nada de eso; entonces me dejaba tranquila.

Aunque mi mamá y yo no nos veíamos porque yo me la pasaba en alguna fiesta o encerrada en mi habitación, cada vez que nos cruzábamos era como si estallara la Tercera Guerra Mundial. Todas esas emociones y sentimientos reprimidos que desde que era pequeña tenía enterrados en lo más hondo formaban pequeños volcanes que entraban en erupción durante esas discusiones. Mi ira surgía como insoportables berrinches y, lamentablemente, a ella le tocaba la peor parte, y era la que soportaba mis ataques. Incluso una vez hubo violencia física.

No recuerdo por qué discutíamos. Todo fue empeorando muy rápido y ninguna de las dos supimos cómo detenerlo. Las palabras hirientes volaban como una pelotita en un partido de ping-pong. En un momento, me acerqué a mi mamá, a centímetros de su rostro, con la expresión desfigurada por la ira. Estaba demasiado cerca. Mamá retrocedió un paso y me dio una cachetada. El golpe me enojó más todavía y la amenacé con llamar a la policía. Hasta tomé el teléfono y con mirada amenazante le grité: «¡Me harté! Voy a llamarlos».

Mamá no era de las que dan su brazo a torcer. Con tono agresivo me tomó de la muñeca, arrastrándome hacia la puerta de calle. «Tengo una idea mejor. Yo misma te llevaré a la estación de policía». Y lo hizo.

Ya en la policía tuve que conversar con uno de los oficiales. El hombre me habló de lo importante que era respetar a mis padres, a mí misma, y sacar buenas notas en la escuela. Era un hombre amable, pero no puedo decir que sus palabras me hicieran cambiar de conducta. Ni siquiera me asustó, que tal vez era lo que mi mamá buscaba.

Fue mi primera experiencia con la policía, pero no sería la última. Poco después empezaron a venir a casa cuando recibían denuncias de robos de objetos como estéreos de auto. Sabían con qué tipo de amigos andaba y qué clase de cosas hacíamos.

Mi mamá y yo teníamos una relación tan volátil que un par de veces intentamos solucionar las cosas yendo a ver a un consejero.

Me encantaban esas sesiones. Podía hablar con mi mamá sobre lo que yo realmente sentía, contando con el apoyo de un terapeuta. Y también me sentía defendida cuando el consejero le indicaba a mi mamá ciertas cosas que no debía hacer. Por supuesto, también yo recibía ciertas advertencias en cuanto a lo que hacía mal. Estaba claro que las dos teníamos problemas, cada una en lo personal, y que por eso nos resultaba tan difícil sostener una relación. Aunque la consejería no alivió la tensión que había entre ambas, al menos me proporcionaba algo así como una vía de expresión.

Me encantaba visitar a los vecinos de al lado porque estar con ellos me daba la sensación de consuelo que necesitaba. Era un respiro, lejos de lo que pasaba en casa. Eran cristianos, como decía mamá, «gente religiosa».

Aunque mi madre ponía los ojos en blanco al oír lo que hablaban sobre Cristo y todo eso, a mí no me molestaba oírlos hablar de Dios. Me intrigaban los versículos de la Biblia que tenían en cuadritos, colgados en las paredes. Y les hacía preguntas. Quería saber qué significaban esos versículos, de qué trataba la Biblia. Ese matrimonio vio con gusto mi curiosidad, por lo que jamás dudaron de pasar tiempo conmigo y contarme lo que sabían. También oraban a menudo por mi familia y por mí, oraciones que sin duda tuvieron un impacto en lo que hoy soy, en donde estoy ahora.

Sin embargo, a pesar de los testimonios de esa pareja, yo no tenía una conexión personal y real con Dios. Mi radar no registraba a Dios más que en esas oraciones desesperadas que pronunciamos cuando nos llega el agua al cuello. Como cuando me emborrachaba y me sentía morir. Mientras vomitaba las tripas en el excusado me abrazaba a mi fría amiga losa, como aferrándome a la vida. Y gritaba mientras sentía que por dentro una trituradora convertía mis entrañas en puré: «Dios, si haces que me sienta mejor, te prometo que no volveré a beber o a drogarme, nunca más». No puedo contar las veces en que me hallé frente al tazón del baño, sintiéndome mal, como un perro, y convencida de que entraría en coma alcohólico. Repetía esas oraciones hasta que ya no podía contar cuántas veces las dije. Claro que al fin me sentía mejor. Pero jamás dejé de beber alcohol o de drogarme. Aquellas oraciones, ¿eran simplemente una medida extrema que tomaba en tiempos de desesperación? La mayoría de las veces, es probable que así fuera. Pero también pienso que no quería dejar ir esa pequeñísima esperanza que abrigaba en cuanto a que Dios fuese real, que existe. Y que lejos de las cuatro paredes del baño donde mi propio vómito me causaba asco, había Alguien. Alguien a quien incluso yo podía importarle.

Sí, creo que todos esos retacitos de fe que fui recogiendo a lo largo del camino, por pequeños que fueran, finalmente dejaron su impresión en mi corazón, y fue una impresión duradera. Aunque era invisible a los ojos, Dios dejaba sus huellas, evidencia de que estaba allí. Que era real. Pero eso yo no lo sabía en ese entonces. Porque solo conocía el dolor y el vacío.

No tenía idea de cómo era Dios. Como carecía de fundamentos espirituales imaginaba que era alguien que en realidad no es. Me forjé una imagen que se basaba en mentiras. Por no saber. Cuando se dice que Dios es un Padre celestial todas nuestras percepciones terrenales de lo que es un padre (y que se basan en nuestras experiencias con nuestros propios padres) suelen teñir nuestra perspectiva de Dios.

Puesto que mis padres estaban distantes, imaginaba que Dios también lo estaría. Como mi padre nos había abandonado, me imaginaba un Dios que podría decidir que se iría en cualquier momento. Como nadie me rescataba del abuso, imaginaba un Dios sentado a un lado, incapaz o no dispuesto a rescatarme de la injusticia. Por cierto, no parecía que le importara.

Cinco

Cuando tu verdadero yo, que es la persona que Dios imaginó al crearte, se rompe en fragmentos y añicos irreconocibles, te vuelves suelo fértil para la mentira. Esas mentiras, esa falta de verdad, van enterrándose cada vez más profundo dentro de tu corazón y te resulta casi imposible librarte de ellas. Ellas se alojan en un lugar seguro y pasan a formar parte de ti, por lo que no logras imaginar la vida sin ellas.

Ya cuando llegué a la adolescencia, era esclava de tantas mentiras que creo que en el mejor de los casos solo tenía una vaga idea, torcida, de lo que es el amor, el valor de la persona y el respeto por sí mismo. Es más, creo que no tenía nada de eso. En vez de creer en mí, me arrodillaba ante los pies del engaño, ese que no tiene misericordia, y me aferraba a todas las palabras negativas que el engaño me decía para albergar pensamientos feos, con ideas sobre mí misma que eran destructivas y que surgían en mi mente.

Hace poco releí lo que escribía en mi diario durante esos años y no puedo creer las cosas que pensaba con respecto a mí misma. *Holgazana. Gorda. Fea.* Hasta llegué a la conclusión de que únicamente podría gustarle a alguien con algún problema mental. Cuando un amigo me decía que era un fracaso, o una ramera, no tenía ninguna verdad con la cual defenderme ante los ataques verbales, provinieran de alguien más o de mí misma, y por eso las palabras quedaban pegadas como si fueran mosquitos sobre la miel. Estaba tan acostumbrada a que se aprovecharan de mí cuando era pequeña que no conocía otra forma de relación. No sabía que podían tratarme de otro modo y no habría tenido forma de reconocer el verdadero amor aunque hubiera estado enfrente de mis narices.

En cuanto a los chicos, bueno... siempre estaba tratando de encontrar al «ideal». Pero no lograba decidirme. Porque una semana me gustaba uno y a la siguiente, quería a otro, y así seguía semana a semana. Solía preferir a los que mostraban que yo les agradaba. Eran los que podían garantizarme algún tipo de afecto.

No es que fuera cambiando de chico solo porque estuviera pasando por la revolución hormonal de la adolescencia. Yo buscaba todo el tiempo el amor. Intentaba encontrar a alguien real. Quería hallar a esa persona que correspondiera a mi amor como yo creía que debía amarme. Y pensaba que la solución más sencilla sería el amor de algún chico.

Me enamoraba con facilidad, o algo parecido, digamos. Y cuando no duraba quedaba destrozada, mis heridas no sanaban pronto. A los quince años encontré a un chico y pensé que nos casaríamos. Lo llamaré Joey.

Ese chico me gustaba muchísimo. Una noche, cuando todos ya se habían ido de una fiesta en su casa, nos quedamos sentados durante horas, abrazados. Y en el silencio de la madrugada empezó a decir todas las cosas que a una chica le encanta oír: «Pattie, eres tan hermosa», «Eres tan tierna», «Eres maravillosa». Y mordí su anzuelo, con carnada, línea y boya, porque era una romántica sin remedio y me temblaban las rodillas solo con oír sus palabras.

Empezamos a besarnos y terminamos en su dormitorio. Me sentía nerviosa. No quería que todo eso terminara como evidentemente ocurrió. A pesar del abuso que había soportado todos esos años, seguía siendo virgen. Esa parte de mí era preciosa, inocente y no estaba dispuesta a dejarla ir, ni siquiera para dársela a Joey.

Mientras nos acariciábamos y besábamos sobre su cama, él empezó a tratar de desvestirme, despacio, como para que no lo notara. Sentí que mi cuerpo se tensó y traté de alejar sus manos de mis partes íntimas, pero de nada sirvió. Él era mucho más fuerte que yo.

—No, Joey —dije retorciéndome para salir de aquel enredo de piernas y brazos—. No quiero hacerlo.

—No te preocupes. No voy a lastimarte —susurró en mi oído.

Yo seguía repitiendo «No», y Joey seguía diciendo: «Está bien». No grité. Nada de eso. No lo aparté con un golpe. Pero dije «no», tantas veces que al final todo se convirtió en una escena de abuso sin que yo me diera cuenta. Me quedé quieta. En silencio. Volví a salir de mí, de mi cuerpo. Me desconecté de Joey, del momento. Solo quería que lo inevitable terminara y ya.

Cuando todo acabó, volví a reconectar mi cuerpo con mi mente. A conectarme con lo que sentía. Y aunque en ese momento no podía saberlo, entró en escena la engañosa ilusión en la que pinté todo con nuevos colores. En la realidad, acababa de perder la virginidad en lo que se define como violación en una cita con un chico. Pero en mi nueva versión mejorada, había hecho el amor con el hombre con quien iba a casarme.

Logré convencerme de eso al punto que volví a casa en una nube. Como si flotara. Enamorada irremediablemente. Segura de que Joey era «el chico ideal para mí». Mi entusiasmo era porque al fin había encontrado al hombre que haría realidad mis sueños, el hombre con quien pasaría el resto de mi vida.

Lo más traumático de esa noche ni siquiera fue el hecho de que Joey me hubiese violado. Fue lo que pasó al día siguiente cuando lo llamé para decirle «Hola» y ver qué tal avanzaba nuestra «relación» (recuerda que yo tenía solo quince años). El chico de mis sueños me trató con frialdad. No fue como la noche anterior. De inmediato Joey interrumpió mi tonto discurso y dijo en voz baja: «Por favor, no vuelvas a llamarme».

Clic.

El tono del teléfono retumbó en mis oídos.

Estaba más que devastada. Lloré el día entero y seguí llorando cada día durante varias semanas. Decidí que odiaba a Joey y que detestaba a los hombres. Ese rechazo me hirió en lo más hondo. Marcaba un peldaño más en el descenso hacia la nada representada por ese abandono que me robaba la vida. Quebrantó mi confianza en mí misma. Y derrumbó de un solo golpe todas mis esperanzas. Mi idea del amor quedó manchada, afectada.

Poco después del incidente con Joey conocí a otro chico en una fiesta, Jeremy. Entré en una habitación en la que sonaba a todo volumen una canción del grupo musical 2 Live Crew. Mientras bebía una cerveza con un cigarrillo entre los dedos, mi mirada se centró en un chico que bailaba haciendo el paso del «hombre corredor». Me pareció que se veía ridículo. Pero estoy casi segura de que él pensaba que se veía genial. Me llevé la cerveza y el cigarrillo a otro cuarto y no volví a verlo hasta semanas después.

Durante un tiempo nos cruzamos a menudo, por lo general en fiestas en las que el alcohol y la marihuana eran los reyes de la diversión. Una vez nos subimos al techo de una casa y nos quedamos ahí, charlando durante horas, de nada en particular. Pensé que era apuesto, con su cuerpo atlético, sus ojos soñadores y un rostro muy agradable. Pero al principio no me sentí muy atraída, aunque cuanto más lo conocía, más me gustaba. Antes de que me diera cuenta, Jeremy se había convertido en mi vida.

Casi me resultaba imposible no enamorarme locamente de él. Porque era imposible que no te gustara Jeremy. Era un chico agradable, aventurero, espontáneo. Me tomaba de la mano y me llevaba a dar largas caminatas sobre las vías del ferrocarril. Pedíamos aventones para ir a la ciudad de London, a una hora de Stratford, solo para alejarnos. Siempre me sentí a salvo con Jeremy, no importa dónde estuviésemos. Tenía ese instinto protector que tienen algunos naturalmente, aunque en muchas ocasiones ese impulso llegaba demasiado lejos.

Tengo que aclarar que, por otra parte, Jeremy y yo éramos jóvenes e inmaduros y que todo eso no nos hacía favor alguno. Los dos proveníamos de hogares fracturados y no sabíamos cómo amarnos nosotros mismos. Por mucho que lo intentáramos, jamás podríamos saber en qué forma amarnos uno al otro. Estábamos condenados al fracaso desde el principio.

Habíamos estado saliendo durante solo una semana y Jeremy se fue porque era su cumpleaños. No sé cómo me enteré de que me había engañado durante su ausencia. Estaba furiosa, pero él se justificó diciendo que en ningún momento pensó que lo nuestro era un compromiso, una relación firme. Esa era la salida fácil. Entonces se disculpó, aparentando sinceridad (un patrón de conducta al que me acostumbré muy pronto) y me aseguró que yo le gustaba muchísimo y que quería ser mi novio. Lo perdoné, como lo haría tantas veces más adelante.

El engaño que ocurrió durante esa relación tipo «rompemos-volvemos a empezar» no era exclusivamente por parte de Jeremy. Yo también hacía lo mío. Incluso lo traicioné con uno de sus mejores amigos. Me sentía herida y confundida por nuestra relación tan tóxica y lo que quería era vengarme.

Así como yo tenía mis propios problemas, Jeremy tenía los suyos. Creo que gran parte de su actitud degradada y su falta de respeto al prójimo tenían origen en lo que había vivido. Su padre era alcohólico y Jeremy también. Ya cuando cumplió los dieciséis, su alcoholismo era un problema. Fui a varias reuniones de Alcohólicos Anónimos con él. Parecíamos bebés en medio de un mar de rostros desgastados y cansados, que habían vivido mucho más que nosotros, el doble al menos. Jeremy no duró mucho en el programa de los doce pasos, por lo que su problema empeoró. No tengo forma de adornar la verdad: cuando bebía, Jeremy era un desastre. Y creo que hoy, él mismo lo admitiría. Asumía al cual me gustaba llamarlo su «otro yo», su álter ego malvado, Jack (su segundo nombre). Y todo lo que decía cuando estaba bajo esa influencia era ofensivo, confrontativo. Entonces peleábamos y, si había bebido bastante, las peleas se hacían más y más intensas. Era peleador por naturaleza (debo decir que lo hacía bien), y llegaba al extremo si le parecía que alguien lo miraba mal. Era peor si estábamos juntos. Por ejemplo, si caminábamos de la mano por la calle y algún chico me miraba aunque fuera solo por medio segundo, Jeremy enloquecía. Me atraía hacia él de un tirón y decía con tono posesivo: «Eres mía».

La mayor parte de nuestra relación, tantas veces interrumpida por peleas, era enfermiza, sofocada por esos juegos de locos y distorsionada por la inseguridad de los dos. Bailábamos al son de un excéntrico ritmo de peleas y reconciliaciones; y eso se convirtió en una rutina, al punto que los cuatro años en que anduvimos juntos hoy son como un largo e interminable día en mi mente. Ni siquiera puedo recordar cuándo andábamos juntos y cuándo «nos tomábamos un receso».

En casa las peleas con mi madre continuaban, una tras otra. No recuerdo el día que no peleáramos y nos ofendiéramos una a la otra. Al fin, cuando yo tenía dieciséis y en una de esas rupturas con Jeremy, llegué al colmo de mi situación. Decidí que me iría de casa.

Uno pensaría que fue un momento importante en mi vida. Lo digo porque todavía era menor de edad, pero no recuerdo que mi partida estuviera rodeada de nada dramático. Todo había llegado a un punto en que pienso que cuando me fui mamá sintió más alivio que otra cosa. Ella y Bruce podrían por fin estar en paz, en una casa sin gritos, en calma. Francamente, se lo merecían. En retrospectiva, estoy segura de que mamá estaba preocupada por mí. ¿Cómo no estarlo? Al tiempo que mamá y mi padrastro recuperaban cierta normalidad en casa, yo me fui a vivir con tres chicos. Con uno de ellos, salí durante un tiempo. Se trataba de la típica casa ruidosa, de fiesta en fiesta, con gente que entraba y salía todo el tiempo solo para divertirse y drogarse. Era un lugar que apestaba a alcohol y colillas de cigarrillos. En el refrigerador solo había unas cervezas y ketchup. La cocina era un desastre, con bolsas de basura llenas de botellas vacías y cajas de pizza que caían al piso. Pero era mi hogar, allí no había nadie que me gritara ni me molestara.

La escuela no era prioridad. Iba de vez en cuando, cuando tenía ganas. Y si iba, era drogada o borracha, o las dos cosas. Cuando no iba, era porque estaba durmiendo o de fiesta. Mi rutina era bastante congruente: fiestas por la noche hasta las seis de la madrugada, dormir todo el día, fiesta por la noche hasta las seis otra vez y dormir todo el día. Sí, lo sé. Inspirador, ¿verdad?

Conseguía dinero para pagar el alquiler y comprar drogas trabajando de vez en cuando. Por ejemplo, un tiempo trabajé como cajera en una estación de servicio en el turno de la noche. Era como una lechuza. No me gustaba el día.

En la madrugada venía todo tipo de gente. Los clientes eran viajeros cansados que se tomaban un descanso, o camareras que salían de su trabajo, y policías que pasaban antes de ir a trabajar. Yo estaba allí sentada, medio dormida, en la claustrofóbica casilla de la estación de servicio, dos ambientes diminutos y un baño todavía más pequeño con apenas un excusado y un lavabo. Toda la noche me la pasaba cobrando con tarjetas de crédito, dando cambio, vendiendo cigarrillos u ocasionalmente indicándole el camino a algún viajero que se había perdido.

Una noche, antes de las doce, llegué a trabajar cuando mi mejor amiga terminaba su turno. Me lavé las manos y me preparé mentalmente para las siguientes ocho horas. Mi amiga, también cajera, me hablaba sobre ese cliente molesto que se le había pegado de nuevo. Reí, fantaseando con la idea de que estaba en casa, abrigada y cómoda en la cama, casi dormida.

Allí, de pie junto a la ventanita de la casilla y esperando al primer cliente de mi turno, vi que entraba un tipo a la estación de servicio. Llevaba un pasamontañas oscuro. Apuntó con su pistola, directamente en mi cara. «¡Abre la puerta! ¡Abre la ... puerta, ya mismo!», gritó. Se me subió el corazón a la boca. Quedé paralizada por el miedo y con los ojos desorbitados, como un personaje de caricatura.

El tipo hizo señas con la pistola en dirección a la puerta de la casilla y volvió a gritar: «¡Abre la puerta!». Por el rabillo del ojo pude ver que había otro enmascarado esperando, pistola en mano, impaciente.

En lugar de obedecer entré en pánico. Grité, dando un alarido que le habría helado la sangre a cualquiera y corrí hacia la seguridad del cuarto contiguo donde estaba la caja con el dinero bajo llave. Creo que el tipo se llevó un susto mayor al mío en ese momento.

Preocupada, mi amiga no había oído al asaltante pero mi grito la sobresaltó: «¿Qué tienes?», gritó. Miró entonces al lugar que yo acababa de dejar y vio a los delincuentes. El tipo que estaba junto a la puerta también le gritó que la abriera y ella, presa del pánico... abrió.

Los tipos entraron a empujones. Uno de ellos se dirigió hacia mí, haciendo ruido sobre el piso con sus botines con puntas de acero. Me arrastró hacia el baño y oí que su compañero gritaba: «¡Pon todo el dinero en la bolsa! ¡Y cigarrillos también!».

El que me sujetaba sacó una soga larga y empezó a atarme las muñecas. Yo estaba en el piso, sentada en una posición incómoda. «No cometas ninguna estupidez», advirtió. Cerró de un golpe la puerta del baño y me dejó en la oscuridad, sola. Sentí una mezcla de miedo y frío, aprisionada contra el tanque de agua que me aplastaba la cara. Temblaba mientras oía que los tipos armados le daban órdenes a mi amiga. La oía suplicar con gemidos, pidiendo que no la lastimaran. Casi no podía creer lo que pasaba. *¿Nos matarán? ¿Nos van a violar? ¿Está pasando esto de veras?*

Entonces, así como había empezado, de repente, acabó todo. Los tipos se fueron con miles de dólares y una bolsa del tamaño de una funda de almohada llena de cajas de cigarrillos. Todo había transcurrido en menos de cinco minutos. Mi amiga entró, tambaleándose, y me desató. Le temblaban las manos como si fueran de gelatina mientras desataba los nudos para liberarme las muñecas. Llamamos a la policía y esperamos, con mucho miedo, rogando a Dios que los ladrones no volvieran. Fue mi último día en ese trabajo. No iba a arriesgarme de nuevo a otro robo ni a algo peor.

Sin mi empleo en la estación de servicio, me quedé sin dinero poco después. No tenía nada en los bolsillos pero seguía con el estilo de vida de fiesta en fiesta y además tenía que pagar el alquiler. Iba a tener que hallar la forma de tener algo de dinero. Empecé, irónicamente, a robar cigarrillos en una de esas tiendas de cadena que venden cosas baratas. Era trabajo de hormiga: entraba, tomaba algunas cajas, las ocultaba bajo mi gruesa chaqueta, y salía alegremente. Nadie sospechaba. La chaqueta era tan grande que podía esconder cuatro cajas sin que se notara. En ese entonces un atado de cigarrillos costaba unos ocho dólares y yo vendía la caja de diez atados a veinticinco. Era un robo (vale el juego de palabras) pero no me daba el dinero que necesitaba para poder seguir de fiesta.

Decidí entonces empezar a vender marihuana. Había otros chicos en la escuela que lo hacían y se llenaban de dinero. Era rápido y fácil y, como me veía tan joven e inocente, nadie sospechaba de mí. Compraba unos cuantos gramos de marihuana o hachís y los vendía fraccionados, y con eso podía mantener mis hábitos. Hasta vendía aceite de hachís. Es un milagro que jamás me hayan atrapado. Podría haber terminado en prisión.

A pesar de que vivía metiéndome en problemas y adquiriendo hábitos muy malos en mi juventud, sigo diciendo que todo podría haber sido mucho peor. Parece raro que lo diga, ¿verdad? Que beber, fumar, drogarse, robar y vender drogas no fuera lo peor. Pero había ciertas líneas que yo no cruzaría, que no sé si habrían estado allí si no estuviesen dentro de mí esas semillas de fe, plantadas años antes.

En general, mis consecuencias podrían haber sido mucho peores. Tal vez habría acabado siendo yo misma la que robaba en estaciones de servicio o quizá podría haber terminado consumiendo drogas más potentes como las metanfetaminas o el crack. Por cierto, no intento erigirme en la chica modelo de la recuperación de la adicción. Agradezco no haber tenido que pasar por el doloroso proceso de recuperación por el que pasan tantos de los que dependen del alcohol o alguna sustancia química.

A fin de cuentas, sin que nadie me dijera nada, volví a casa meses después. Las peleas con mi madre siguieron justo donde las habíamos interrumpido, sin pausas. Me siento terriblemente mal por lo que la hice sufrir cuando yo era adolescente. La ira y el dolor que todos esos años se habían ido acumulando dentro de mí, echaban su veneno sobre ella. No sabía cómo lidiar con esa lucha que tenía en mi alma: me odiaba a mí misma pero, en un minuto, todo cambiaba y anhelaba ser amada; o estaba llena de ira y giraba a la indiferencia enseguida. Me asusta pensar en lo rebelde que era en casa, pero también me entristece porque todo provenía de un lugar donde vivía en agonía. Siempre digo que a los que más les cuesta amar son los que más amor necesitan.

Más o menos al mismo tiempo volví a mi antiguo patrón relacional con Jeremy. Reencendimos la llama de nuestra tóxica relación. Salíamos mucho con amigos mutuos e íbamos a fiestas o hacíamos estupideces todo el tiempo. Una vez, cuando ya casi tenía diecisiete, estábamos con un grupo de amigos, problemáticos como nosotros. Era de noche, pero todavía había claridad y como siempre, estábamos sin un centavo y aburridos. Dábamos vueltas por el centro de la ciudad, cuando encontramos un edificio sin llave. (¿Es invasión de propiedad si la puerta está abierta?)

Era un depósito enorme, muy grande y casi vacío. Fuimos buscándonos un lugar en el perímetro de ese salón, haciendo ruido mientras revisábamos armarios para encontrar... no sé... algo. Entonces vimos varias colchonetas de yoga y las pusimos en el medio, ahí nos divertimos jugando a los atletas olímpicos, dando vueltas de carnero o haciendo la medialuna, torpemente. La verdad es que ninguno de nosotros era atleta.

Después que nos aburrimos de la gimnasia empezamos a husmear por el resto del edificio. Estaba casi oscuro ya cuando alguien abrió una puerta y encontró una escalera. Era rarísimo, porque la escalera estaba dentro de un armario. Empezamos a imaginar las cosas horribles que podríamos llegar a encontrar al final de la escalera hasta que uno de los chicos preguntó quién sería el valiente que iría a mirar.

Uno de los chicos más rudos aceptó el desafío. Abrió la puerta y bajó muy despacio los primeros escalones, hasta sumergirse en la oscuridad total, pero luego se asustó y subió corriendo. Pobre chico... No tuvimos misericordia con él, nos burlamos de su reacción.

En ese momento otro de los chicos sacó el pecho y dijo, muy seguro de sí mismo: «Yo iré». No llegó siquiera a la mitad de la escalera. Se asustó, como el otro, y subió corriendo.

Me parecía que todo era una tontería. Digo, en serio, ¿qué íbamos a encontrar ahí más que nada? Con mi metro cincuenta y tanto de altura, me erguí y dije: «Esto es para una mujer de verdad». Con eso, bajé por la escalera, tanteando la pared para encontrar un interruptor de luz. Al fin lo encontré, no podía creer lo que veía.

Di un grito. Cuando mis amigos me oyeron, se asustaron y salieron corriendo. «¡No! ¡Esperen», grité. «Tienen que bajar y ver esto. ¡Es increíble! ¡No van a poder creerlo!». Con dudas, mis amigos bajaron ante mi insistencia.

«Aaaaah», dijo uno de ellos cuando llegaron al final y miraron alrededor. «No parece real».

Todos quedamos paralizados, sin poder creerlo, porque en el medio de un salón enorme había lo que para un grupo de adolescentes era como un patio de juegos. El lugar estaba lleno de juegos de video, aros de baloncesto, había una rocola y blancos para dardos. Era como si hubiéramos llegado a un mundo totalmente nuevo. Entonces me di cuenta de que tenía que tratarse del centro comunitario que llamaban el Búnker. Había leído algo sobre eso en el periódico local. Lo habíamos encontrado antes de que lo inauguraran. Nos sentíamos muy orgullosos.

Pasamos horas allí, sintiéndonos en el paraíso. Todos los juegos estaban abiertos así que podíamos poner una moneda, jugar y recuperar la moneda para seguir jugando. Jugamos todo el tiempo, un juego tras otro. Encestamos la pelota en los aros. Pusimos música a todo volumen en la rocola. Jugamos billar y ping-pong. Y después, claro está, nos aburrimos.

Empecé a investigar el lugar y noté que en un rincón había una casilla con la puerta cerrada con llave. Seguro que ahí habría algo de dinero, o al menos algo para comer. Nos acercamos a la cerradura y tratamos de abrirla. Entonces oímos ruido del otro lado del edificio. Quedamos helados. Alguien había entrado. Oímos que se abría y cerraba una puerta, pero no era la misma por la que entramos. Así que supimos que teníamos que irnos. Y rápido. Riendo nerviosos y llenos de adrenalina, salimos corriendo por el mismo lugar por donde entramos.

Como hallamos el lugar antes de que se inaugurara, lo llamamos «nuestro». Ese sello de propiedad era la única razón por la que volveríamos. Después de todo, era un lugar cristiano. Había versículos de la Biblia en cuadritos sobre las paredes y un cartel muy tonto que decía: «No beber. No fumar. No usar malas palabras».

Sí, claro.

Cuando se inauguró el Búnker, pasábamos allí casi todos los fines de semana. Al menos teníamos algo que hacer. Un lugar donde pasar el tiempo. Sin embargo, no puedo decir que fuésemos del todo inocentes porque casi siempre llevábamos cerveza y la escondíamos en los tanques de agua del baño para que se mantuvieran frías. No sé cuántas veces salí borracha de allí. Y hasta vendía drogas. Cuando no tenía ganas de jugar con un videojuego o billar, me quedaba un rato con John, el director del centro. Jamás olvidaré el peinado tipo *mullet* que usaba en ese entonces, corto delante y largo detrás. Todavía bromeamos sobre eso, porque durante años pareció haber quedado por siempre en la década de 1980. Yo siempre le decía: «John, llamaron los ochenta. Quieren que les devuelvas el pelo». A pesar de su peinado, cuestionable en mi opinión, me resultaba fácil hablar con él. Debatíamos sobre la vida, muchísimas veces. Porque veía que le interesaba y era sincero, por mucho que me esforzara no podía encontrar ningún motivo ulterior tras su bondad.

Solo había una cosa en él que me molestaba. Hablaba de Dios. Un montón. No importa de qué conversáramos, siempre encontraba la forma de llevar la conversación al tema de Dios. Era muy molesto. Pero lo dejaba que me diera cháchara con el tema de la religión porque el tipo era simpático. La verdad es que me gustaba de veras.

Aunque John se mostraba amable con Jeremy, con mis amigos y conmigo, sabía muy bien lo que estábamos haciendo. Si nos atrapaba con cerveza o con drogas, de inmediato nos echaba del centro, aunque por supuesto, nos dejaba volver el fin de semana siguiente.

John fue la primera persona que me dio una oportunidad. La que no me ignoró porque yo fuera joven, estúpida o problemática. Además, jugaba al casamentero, porque me iba atrayendo hacia un Dios que cambiaría el rumbo de mi vida para siempre.

Un fin de semana de 1992 mis amigos y yo celebrábamos el 24 de mayo (Día de la Reina Victoria), una conmemoración cana-diense que festeja el cumpleaños de la reina Victoria, que para casi todos los fiesteros significa pasar el fin de semana borrachos. Y yo era muy fiestera. Jeremy y yo habíamos terminado la semana anterior, después que descubrí que había dormido con una de mis amigas. La salida de ese día era para mí un escape, la oportunidad de una excursión, de acampar, de estar con mis amigos, relajarme y dejar todo el drama de mi relación en casa.

Pasé el fin de semana completamente ebria y terminé durmiendo con un tipo que conocía poco. No era la clase de chicas que salen con alguien una sola vez. La estúpida decisión que tomé en el estupor de mi borrachera fue motivada por egoísmo. Es que no sentía nada por él. Solo tomaba revancha por haber roto con Jeremy y hacía eso como una oportunidad para vengarme. Ojo por ojo... ¿entiendes?

Días después Jeremy me llamó y volvimos a la rutina de siempre. Se disculpó por haberme engañado y me rogó que le permitiera volver conmigo. Decía todo lo que había que expresar en esos casos y todo lo que él sabía que podría derretirme: «Nena, te amo», «Por favor, vuelve conmigo», «Voy a cambiar», «No puedo vivir sin ti», «Somos el uno para el otro», «Solo te quiero a ti». Y yo no sabía defenderme contra ese tipo de argumentos. Por supuesto que haría lo mío y lo aceptaría de vuelta. Como lo hacía siempre.

Supuse, sin embargo, que tenía que sincerarme con él en cuanto a lo que había sucedido el fin de semana de la fiesta. Mejor sería reavivar nuestra relación siendo sinceros y no empezar de nuevo con el pie izquierdo, fingiendo cosas que no eran verdad. Mi conciencia no me dejaba volver con él sin decirle todo, con franqueza.

Fue un gran error.

«Si vamos a volver», le dije a Jeremy, «tengo que contarte algo». Hice una pausa, imaginando su respuesta. Sabía que era obvio que no reaccionaría bien. «El fin de semana pasado dormí con otro».

Al principio mi desagradable confesión se encontró con un insoportable silencio del otro lado de la línea del teléfono. Pero enseguida estalló el caos. Yo intenté tragarme las lágrimas mientras le rogaba que se calmara, pero Jeremy estaba loco. Solo oía puñetazos, objetos que caían, vidrios que se rompían.

74

Me sentí terriblemente mal. Culpable y avergonzada. Sobre todo porque lo que encendió la chispa de su ira era una tonta decisión que yo tomé. Seguía con el auricular apoyado contra mi oreja y los ruidos del furioso ataque de Jeremy atormentándome. Me mareé por la cantidad de emociones encontradas que daban vueltas en mi cabeza.

Pero lo de Jeremy no era algo poco común. Tampoco lo fue la cantidad de insultos que profirió. Sabía que en algún momento iba a tranquilizarse. Yo pediría perdón un millón de veces y él insultaría un poco más, después íbamos a besarnos y a arreglarlo todo (solo para repetir la misma escena semanas más tarde).

Pero esta vez las cosas se pusieron peor. Jeremy, a los gritos, amenazó con sacar a la luz mis secretos más oscuros, cosas que le había contado semanas antes en un momento de vulnerabilidad. Es que entonces, yo me había sentido segura de que si le contaba todo acerca de mí, podríamos estrechar la relación y estar más juntos que nunca. Ni en un millón de años supuse que podría traicionar mi confianza. Pero era exactamente lo que estaba sucediendo.

Ahora que reflexiono veo que todo lo que decía Jeremy surgía de un lugar de gran sufrimiento. Yo lo había traicionado y él no podía ver más allá de la reacción momentánea. Sus palabras nacían de la ira pura, de la irracionalidad, del lugar destructivo que los dos conocíamos a la perfección.

Es ahora que sé todo eso. En aquel momento, sin embargo, solo podía oír la amenaza que me llegó como cuchillada al corazón.

Solo sentí oscuridad. Una total y profunda oscuridad.

Se me cayó el auricular como en cámara lenta. Hizo un ruido sordo al chocar con el piso. Y ahí, la vida se detuvo. La vida que yo conocía. El mundo se volvió negro y no podía respirar.

Me temblaban las manos, como si tuvieran voluntad propia, y lo único que oía era el ruido que hacía al tratar de respirar, luchando, ahogada. Sus palabras retumbaban en mi cabeza y una oleada de vergüenza me nubló la razón. En ese momento solo pude pensar una cosa: *tengo que morir*. Y tenía que ser ya mismo.

En cuestión de minutos, conecté la idea, el deseo, con el intento. Tenía el cerebro aturdido, con el frenesí de lo que haría entonces. No podía suicidarme con una pistola porque en Canadá me era imposible conseguir un arma. Y no sabía cuántas píldoras, ni de qué tipo, tenía que tragar para lograr mi cometido. Tenía miedo de cortarme las muñecas porque tal vez, tardaría mucho en morir desangrada. Y mientras seguía eliminando opciones de suicidio para encontrar la mejor, me acordé de mi hermana y de cómo había muerto.

¡Bingo!

Salí de la casa y esperé la oportunidad perfecta. Tenía que ser un camión. Uno grande. No quería errores de cálculo. Iba a morir en el momento indicado, perfectamente calculado. Miré mientras pasaban unos autos por mi calle. ¿Un Chevy Impala? Demasiado pequeño. ¿Un Ford Escort? Más pequeño todavía. ¿Una minivan? Bueno, tal vez. Entonces vi que se acercaba un camión con su acoplado. Perfecto.

La adrenalina corría por mis venas con el frenesí de un baterista en un solo de percusión. A medida que se acercaba el camión fui siguiéndolo con la mirada, y corrí por el jardín del frente de la casa, por la acera rota donde solía jugar a la rayuela. Unos pasos más... y me lancé de un salto, directamente por donde pasaría el camión. En una fracción de segundo, mientras estaba en el aire, pude ver la cara del conductor, blanca como un fantasma.

Cerré los ojos y esperé a que el peso del enorme vehículo me pasara por encima. Pero no pasó nada. El conductor pisó los frenos y hábilmente maniobró el camión, que patinó mientras intentó dirigirlo a la calle lateral, enfrente de mi casa. No me tocó. Tal vez el hombre le estuviera agradeciendo a Dios en ese mismo momento, pero yo lo maldije.

El chirrido de los frenos me perforó los tímpanos. Seguía viva, con raspones en las rodillas y unos magullones, nada más. Estaba devastada, humillada porque no había sido capaz siquiera de acabar con mi propia vida. Vi que el conductor corría hacia mí, con el rostro bañado en sudor. Pobre tipo... le di el susto de su vida.

«¿Estás bien?», dijo sin aliento, mostrando preocupación genuina. Yo me quedé muda. Inmóvil. Solo asentí, como flotando en una nube y me dirigí hacia mi casa. Mi mirada se cruzó con la de una vecina enojada que vio cómo me lancé delante del camión, tratando de matarme. Y aunque estaba a unos metros, sentí la furia de su mirada, como si acabara de matar a su mejor amiga. Por cierto, no estaba preparada para lo que sucedió entonces.

Me gritó obscenidades desde su porche y luego se acercó corriendo con los ojos saliéndosele de sus órbitas, echando fuego. A casi un metro de mí, estiró el brazo. Me tomó y me arrastró hacia mi porche. Indignada, me insultaba y me decía cosas horribles, y llena de furia explotó: «¿Cómo pudiste hacer algo así? ¿En qué estabas pensando? ¿Cómo pudiste ser tan egoísta?».

Mi mente seguía vagando, flotando como en una nube, mientras mi vecina seguía gritándome de todo. Francamente, no podía entender por qué. Si yo ya me había insultado a mí misma lo suficiente. En realidad, era bastante experta en eso de insultarme y humillarme. No hacían falta refuerzos de nadie. No necesitaba que ella viniera a abrirme como a un pescado para sacarme las tripas y el corazón. Eso sabía hacerlo solita y sin ayuda. Lo que realmente necesitaba en ese momento era compasión.

El aguijón de la vergüenza y las garras sofocantes de la condena, consumían mi corazón. Me acurruqué en posición fetal, tratando de ahogarme en mis pensamientos para no oír su voz. Finalmente, la mujer levantó los brazos, como rindiéndose. Mi hermanastro salió de la casa, con los ojos desorbitados por el susto y la vecina me dejó con él. Aparentemente, la mujer había llegado al punto de la desesperación, la frustración de no lograr nada, y me dejó con Chuck para que él... ¿hiciera qué? ¿Me gritara más todavía?

Chuck me llevó hacia la casa y me preguntó: «¿Qué pasó? ¿Por qué hiciste eso?».

Yo no podía decir nada. No tenía respuestas. La sala giraba y mi mente estaba muy lejos de allí, distante de la mesa que había en el rincón, de los sofás pasados de moda, de la cara de mi hermanastro, tan cerca de la mía mientras jugaba al detective para investigar en detalle qué había pasado en los últimos veinte minutos. En algún momento, llamó a mamá y mientras esperaba que llegase, Chuck siguió interrogándome.

«Háblame, Pattie. ¿Qué es lo que se te metió en la cabeza?», preguntó de nuevo decidido a encontrar una explicación que surgiera de mi aturdida y silenciosa falta de conciencia en ese momento. No podía responder. Estaba paralizada. Atrapada. Me quedé allí, sentada ante la mesa de la cocina enterrando todo mi enojo, mirando al vacío. Sabía que mamá llegaría pronto. ¿Qué iba a decirle? Sentada en la silla dura y fría, no podía eludir la sensación de querer morir. Solo en eso podía pensar. No era algo que me llamara a gritos, ni que me invadiera como una ola. Tampoco me atacaba con histeria. Más bien, era un susurro tierno e hipnótico: *Muere, Pattie. Solo muérete.* Como una canción de cuna, iba consumiendo mis pensamientos hasta que se hicieron una sola cosa con mi espíritu.

Cuando mamá llegó y se sentó a la mesa conmigo le temblaban las manos e intentaba mostrar compostura. Entonces, me sinceré. Descargué toda la verdad en cuanto a todo lo que había sufrido y le informé que habían abusado de mí muchísimas veces durante cinco años, y que los abusadores eran personas que ambas conocíamos. Le dije que me estuve muriendo de vergüenza, en secreto, por años. Que Jeremy me había amenazado con contarlo. Le dije que ya no podía más. Que no sabía qué hacer con ese dolor.

Vi a mamá enternecerse un poco. Pasamos unos segundos en silencio y lo que dijo entonces me impactó: «A mí también me pasaron cosas cuando era pequeña». Y no dijo mucho más. No hacía falta.

No creo que ninguna de las dos supiéramos qué hacer en ese momento.

Fue mamá la que rompió el silencio. «Voy a llevarte al hospital. Vamos a conseguir que te ayuden».

CAPÍTULO

Seis

Estoy perturbada
Me siento vacía
No sé lo que quiero
Consuelo, amor y, sobre todo, atención
Levanté un muro alrededor de mi corazón
Estoy preocupada
Estoy triste
Llena de pesar
Pesar por no decir que no
Cuando era pequeña
Cuando sentía curiosidad
Cuanto tenía esperanzas

Escribí este poema el 20 de mayo de 1992, el día antes de que me internaran en el Hospital General de Stratford.

La evidencia de que necesitaba ayuda era permanente. En mis gritos mudos. En mi mala conducta. En la rebeldía. Señales todas de que luchaba por tener atención, porque alguien se detuviera, me escuchara y me dijera que le interesaba. Como tantos otros, sufrí en silencio, sin saber cómo salir, a rastras, del pozo de la desesperación a la luz. Lo único que sabía era que iba a matarme. No era la primera vez que quise hacerlo. Casi dos años antes, escribí en mi diario: «Estoy tan deprimida en los últimos tiempos, que me la paso llorando. He pensado en suicidarme un par de veces, pero dudo que llegue a ser lo suficientemente estúpida como para hacerlo». Supongo que, por fin, lo sería.

Nada sucede de la noche a la mañana. Me oprimían distintas presiones: la del abuso sexual, la de mis profundas heridas de la infancia y el simple hecho de ser adolescente. Con esto último, basta. Porque cuando eres adolescente, estás enredado en un enmarañado caos hormonal. Es una montaña rusa que comienza en la pubertad. Suceden muchísimas cosas. Aparecen los cambios de ánimo. Intentas encontrar tu identidad, pero pisas arenas movedizas. Te sientes aplastada, arrinconada en ese punto frustrante en el que no eres niña ni tampoco adulta.

A eso se añaden los problemas emocionales y mentales que te acosan desde que eras más joven. Si no resuelves todo eso o, al menos, tratas de arrancar de raíz lo que te los causó, van a afianzarse más. Y a medida que pase el tiempo tu conducta empeorará.

Ese estado es terreno fértil para caer en el abuso de las drogas y el alcohol. Así era como yo acallaba mi dolor. Y también era como empeoraban mis problemas emocionales, ya que eso contribuía a mis severos cambios de ánimo. Mis «éxtasis» eran realmente altos y mis «caídas» demasiado profundas. Estaba emocionalmente inestable, incapaz de hallar el equilibro. Tampoco ayudaba el hecho de sostener una relación temperamental.

No protesté cuando mamá sugirió que fuéramos al hospital, una parte de mí sentía que tenía que ir. Pero me daba vergüenza, como si un nubarrón pendiera sobre mi cabeza, listo para explotar.

Y sabía dónde iban a ponerme: en el pabellón siquiátrico. El estigma del «piso de los locos» empezó a susurrarme seductoramente al oído: *Loca, estás loca, Pattie.*
¿Quién podrá amarte ahora?
¿Qué clase de chica es esa que termina con los locos en el hospital?
Cuando mamá firmó los formularios de consentimiento, aquella voz que me condenaba en mi interior se hizo más fuerte, por lo que me fue casi imposible convencerme de que no estaba loca ni estúpida; sino que solo era una chica con el corazón roto y que necesitaba ayuda. Entonces, cedí. Me rendí. Ese último poquito de fe y esperanza al que me aferré había sido destruido.

Diecinueve días estuve en el hospital, mucho más de lo que imaginé. Pero quiero aclarar una cosa. El pabellón siquiátrico no tiene nada que ver con lo que muestran tantas veces en las películas. Ese piso no era un zoológico humano lleno de pacientes ensuciándose sus pantalones ni siendo perseguidos por los enfermeros. No vi gente andando como zombis, en trance, por los pasillos ni hablando con fantasmas. Ni me crucé con pacientes violentos que necesitaran chalecos de fuerza para que no destrozaran la sala de la televisión. El pabellón, en realidad, era tranquilo. Y triste.

Mi compañera de habitación estaba allí porque intentó suicidarse tomando un montón de píldoras. Se veía normal, amigable, educada. Como yo. Pero si prestabas atención a su bello rostro, podías discernir que sus ojos distantes tenían por delante algo así como un velo opaco. Supongo que es fácil reconocerlo si lo ves todos los días en el espejo.

Yo no me creía diferente a los demás pacientes, los deprimidos, los esquizofrénicos, los suicidas, ni los que sufrían alucinaciones. Teníamos un vínculo; todos estábamos con problemas, solo que en diferentes grados y en diversas maneras. Cada uno de nosotros estaba allí para tratar, en última instancia, de dilucidar o encontrarle sentido a nuestras circunstancias personales. Fuese hallando una razón para vivir o viendo por qué nos odiábamos tanto a nosotros mismos. O tratando de silenciar las voces que sonaban en nuestras mentes, controlando nuestros pensamientos. O como yo, intentando llegar a la raíz de la depresión incontrolable que me debilitaba. ¿Por qué me lancé delante de un camión? ¿Por qué seguía volviendo a una relación volátil que lo único que hacía era enterrarme más y más hondo en una tumba emocional? ¿Por qué pensaba que era mejor terminar con mi vida que vivirla? Tenía muchísimas preguntas —unas obvias y otras no— que debía investigar. En mí había una parte muy importante que intentaba filtrarlo todo, hablar de mi pasado y sacarlo a la luz. Pero no llegué a hacerlo en el hospital.

La reunión con el siquiatra que me admitió fue desagradable. Se veía frío e indiferente, como si quisiera evaluar y diagnosticar mi estado de salud mental lo más rápido posible. Tal vez tuvo un mal día y quería volver pronto a casa en su lindo auto para poder sentarse ante la cálida chimenea con una copa de coñac.

Disparaba preguntas como una ametralladora, sin tomar tiempo para explicar ninguna.

«En estas últimas dos semanas, ¿cuántas veces te sentiste triste, deprimida, sin esperanzas?».

«¿Cuánto hace que te sientes así?»

«¿Cuándo empezaste a sentir todo eso?»

Yo no esperaba que el doctor fuera mi mejor amigo, ni que se sentara allí una hora palmeándome la cabeza y diciéndome que todo saldría bien. Pero me desubicó ver que no expresaba ni siquiera por un momento que su interés era genuino. ¡Finge, al menos! Quita la vista de tus notas, por un segundo al menos. Dame la oportunidad de contestar las preguntas sin interrumpirme. Oye, estoy segura de que trabajar en el pabellón siquiátrico no es tan divertido como pasar el día en una playa del Caribe. Pero aun así, con un mínimo esfuerzo lograrías mucho.

Después de una hora de formular preguntas, de anotar en su cuaderno con tapas de cuero, y de asentir constantemente como un muñeco, el doctor me dio unas píldoras y se fue. Creo que lo vi una o dos veces más antes de que me dieran el alta.

Durante mi estadía conocí a otro terapeuta. Nuestras sesiones eran muy parecidas a las otras. Me moría por hablar en detalle sobre el abuso sexual, no solo como idea pasajera al describir mis síntomas de depresión. Pero no tuve mucha suerte.

Así siguieron las cosas varios años. En el curso de la búsqueda de mi sanidad, visité a muchos consejeros y probé distintas formas de terapia. Supongo que cada uno de ellos pensaba que yo ya había tratado el tema del abuso sexual con el profesional anterior y por eso nunca se habló en detalle de ese problema. En realidad, nunca logré analizar en detalle esa parte de mi pasado. En cierto sentido, pensé que se les escapaba de las manos, aunque estoy segura de que no fue intencional.

Hubo una terapeuta en particular, especialista en abuso sexual, que insistía en que era inútil hablar. «No hace falta que hables tanto, Pattie», me dijo. «Mucha gente cree, erróneamente, que hay que hablar de las cosas para sentirse mejor. Eso no es cierto». Al contrario, prefería centrarse en una técnica de sicoterapia que se llama EMDR [Desensibilización y reprocesamiento por movimientos oculares, por sus siglas en inglés], y que se usa para personas con trastornos por estrés postraumático. Tenía que pensar en un recuerdo traumático y concentrarme en ello mientras seguía el movimiento de su dedo y respondía algunas preguntas. Estoy segura de que esa terapia ha ayudado a otras personas, pero en mi caso no resultó buena.

No fue sino hasta hace unos años que tuve la oportunidad de sanar al fin, y de manera perdurable, al lidiar con el abuso sufrido. Pero allí en el hospital, siendo adolescente, sentí como si no estuvieran ocupándose de ninguno de mis problemas esenciales. No se habló de mis desconexiones. Ninguna de las razones por las que estaba en el pabellón siquiátrico, específicamente como secuela de los muchos años de abuso sexual, se mencionaron más que de pasada.

Me sentía sola en el hospital. No había mucho que hacer, más que tragar píldoras, ver televisión, ir a los grupos de terapia o pasar el tiempo en el área común. Me sentía atrapada, como si me hubiesen sentenciado a prisión sin posibilidad de salir. La terapia no parecía mejorarme en nada. En mi corazón y mi mente todo seguía igual. Era la misma persona, con los mismos pensamientos depresivos, la misma falta de autoestima, el mismo pasado que me acechaba.

No recibía muchas visitas, aparte de mis padres y de John Brown, el director del Búnker. No recuerdo que nadie más fuese. Carecer de amigos verdaderos fue como una llamada de atención para mí. Claro que tenía muchos que al instante vendrían si había una fiesta, pero cuando me hundí al extremo y llevé a cabo mi plan de salida, ninguno de mis compinches apareció.

John, por otra parte, estaba decidido a mostrarme que era sincero y que de veras le interesaba. Me visitaba con regularidad. Yo siempre sabía cuándo venía porque podía olerlo desde el pasillo. Bueno, no a él exactamente, sino que mi olfato detectaba el inconfundible aroma de la comida rápida que me traía y me hacía agua la boca. John entraba en mi cuarto con aquellas bolsas grasientas de McDonald's y KFC y de inmediato se me iluminaban los ojos. Porque, ¿a qué joven de diecisiete años no le gusta la comida no muy saludable?

La verdad es que no me molestaban mucho las visitas de John, por mucho que hablara de Dios. Estaba acostumbrada a su constante habladera de Dios, del tiempo que pasaba con él en el centro juvenil pero, en ocasiones, me ponía nerviosa. *Que Dios esto. Que Dios lo otro.* Lo escuchaba a medias mientras comía mis papas fritas y el pollo, y pensaba: «Este tipo no puede dejar de hablar de Dios y ni siquiera es domingo». No hace falta que te diga que de todos modos, dejaba en mí cierta impresión.

La primera vez que John me visitó, trajo una rosa y me comentó que Dios le había dicho que me dijera que me amaba y que me veía como esa rosa: hermosa. Me comí la hamburguesa mientras veía aquella flor perfecta. Ante todo, pensé que John estaba loco, puesto que me dijo que Dios le habló. En segundo lugar, también creí que había perdido más de un tornillo porque el mensaje era que Dios pensaba que yo era tan bella como la flor que traía John.

De alguna manera pude sobrevivir a toda esa charla en cuanto a que Dios le había hablado. Pero, lo que no pude evadir fue esa comparación con la rosa. *Ah, caramba, no me parezco en nada a esa rosa. Yo no soy linda. Ni soy buena. ¿En qué planeta vive este tipo?* John siguió visitándome y hablándome del amor de Dios, con afecto e interés en mí. Pero cuanto más hablaba, más pensaba yo que estaba chiflado. ¿Qué sabía él del amor de Dios por mí? Era obvio que no mucho.

Un día me dijo algo que me impresionó y ni siquiera pude poner los ojos en blanco (mentalmente, claro). «Pattie, cuando llegas al fondo, no hay otra salida que hacia arriba. Del abismo a la luz. Si de todos modos ya no quieres vivir, ¿por qué no pruebas a ver qué puede hacer Dios con tu vida y qué planes tiene para ti?».

Con los ojos llenos de compasión John me preguntó: «¿Qué perderías?».

Aunque habíamos hablado tantas veces sobre Dios con amplia franqueza, nunca pensé en eso que John creía con tanta pasión: que Dios me amaba. Jamás había tenido experiencia alguna con Dios, ni con el tipo de amor que John me comunicaba. Francamente, en ese momento de mi vida ya ni sabía si creía que Dios existía. Pero sí conocía el dolor. Conocía el abuso. Conocía el abandono. Conocía el miedo. Conocía la desilusión. Conocía toda esa basura, todo eso que me había llevado a tratar de suicidarme. Pero, ¿amor? Del amor no conocía mucho, en realidad.

¿Qué perderías?

La pregunta me desconcertó. No tenía defensa. Quedé sin palabras porque la verdad es que John tenía razón. No tenía nada que perder. Había intentado acabar con mi vida y mi fracaso fue un desastre.

Cuando John se fue ese día, sus palabras siguieron dando vueltas en mi cabeza. Allí, echada en la cama y acosada por mis malas decisiones, por el camino que había elegido y por las injusticias que había tenido que soportar cuando niña, vi que en realidad no tenía mejor opción que esa.

Tendida en mi cama, pensaba en qué iba a decir. Me sentí vulnerable. Oraría al Dios del universo o le hablaría al cielorraso, con lo que confirmaría mi estado mental de loca. «Ahhh... Dios», empecé. «Si eres real, te oro para que hagas lo que John dijo. Que me ayudes a vivir. No sé hacerlo yo sola». Una parte de mí se preguntaba si Dios podría hacer algo con mi vida. Aunque para mí, era un desafío supremo. Vería qué podía hacer Él, si es que hacía algo, por redimir la pobre y mala historia que yo misma escribí. Estaba dispuesta a darle una oportunidad.

Sabía que había más cosas que tenía que decir. No podía detenerme allí. John ya me había dicho que todos somos pecadores y que el pecado es lo que nos separa de Dios. Me dijo que Dios envió a su Hijo Jesucristo para que muriera por nuestros pecados, de modo que si aceptamos su perdón, nos reconciliamos con Dios. Entonces le pregunté a Jesús: «¿Me perdonarías todos mis pecados?».

Apenas dije esas palabras, pasaron unas imágenes vívidas por mi mente, una tras otra, como relámpagos. Estoy segura de que has oído que hay personas que, al borde de la muerte, ven pasar su vida ante sus ojos. Bueno, eso fue exactamente lo que me ocurrió, excepto que las imágenes que vi eran específicas, dificilísimas de mirar. Cada pecado, cada falla, cada conducta destructiva, cada indulgencia, todo lo que había hecho y que iba en contra de lo que Dios deseaba darme, pasó por mi mente. Dormir con cualquiera. Las drogas, el alcohol, los robos. En ese momento me hice perfectamente consciente de lo pecadora que era y de lo santo que es Dios. Eso me hizo sentir humillada, al punto que no podía siquiera ver cómo iba a querer Dios perdonarme. Quizá me excedí demasiado. Quizá crucé la línea donde la gracia de Dios no podía alcanzarme.

Sentía tanta vergüenza. No tenía esperanza. Dejé de mirar el cielorraso y enfoqué mi mirada en las sandalias que me dieron en el hospital. Susurré: «Si es demasiado tarde, Dios, te entiendo perfectamente».

Dije la verdad. Consideré la posibilidad de haber caído tan bajo en el pecado que el perdón de Dios no pudiera alcanzarme. No creía ni entendía la gracia de Dios en ese momento. ¿Cómo iba a creer o entender? Si no sabía absolutamente nada de ello. ¿Cómo podía esperar que Dios aceptara mis disculpas por tener una vida tan desastrosa y me diera la bienvenida con los brazos abiertos? Pensaba que era demasiado pedir.

Pero entonces, se manifestó. Dios vino a mi encuentro de manera tan poderosa que no había forma en que pudiera dudar de su existencia o su presencia. Ya no. Pido perdón por los detalles que puedan parecer cursi, pero lo que viví entonces fue muy intenso, muy real.

Con los ojos cerrados vi en mi mente la imagen de mi corazón, que se abría. Y al desplegarse, iba cayendo sobre él polvo de oro, llenando cada centímetro, hasta que no quedó espacio para una pizca más. No sé cómo, pero en lo más profundo de mi espíritu supe que el polvo de oro representaba al amor de Dios. Él era el que derramaba su amor dentro de mi corazón. Y tan pronto como se llenó, mi corazón se cerró y se volvió enceguecedoramente blanco y brillante. Sentí como si me hubiera purificado y lavado de adentro hacia afuera. Estaba maravillada y consciente plenamente de la presencia de Dios.

Sin embargo, había algo más: no me sentía amada con un amor exageradamente emocional, cálido o pegajoso como el amor que te malcría. Era más como un profundo conocimiento. Un amor a tal nivel que jamás podría haberlo reconocido. Un amor que solo podía venir de Dios.

Comencé a llorar. Con lágrimas de alivio. Lágrimas de esperanza. Lágrimas de gratitud. Lágrimas de mil emociones reprimidas, algunas imposibles de entender. Me sentía como una mujer que había estado vagando por un desierto durante días, sin agua, y que por accidente tropieza con un arroyo cristalino. Todavía trataba de que mi cerebro llegara a procesar todo lo que acababa de suceder y permanecí allí, sentada como en un sueño, murmurando con asombro:

«Oh mi Dios... ¡TÚ eres real!»

«Oh mi DIOS... ¡Tú ERES real!»

«OH MI DIOS... ¡Tú eres REAL!»

«Oh mi Dios... ¡En verdad, eres real!»

Por los siguientes minutos permanecí sentada, sin poder moverme. Estaba tan abrumada al saber eso que lo único que podía hacer era repetir que Dios era real.

Sabía que si decidía darle a Dios las riendas de mi vida iba a tener que renunciar a ciertas cosas. Si había algo que entendía acerca de Dios, de lo poco que aprendí con John y de mis antecedentes católicos, era que Dios no aprueba determinadas cosas. Principalmente, las que a mí me gustaban. Sabía que iba a tener que renunciar a otras cosas. Cosas que me agradaban.

Así que, lo creas o no, respiré hondo y le di a Dios un ultimátum. «Dios, si tengo que renunciar a mis drogas y mi alcohol, mejor será que seas superior a las drogas y al alcohol, porque me gusta drogarme y me gusta beber. Pero quiero decirte una cosa: no voy a jugar a ir a la iglesia. No voy a calentar un banco y fingir que soy cristiana o hipócrita. Así que, renunciaré a esas cosas, pero mejor será que tú valgas la pena». Tal vez no haya sido la oración más reverente, pero era sincera. Salió de mi corazón. Ahora sé, porque me he dado cuenta de ello, que Dios quiere que seamos sinceros, verdaderamente sinceros con Él.

Me puse de pie y abrí el cajón de la mesa de noche que había junto a mi cama de hospital. Busqué dentro y encontré una Biblia, de esas tan conocidas de los Gedeones. Si estás en un hospital o un motel, siempre vas a encontrar uno de esos libros conservando cálido el cajón de la mesa de noche. De alguna manera sabía, solo porque sí, que tenía que empezar a leer la Biblia. Era mi primera vez y no tenía exactamente un plan en cuanto a dónde empezar o cuánto leer. Solo la abrí en una página al azar y empecé a leer. No sabía nada acerca de la Biblia. Por cierto, desconocía que hay distintas versiones de ella. La que tenía en las manos era la versión en inglés King James [similar a la versión Reina Valera 1960, en español], que quizás no es la más fácil para que pueda leerla un nuevo creyente, y adolescente además. Eran renglones en blanco y negro, con palabras difíciles en inglés, antiguas, como «habéis», o «id» y «venid» en español. Cada dos palabras encontraba alguna que me sonaba a otro idioma, o a una de esas antiguas obras de teatro de Shakespeare traducidas hace un siglo. Llegué a la conclusión de que Dios hablaba de manera distinta a la de la gente normal como yo. «Está bien, Dios», dije entonces. «Si voy a hacer esto, vas a tener que enseñarme tu lenguaje».

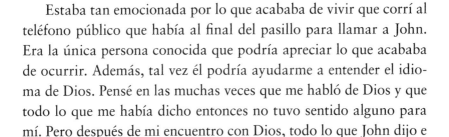

Estaba tan emocionada por lo que acababa de vivir que corrí al teléfono público que había al final del pasillo para llamar a John. Era la única persona conocida que podría apreciar lo que acababa de ocurrir. Además, tal vez él podría ayudarme a entender el idioma de Dios. Pensé en las muchas veces que me habló de Dios y que todo lo que me había dicho entonces no tuvo sentido alguno para mí. Pero después de mi encuentro con Dios, todo lo que John dijo e intentó enseñarme cobró vida.

Ya cuando llegué al teléfono y marqué el número de John, estaba sin aliento por la emoción.

—No vas a poder creerlo —le dije.

—¿Qué pasa? —dijo con voz preocupada.

—¿Estás sentado?

—Sí, claro Pattie. ¿Qué pasó?

Solo Dios sabe lo que John pensaba en ese momento.

—¡DIOS EXISTE DE VERAS! —le grité prácticamente al oído. Esperé que John reaccionara con dramatismo, casi con incredulidad. Esperaba que dijese: «¡No puede ser! ¡Vamos! ¡Deja de decir tonterías!». Después de todo, yo creí estar diciéndole algo que él no sabía ya, algo que pondría su mundo patas arriba, como me había pasado a mí. Sabía que John era cristiano pero no pensaba que pudiera saber la verdad, como la había conocido yo. Después de todo *yo* acababa de tener una experiencia con Dios.

John se rió y era claro que disfrutó de ese momento. Yo no. Me estaba irritando. *¡No puedo creerlo! ¡Es que no me entiende!* E intenté una vez más, repitiendo lo que le había dicho pero hablando lento, alargando las palabras.

—DIOS... —larga pausa— ¡ES REAL, EXISTE!

—Sí, lo sé —dijo John con paciencia y supongo que, para entonces, con una sonrisa de oreja a oreja.

—No, no, no. No lo entiendes. Acabo de tener una experiencia. Y no hablo de todas esas cosas de religión que aprendes en la iglesia. Estoy hablando de algo en serio —continué con pasión, presentando mis argumentos—. El Dios del universo, el Dios que te creó a ti y me creó a mí, y creó los cielos y los árboles... John, ¡ese Dios existe y es real!

—Sí, lo sé. Es lo que he estado tratando de decirte.

—Ah. Bueno, estuve tratando de leer la Biblia pero no puedo entender lo que dice. Está llena de palabras raras como «id», «venid», «habéis», «os digo»... Y no entiendo nada. Tienes que enseñarme el idioma de Dios.

—Ese no es el idioma de Dios —me explicó John con una risita—. Es el lenguaje de los que tradujeron esa versión. La Biblia original se escribió en griego y en hebreo, y mucho después se tradujo a otros idiomas. Y la versión que tienes es una traducida hace muchísimo tiempo.

John me dijo que vendría enseguida con una Biblia que no me costaría leer. Esa noche, en el cuarto del hospital, oró conmigo y leímos juntos la Biblia que llevó. Era una versión en lenguaje moderno, por lo que pude entenderla.

John estaba feliz por mí. Le debo tanto. No solo porque me condujo a Dios sino porque también me discipuló como un padre espiritual. Me enseñó lo que significa ser cristiano de veras a través del ejemplo de cómo vivía día a día. Este hombre maravilloso me ayudó a aprender lo que es el amor y la gracia de Dios.

Antes de que me dieran el alta del hospital una semana después, mis doctores inevitablemente notaron un cambio en mi carácter. Les relaté mi encuentro con Dios y les dije que Él era real.

Se mostraron escépticos: «¿Así que ahora oyes voces?», me preguntó uno.

No. No oía voces. Conocí a Dios. Hallé un propósito. Mi vida se redefinió. Y la depresión ya no me oprimía. Por primera vez en toda mi vida me sentí libre. Podía pensar con claridad. Sentía un amor profundo e indescriptible, uno que encajaba perfectamente en esa grieta cada vez más grande que se había producido en mi corazón y que nada pudo llenar con poder antes de ese día.

Cuando salí del hospital, pasé una semana entera volando, pero con un «pase» natural. Aprovechaba cada oportunidad que tenía para contarles a todos que Dios existe y es real. Hablé con todo el mundo: con mis amigos, mi familia, el empleado de la tienda, el cartero. La mayoría de esas conversaciones eran monólogos en los que yo hablaba sin parar, con alguien que casi siempre sonreía y asentía con educación. No me daba cuenta en ese tiempo de que parecía insistente, fastidiosa; pero ahora que reflexiono en eso, estoy segura de que lo era. Estoy segura de que a algunas personas les resultaba molesta, como a mí me resultaba John con todo lo que me decía sobre Dios.

Me imagino cómo puede haberles llegado mi mensaje a algunos de mis amigos más cercanos, al hablarles de Dios precisamente después de salir del pabellón siquiátrico del hospital. Pero años más tarde, sin embargo, esas mismas personas vieron que mi cambio no era solo una etapa, algo pasajero. Incluso, a veces, me pedían que orara por ellos.

Tengo que decir, en defensa propia, que estaba emocionada. Acababa de descubrir que Dios era real y quería que los demás —gente que, como yo, tenían dudas— supieran lo que yo descubrí. Era similar a lo que te pasa cuando te enamoras por primera vez. Las flores lucen colores más intensos. El sol parece más brillante. Los atardeceres son más pintorescos. Tenía esa sensación de estar volando y no solo quería que el mundo lo supiera, sino que pudieran sentir lo mismo. Sin embargo, dijera lo que dijese, parecía que nadie lo entendía.

El hecho es que no podía darle a otra persona mi experiencia. Es como sentarte en un restaurante elegante y mirar un menú buenísimo, con descripciones vívidas y fotos de platos que te hacen agua la boca. No puedes vivir esa delicia con solo leer sobre ella, hablar de ella y luego, levantarte para irte a casa. Necesitas probarla.

Es probable que a veces, con mi entusiasmo, comunicara mal mi fe o ahuyentara a algunos. Pero luego aprendí a ser más sensible a lo que cada persona es y cree. Tal vez no siempre coincidamos, pero no siento la necesidad de que tengo que convencerles de mis creencias.

Toda esa semana, después de salir del hospital, estuve eufórica. Tenía una sensación de plenitud tal que no necesitaba usar drogas, alcohol y ni siquiera a Jeremy para automedicarme, olvidar o sentirme querida. Al fin había encontrado lo que ni siquiera sabía que faltaba en mi vida. Mi mamá no dijo mucho acerca de mi experiencia. Es como si la dejara pasar. Pero de algo estoy segura: se alegró de que ya no quisiera andar de fiesta en fiesta.

Jeremy no era el más entusiasta seguidor de mi nueva fe. Creo que se sentía amenazado. Sentía celos porque de repente mi atención se enfocaba en Dios más que en él. Jeremy ya no tenía sobre mí aquel poder que tuvo. Y al fin, por primera vez, fui capaz de ver lo volátil que era nuestra relación.

Semanas después de que saliera del hospital, Jeremy me visitó. Golpeó a mi puerta y me rogó que volviera con él. Se veía mal, como si no hubiera dormido en muchos días. Con ojeras oscuras y las mejillas hundidas, parecía mucho mayor.

—Por favor, Pattie —rogó—. Vuelve conmigo. Intentémoslo de nuevo. Esta vez funcionará, lo sé.

Su voz sonaba tan triste que me partía el corazón, pero no lo suficiente como para volver a intentarlo.

Meneé la cabeza y dije:

—No puedo, Jeremy. Lo siento.

Me preguntó si podíamos salir a dar un paseo para tomar aire. Y mientras me hablaba, sostenía mi mano:

—Oye, Pattie, somos el uno para el otro. Así tiene que ser. No puedo vivir sin ti.

Yo no hablaba porque no sabía muy bien qué decirle, más que el hecho de que no quería volver con él.

Jeremy no lograba entender por qué no volvía con él. No era típico en mí actuar de ese modo y todo eso lo confundía.

Fui sincera, franca:

—Al fin soy feliz, Jeremy. Tengo a Dios. Me siento libre. Y me he dado cuenta de que no quiero tener una relación venenosa. Es mala para ambos.

Silencio.

Jeremy asintió sin hablar, se le oscurecieron los ojos. Noté que su ánimo cambiaba de repente. Rompió la calma:

—Esto es lo que yo pienso de tu Dios, Pattie.

Dio un paso atrás, haciendo ruido con la garganta mientras juntaba flema y lanzó un salivazo que cayó al lado de mis sandalias.

Siete

Mi euforia espiritual se disipó con naturalidad. En algún momento uno tiene que bajar de las nubes y vivir la realidad. Repito que es como cuando uno se enamora. Esa euforia es temporal. Es lindo no poder comer, dormir o pensar en otra cosa que en la persona de la que te enamoraste loca y profundamente. Pero si esa sensación continuara, a un nivel tan intenso, jamás podrías hacer nada. No podrías operar. No serías capaz de trabajar. Ni de lidiar con tus responsabilidades diarias. Así que no podía vivir para siempre alimentándome de la sensación de éxtasis. Tenía que aprender a equilibrar mi nuevo entusiasmo con las realidades de la vida.

A pesar de que mi vida forjaba un nuevo camino de esperanza, todavía tenía muchos problemas internos que necesitaba ordenar y reparar. El trauma del abuso sexual que sufrí en el pasado y los consecuentes patrones de pensamientos dañinos no iban a desaparecer por sí mismos, ni en un instante. Llegaría a sanar, pero con el tiempo, y poco a poco. No es algo que pudiera entender al principio;

esa falta de entendimiento fue lo que me permitió volver justamente a todas esas cosas que me llevaron al punto de ruptura.

Al salir del hospital empecé a ir a una iglesia no denominacional, que era distinta a lo que yo pensaba. Aunque no hay una perfecta y en toda congregación habrá un grupito de hipócritas, en general hallé que los cristianos de esa a la que asistía eran muy sinceros y auténticos, personas que viven lo que predican. Ellos me orientaron con su ejemplo. Provenían de diversos orígenes y estilos de vida. Y me enseñaron que Jesús es el fundamento de la iglesia, el que nos une a todos. Podíamos respetar nuestras diferencias dado que teníamos a Cristo en el centro de todo.

Mi afán por saberlo todo sobre esa fe que acababa de encontrar, era un hambre insaciable. Durante los seis meses siguientes asistí a la iglesia fielmente todos los domingos, semana tras semana ocupé el primer banco. Iba a los estudios bíblicos. Tuve como mentores a diferentes líderes. Leí libros. Incluso llamaba por teléfono a los pastores a toda hora del día y la noche (¡cuánto lo siento, amigos!), para preguntar cosas y pedirles que oraran. Era una esponja espiritual.

Cuanto más conocimiento absorbía, tanto más me distanciaba de mis amigos fiesteros. No es que pensara que era mejor que ellos porque mi vida tomaba un rumbo diferente. Es que ya no teníamos mucho en común. Yo ya no quería pasarme las noches y los fines de semana como loca, drogada o borracha, o buscando tipos. Quería llevar una vida limpia. Iba en dirección distinta a la de mis amigos y poco a poco las relaciones que había formado, mayormente por el denominador común de las fiestas y las borracheras o drogas, empezaron a disolverse.

Unos meses después de mi encuentro me sentí frustrada porque algunos problemas con los que batallaba no desaparecían. Pensé que después de vivir una segunda oportunidad, me convertiría en una persona completamente diferente. Pensaba que me libraría automáticamente de los malos hábitos, que sería menos insegura, que ya no deambularía. Creí que mis tendencias no saludables, mi ira y mi amargura desaparecerían como por arte de magia. Pensé que me convertiría en una Pollyana que sonreía todo el tiempo, era siempre positiva y jamás decía una mala palabra (ni en voz alta, ni en su mente).

Creo que muchos cristianos bien intencionados tratan de usar las Escrituras como una bandita, para cubrir una herida. A veces eso los lleva a la confusión, como ocurrió conmigo. Uno de los pasajes de la Biblia que más confusión me causaba era 2 Corintios 5:17 (NVI): «Por lo tanto, si alguno está en Cristo, es una nueva creación. ¡Lo viejo ha pasado, ha llegado ya lo nuevo!». Eso me costaba porque aunque espiritualmente era nueva, la vieja forma de vivir no había desaparecido por completo en mi caso: no me había librado del todo de mis malos hábitos, inseguridades y retraimiento.

Peleaba contra la urgencia de fumar, me pesaban los sentimientos de rechazo y me daban ataques de terrible ansiedad. Me costaba mucho conciliar la antigua yo con la nueva. No entendía que todavía me faltaba sanar y mucho. La sanidad requería tiempo, terapia y esfuerzo. En particular, tiempo más que nada. Como no entendía eso, me sentía más y más frustrada. Me castigaba por no ser perfecta. Tenía que aprender a «ocuparme en mi salvación» poco a poco (ver Filipenses 2:12, RVR60).

La batalla que se libraba en mi corazón se reflejaba en mi conducta, como cuando reaccionaba exageradamente a cualquier cosa. Era como una montaña rusa emocional: estaba calmada en un minuto y, al siguiente, asombrosamente susceptible. Un día tal vez tenía ganas de hablar sobre mis problemas y, al siguiente, quería estar sola; por lo que me alejaba de la gente que más me quería.

También me sentía sola. Aunque era afortunada por tener a tantos en la iglesia que me amaban y enseñaban, era gente mucho mayor que yo. Tenían cónyuges y familias de quienes ocuparse. Yo quería —y realmente lo necesitaba— estar con gente joven con quien pudiera identificarme y hablar de la escuela, de música, de las cosas que hablan todos los jóvenes. Necesitaba amigos de mi edad.

Como no tenía apoyo espiritual de ningún par, me desvié lenta pero deliberadamente. Unos pasitos por aquí, otros por allá y, antes de que me diera cuenta, ya estaba de nuevo yendo a fiestas, tomando cerveza y fumando marihuana.

Solo buscaba a alguien con quien relacionarme. Eso era todo. No tenía intención de volver a mi vieja costumbre de andar fiesteando, aunque John me advirtió que podría suceder. Y aunque le prometí que no bebería ni me drogaría si andaba con mis viejos amigos —de hecho le juré que sería buena influencia para ellos— John sabía mucho más que yo.

—Digámoslo así —me dijo un día en una de nuestras tantas reuniones de mentoría, mientras me acercaba una silla que estaba junto a su escritorio—. Párate sobre esta silla.

Lo hice.

John extendió su mano.

—Ahora, toma mi mano.

Casi de inmediato, después de que tomé su mano me tiró hacia abajo con mucha fuerza.

—Piénsalo. ¿Es más fácil que me hales hacia arriba o que yo te hale hacia abajo?

Ahora lo entendía.

Pero esa analogía tan convincente no hizo que dejara de visitar mi antiguo territorio. Me sentía incómoda al principio, por estar sobria en las fiestas. Me sentía desubicada. Cuando estás sobrio en una fiesta, te aburres. Empecé a ceder, un poquito por aquí, otro poco por allá. Una cerveza se convirtió en unas cuantas con grandes sorbos de licor de menta. Una pitada se volvió un porro y de repente, el ácido me pareció buena idea. Antes que me percatara, estaba atrapada en las mismas cosas que hacía antes para acallar mi dolor.

Dejé de ir a la iglesia tan seguido y ya no tenía tantas conversaciones con John ni con los demás mentores de la iglesia. Aunque no abandoné a Dios, la atracción del pasado era demasiado fuerte. Los viejos y malos hábitos, las tendencias y los deseos, volvieron con toda su potencia. Pero esta vez me sentía culpable. No podía huir de esa sensación. A un año de mi intento de suicidarme, la paz y el gozo que había conocido se esfumaron, para verse reemplazados por oleadas de culpa. No era ninguna tonta. Sabía que no estaba viviendo bien. Sabía que no tenía que hacer lo que estaba haciendo. Era como si pendiera entre mi pasado y mi transformación espiritual, sin poder encontrar el equilibrio. Me sentía culpable con mis viejos compinches de las fiestas y culpable con la gente de la iglesia. Al estar en ese terreno intermedio un tiempo, poco a poco las cosas me arrastraron de vuelta al fondo.

Quería orar, pero me costaba. No me salían las palabras. No sabía qué decir. Me sentía muy lejos de mi fe y empeoré las cosas. Me hundí más en mi antigua vida. ¿Por qué no? Hice todo por hundirme. Así que bebía más, fumaba más, y para colmo, volví con Jeremy. Salía con él y sus amigos, y en el día de su cumpleaños me dijo que tenía un deseo: yo. Le dije que sí.

Dos semanas más tarde estaba en el consultorio del ginecólogo. Por supuesto que no quería estar ahí. Podía pensar en mil cosas que preferiría haber estado haciendo. Un tratamiento de conducto parecía mejor. Ni siquiera tenía motivos para estar ahí. Pero, ¿estar tendida en una camilla con las piernas abiertas, sobre una sábana de papel crujiente, mientras un médico practica un examen interno? Quería terminar con eso y rápido.

Se suponía que esa era una consulta de rutina. Respondería unas preguntas, me revisarían aquí y allá, me preguntarían si quería saber algo en especial, y programaría la visita del año siguiente. El examen llevó más tiempo de lo que yo esperaba. Miraba las agujas del reloj, que avanzaban lento, muy lento, mientras mamá estaba sentada en un rincón del consultorio con la nariz metida en una revista.

El doctor se sacó los guantes de látex, los tiró en un cesto que tenía cerca y sin parpadear me dijo:

—¿Hay alguna posibilidad de que estés encinta?

La revista de mamá cayó al piso y las hojas hicieron un ruidito. *¿Estás bromeando?*

El médico me preguntó de nuevo en ese tono casual, como si preguntara si estaba lloviendo:

—¿Hay posibilidad de que estés encinta?

De inmediato miré a mi mamá, sentada allí, muda y atónita. Respondí enseguida, en voz bien alta:

—¡No! ¡Claro que no! ¡Para nada!

Sentí la cara roja como un tomate. De vergüenza, pero también porque me sentí ofendida. ¡Cómo se atrevía este doctor a preguntarme si estaba encinta delante de mi madre! ¿No podía llevarme a un costado? ¿O decirle a mamá que saliera un momento? ¿No podía llamarme al día siguiente?

Me incorporé en la camilla y me cubrí, protegiéndome, con la sábana de papel. ¿Embarazada? El tipo tiene que haberse fumado algo antes de venir a trabajar.

—No hay forma de que haya quedado encinta, doctor —repetí en tono decidido.

—No sé qué decirte, Pattie —dijo el médico y se encogió de hombros—. Por lo que sé, estoy seguro de que sí lo estás, así que...

Empezó a anotar algo en su libreta de prescripciones.

—Te estoy enviando a la clínica que está al lado para que te hagas una prueba de embarazo.

Arrancó la hoja de papel y la puso en mi mano, molesto.

Mamá gimió, casi no podía oírla:

—Dios, Pattie. Dime, por favor, que no estás encinta.

Puse los ojos en blanco y les dije a ambos:

—¡No lo estoy!

Había estado usando métodos anticonceptivos desde los quince años, por recomendación de mi madre. Un día estábamos sentadas a la mesa de la cocina y fue ella la que inició la conversación sobre un tema tan incómodo: «Creo que es hora de que empieces a tomar la píldora». La miré, sin poder creerlo. *¿Qué?* Yo era virgen. De hecho, no tenía planeado acostarme con nadie. Ese día sentí, básicamente, que mamá me estaba dando permiso para tener relaciones sexuales. Cuando empecé a tomar la píldora, lo hice religiosamente. O eso creía. No había forma de que yo formara parte de ese dos por ciento de mujeres que están en el «margen de error». No estaba encinta. No podía estarlo. Era imposible.

Sin embargo, mamá y yo fuimos a la clínica contigua. Ninguna de las dos pronunciamos palabra. Tal vez no le parecía lógico preguntarme algo. En unos minutos sabríamos la verdad. Observé los tontos afiches que había en la sala de espera. Uno me mandaba a hacerme análisis para tal y cual enfermedad. Otro me recordaba que debía comer más frutas y verduras. Las paredes estaban cubiertas con carteles. Todo se veía apagado, sucio. *¿Qué hago aquí?* No puedes imaginar la tentación que sentí de irme.

«¿Pattie Mallette?» La cabeza de una enfermera asomó por una puerta entreabierta. «Ya puedes entrar».

Mi confianza era absoluta. Médico, enfermera, quien sea, nadie iba a decirme que estaba embarazada.

Después de un análisis de orina, y de esperar unos minutos más, permanecí de pie en otro cuarto puesto que le ofrecí la única silla que había a mamá. Posiblemente la necesitaba más que yo. Era ella la que parecía estar a punto de desmayarse.

La puerta se abrió y entró la misma enfermera que había hecho el análisis. Asintió, con simpatía, y dijo:

—Pattie: el doctor tenía razón. Estás embarazada.

Muy lejos, oí el débil susurro de mi madre:

—Ah, Pattie.

Por tierna que sonara su voz, el sentimiento resonaba fuerte y claro: desilusión. Total y absoluta desilusión.

Casi perdí el control. *Mentira. Todo era mentira.* Miré a la enfermera como si le hiciera falta que le examinaran el cerebro:

—No es posible. No puedo estar embarazada. Tiene que repetir el análisis. Salió mal el resultado.

La enfermera repitió, con mayor firmeza:

—Pattie, estás encinta. El análisis es noventa y nueve por ciento certero.

No cedí.

—Bueno, entonces sigue habiendo posibilidades de que no esté embarazada. Hágalo de nuevo.

Ante mi insistencia, repitió el análisis.

Mientras esperaba esa segunda vez, empecé a dudar. Aunque la negativa era poderosa, habían unas cuantas probabilidades. Quizás no tomé la píldora a tiempo. Quizás olvidé tomarla una o dos veces. Cuando la enfermera volvió, repitió el mismo diagnóstico. No había espacio para negar lo obvio. Iba a tener un bebé.

Estaba apoyada en la pared cuando la enfermera me dijo los resultados del segundo análisis. Me deslicé hasta el suelo como una muñeca de trapo. El impacto me golpeó, estaba abrumada ante la enormidad de la situación. ¿Un bebé? ¿Ahora? No podía haber sido en peor momento.

No estaba casada. No tenía edad suficiente. No era responsable. Había vuelto a las andanzas. En todo ese panorama no había lugar posible para un bebé.

No es que tuviera nada en contra de los niños. Me encantan. Siempre quise tener hijos. Pero era un sueño rodeado de esperanzas románticas. Tendría un esposo. Uno amoroso, apuesto, que me apoyara. Y un hogar muy lindo. Íbamos a poder brindarles a nuestros hijos un entorno estable para que no hubiese probabilidades de que su vida fuera tan desastrosa como la mía.

Pero, ¿un bebé en mi situación? Era una pesadilla hecha realidad. Medio en oración y medio en sollozos, gemí: «¡Oh, Dios. No, no, ¡no, no! ¿Qué voy a hacer?».

Mientras por dentro me arrasaba un torbellino de emociones, mi mamá estaba en silencio. Aunque era duro verla como testigo de uno de los más aleccionadores momentos de mi vida, me alegré de que estuviera allí. Porque significaba que no iba a tener que darle la noticia. Me consoló lo mejor que pudo, palmeándome en el hombro.

Varios días anduve a los tumbos, desorientada, bajo los efectos de la impresión. No podía asimilar, el proceso del embarazo y, en especial, el hecho de que en menos de nueve meses sería la madre de un bebé de carne y hueso. Era un sueño, ¿verdad? ¿Despertaría pronto?

Mamá también tuvo sus dificultades con la noticia, pero ya tenía un plan. Bueno, al menos uno de lo que *no iba a suceder*. «Ya yo crié niños», me dijo en pocas palabras. «Si decides tener este bebé, no puedes vivir aquí». No puedo mentir. Fue duro, me amargó. Me enojó. Me dolió. Me sentía rechazada y abandonada de nuevo.

Cuando me dio ese indicio de que estaría mayormente sola en el proceso, no pude fingir más. Tenía que despertar y no solo enfrentar la incertidumbre sino recorrer el sendero hacia lo enormemente desconocido. No tenía idea de cómo hacerlo. Y sola.

Durante mi embarazo, me aconsejaron mucho que abortara, pero me negué. Me sorprendía mucho la cantidad de presión que debía soportar en ese sentido. Tenía que luchar por mi derecho a conservar al bebé. El aborto no era una opción que hubiese considerado siquiera. Era una decisión irónica, considerando que cuando estaba en el equipo de debates de la escuela, yo defendía con argumentos convincentes el derecho de la mujer a decidir qué hacer. La única alternativa, si conservaba el bebé, era darlo en adopción; pero creo que emocionalmente no podría haber sobrevivido a esa decisión. Quería a mi bebé.

Después de investigar varias de las agencias de embarazo que aparecían en las páginas amarillas, encontré un hogar en el Centro Bethesda del Ejército de Salvación, en London, Ontario. Al recorrer sus instalaciones supe en lo más profundo que era el lugar para mí. No podía decir por qué, pero había algo allí que transmitía calidez.

Me sentí como en casa. Y decidí que iría allí. Allí iba a vivir, a aprender, a recibir consejos, cuidado prenatal y me enseñarían a criar a mi bebé. Mamá y Bruce ni siquiera pestañearon cuando les dije lo que había decidido. Supongo que pensaron que si tenía edad suficiente como para quedar encinta, también la tenía para decidir qué hacer al respecto.

Había algo más que tenía que hacer: decírselo a Jeremy. No había hablado con él en semanas. Pensé en nuestro bebé y en nosotros como padres. Si hubiese habido una categoría para nosotros, lo más probable es que nos eligieran como «La pareja con menores probabilidades de éxito» de toda la escuela secundaria. Éramos muy jóvenes. Y tontos. No estábamos preparados para ser padres. Lo llamé y le dije que teníamos que hablar cara a cara. Creo que sabía por qué. No era frecuente que yo le pidiera que conversáramos. Cuando nos reunimos, yo estaba nerviosa como es de esperar. Me costaba mirarlo a los ojos. No tenía idea de cómo reaccionaría.

Al principio no me creyó, me dijo que el bebé probablemente fuera de otro. Después de darle unos días para que pudiera digerir la noticia, finalmente se convenció y me creyó. Sabía que seguía de fiesta en fiesta y por eso fui firme en cuanto a lo que esperaba si quería que hiciéramos eso los dos juntos. «Estoy esperando un bebé», le dije, «y si queremos que esto resulte, eso significa que los dos estamos esperándolo. Y que tendrás que elegir: el bebé y yo o el alcohol». Dejé en claro cuáles eran mis expectativas. Ya no más alcohol. Ya no más fiestas. Ya no más peleas.

Esa noche, Jeremy acabó hecho un desastre. La enfermedad del alcoholismo era su prioridad. Sabía dentro de mi corazón que ya había tomado su decisión. Yo estaba sola. Pero él también. Al día siguiente le dije que las acciones hablaban más fuerte que las palabras y que me iría a London. Planeé iniciar mi nueva vida en Bethesda, sola. No necesitaba a nadie. Ni a mis padres, ni a Jeremy. Me embarcaba en una misión para probar cuán capaz y responsable podía ser.

Ocho

Emociones retorcidas y hormonas locamente
  alteradas
El peso de un adulto, los miedos de un niño
Las preguntas se agolpan esperando respuestas
La confusión reina. Me siento y lloro
Siento que estoy atrapada en esta pesadilla en la
  que estoy
Siento que estoy perdiendo, que no hay forma de
  ganar
Se han hecho trizas mis sueños, cambiaron mis
  planes
Mi actitud es diferente, mi cuerpo ha cambiado
Tengo que ser cuidadosa con cada movimiento que
  haga
Y recordar que está en juego la vida de otra persona
Es demasiado para recordar, demasiado para recorrer
Pero de alguna manera vale la pena esta tristeza
Encontraré más sueños y haré nuevos planes
Porque sé que voy a recuperarme con mi sangre en
  mis manos.

A principios de agosto de 1993 tenía dos meses de embarazo. Una mañana de verano, muy temprano, mi madre y Bruce me llevaron en auto al Centro Bethesda, un gran edificio de ladrillos ubicado en un vecindario tranquilo, no muy lejos de una de las principales calles de London.

Estacionamos ante la entrada del frente. Sentí que se desenredaba el nudo que tenía en el estómago. Era aquí. Mi nuevo hogar. Sentí ansiedad, incertidumbre.

Después de sacar del auto las pocas valijas que llevé para mi estadía de ocho meses, mamá y yo nos despedimos. No fue una despedida con lágrimas, aunque eso no me sorprendió. Ni siquiera me molestó. Porque estaba decidida a mantener mi independencia respecto de ella. Aunque estaba petrificada por el comienzo de este nuevo capítulo de mi vida, no lo demostraría. No hubo lágrimas. Ni labios temblorosos. No dejé siquiera que se me humedecieran los ojos. Mantuve una compostura firme, confiada, fingiendo que me iba de campamento de verano: *Estaré de regreso antes de lo que piensas, mamá. No voy a olvidarme de escribir y enviar fotos. Te extrañaré. Adiós.* Aunque, por cierto, esto no era un campamento de verano. No iba a volver a casa sabiendo nadar o cabalgar. Regresaría con un bebé.

Logré dominar mi apariencia mientras le decía adiós a mi madre. Cuando el auto bajó la pequeña colina de la entrada, lo único que veía eran las luces traseras esfumándose y se abrieron las compuertas. Entonces se desbordaron las lágrimas de vergüenza. Las lágrimas de remordimiento. Las lágrimas del miedo. Lágrimas por lo desconocido. Traté de tomar aire en medio de un sollozo y me obligué a calmarme. Lo único que quería hacer en ese momento era gestionar mi ingreso e ir a mi habitación. Allí podría estar sola. Me sentía envuelta en una sensación de soledad, pero al mismo tiempo quería consumirme en esos sentimientos.

Alcé todos los bolsos que podía cargar y entré, arrastrando los pies, al vestíbulo. Miré a mi alrededor. La sala tenía muebles sencillos. El piso de linóleo brillaba y había unos cuadros antiguos que daban color a las tristes paredes. Por una puerta abierta que estaba a unos pasos podía ver a un grupo de adolescentes con sus barrigas abultadas, sentadas en torno a una gran mesa cuadrada. Estaban haciendo manualidades. Reían, se divertían. *Espero caerles bien.*

Durante el trámite de ingreso me sentí desconcertada. La mayoría de las cosas eran como indefinidas, borrosas; por lo que decidí enfrentar aquello de la mejor forma que sabía: lidiar con lo más duro sintiendo lo menos posible. Una dulce empleada me condujo a mi habitación; por todo el camino me habló sobre lo maravilloso que era el centro, lo geniales que eran las demás chicas, lo divertido que resultaba para todos y que sabía que el lugar me iba a encantar.

Yo asentía y sonreía, dejando que siguiera con su espectáculo verbal. Así, evitaba tener que hablar. Temía que si me daba la oportunidad de decir algo, no iba a poder contenerme. Y no quería caerme como un castillo de naipes delante de una desconocida. Porque lo más probable era que sintiera lástima de mí y culpara a las hormonas de mi estallido emocional.

Una vez establecida y acomodada, Bethesda terminó siendo un refugio para mí. Había encontrado un hogar, donde jamás había estado. Y me aceptaban como nadie lo había hecho. Claro que el lugar tenía peculiaridades evidentes. Imagínate lo que es vivir con diez adolescentes encinta. Con hormonas revueltas, con sentimientos y emociones en frecuencias diferentes que chocan unas con otras. Una chica enojada con el mundo; otra que no soporta que su cuerpo cambie tanto. Otra con miedo de criar sola a su bebé y otra que no puede dejar de llorar cuando ve anuncios sentimentales en la televisión. Todas como plastilina emocional que se estira en distintos sentidos, según donde vaya la locura hormonal del momento.

Además, teníamos antojos. Una quiere papas fritas con ketchup para el desayuno. La otra no para de comer chocolate. Esta otra que no soporta ingerir nada que no sea *ginger ale*; otra que solo come sándwiches tostados de queso. A veces, algunas incluso, íbamos a una tienda cercana a buscar lo que fuera, con tal de comer y comer. Éramos un grupo de jóvenes y futuras mamás con una mezcolanza de temores. Bethesda era el hogar para todo tipo de chicas: unas algo locas, otras que habían estado siempre en el cuadro de honor, chicas de hogares destruidos, de familias ricas, unas que se recuperaban de adicciones y las que se habían portado muy bien toda la vida. Aunque nuestras historias eran diferentes, teníamos dos cosas en común: éramos adolescentes y estábamos embarazadas.

Me gustaba la camaradería instantánea. Era reconfortante saber que no era la única que pisaba terreno desconocido. Juntas, luchábamos y compartíamos nuestra soledad y nuestro dolor. Tratábamos de animarnos unas a otras en todo lo posible. Había algunas que necesitaban más apoyo que otras. Como la chica que se cortaba todo el tiempo. Se encerraba en la habitación y se hacía tajos con cualquier objeto filoso que encontrara. Nunca supe cómo ayudarla.

En ese hogar había mucho que hacer. No nos pasábamos el día mirando televisión o comiendo bombones usando nuestras crecientes barrigas como mesita. La mitad de cada día estaba dedicada a cursos, que incluían clases básicas como las que habríamos tenido en la secundaria: matemáticas, ciencias, lengua. Pero también teníamos cursos de puericultura. Sesiones de consejería individuales. Devocionales. Ayudábamos con la limpieza y el mantenimiento del lugar. Y hasta nos poníamos creativas y organizábamos desfiles de moda, paseando nuestras barrigas alrededor.

De vez en cuando venía de visita alguien a dar una charla sobre las realidades de la maternidad. Nos ayudaban a derrumbar cualquier fantasía romántica que tuviéramos en cuanto a cómo criar hijos. Son muchas las chicas que piensan que tener un bebé es como tener una muñeca. Que te pasas el día poniéndole ropa linda. Que los abrigas y los llevas a lugares donde todo el mundo festeja su presencia. Y, por supuesto, que nunca lloran. Aunque algunas de esas ideas pueden ser ciertas en parte, en Bethesda nos dimos cuenta de que criar a un bebé implicaba muchísimo más.

No hay nada de lindo y emocionante con el hecho de no dormir en las noches. O con los cólicos. Ni con el precio de los pañales, las toallitas y la fórmula para el biberón. Ni con la depresión postparto. Es el final —al menos por un tiempo— de tus salidas al cine o a fiestas con tus amigos. Es soledad. Se termina el «yo» y empieza el «nosotros». Sin olvidar que además de todo eso, libras esa batalla tú sola. En pocas palabras, ser madre es una travesía complicada. Jamás olvidaré lo que nos dijo una de esas personas que nos dio una charla: «Ser mamá adolescente no es ir de picnic. Es lo más difícil que haya tenido que hacer en toda mi vida».

Algo que ella dijo me hizo comprender. Ese día decidí que si conservaba a mi bebé tenía que estar preparada para lo peor. Por difícil que fuera, me dije, sería la mejor mamá que pudiera y me entregaría a mi bebé por completo.

Aunque determiné ser una buena madre y que dejaría las fiestas, de tiempo en tiempo emergía algún rastro de mi pasado. Fue una de las formas en que pagué el precio de todos esos años que pasé drogándome. En mi estadía en Bethesda, tuve varios ataques de síndrome de abstinencia del LSD.

Una noche desperté de repente, presa de un miedo terrible. Era la misma sensación de paranoia que sentía cuando me drogaba. Un miedo que me envolvía como una manta mojada y que me ahogaba en olas de ansiedad. Sentía que no podía respirar. No podía pensar. Ese miedo se apoderó de mi espíritu y me sentí totalmente abrumada, vencida. Enloquecí. Salté de la cama y salí de mi habitación tambaleándome.

No sé cómo terminé acurrucada bajo el teléfono público del pasillo. Una empleada del turno nocturno que estaba sentada ante su escritorio, dijo en tono rudo y sin siquiera levantar la vista: «Vuelve a tu habitación». ¿Qué pensaba esa mujer? ¿Que estaba en el piso porque intentaba escaparme? ¿Que iba a robarme una galleta de la cocina? ¿O que iba a la habitación de otra chica para charlar?

Yo no quería volver a mi cuarto. Me sentía a salvo afuera, por mucho que me gritara la mujer. Al menos, podría oírme y verme, y hasta ayudarme si hacía falta. En mi cuarto estaba sola. Podía desaparecer, presa del miedo que me paralizaba, y nadie se enteraría. Al menos, arrinconada bajo el teléfono, tenía probabilidades.

Tuve ataques como ese varias veces más. Todas las experiencias eran diferentes, pero duraban entre quince y treinta minutos. La última fue una noche en que había salido a cenar con una de las chicas. Entre un trago de Coca-Cola y un mordisco a mi jugosa hamburguesa, sentí que todo cambió a mi alrededor. Era otro viaje, pero sin droga. El comedor giraba, se hacía más grande y más pequeño. Me excusé y dije que iba al baño, tratando de actuar lo más normal posible, sin que se notara que me sentía como en otro plano. Veinte minutos después, el mundo se normalizó (al menos, lo que era normal para mí), y volví a la mesa. Agradezco que fue el último ataque que tuve.

Aunque Bethesda era un lugar muy bueno —y así era para mí— no siempre me resultaba fácil estar allí. Echaba de menos mi casa. Y no siempre me sentía feliz.

No escribí mucho en mi diario durante ese período. Las pocas páginas garabateadas se enfocaban en lo mal que me sentía: «Soy muy infeliz, pero les sigo el juego a mis amigas y a mi familia… Podría quedarme en mi cuarto, llorando días enteros, pero también destrozar cada maldita cosa que hay en este lugar. Es mejor llorar, creo. Porque así no me meto en líos. Claro que me gustaría sacarme este enojo. Dios, ayúdame».

No fue sino hasta pasada la mitad de mi embarazo que supe que mi vida espiritual necesitaba un ajuste importante. No me había perdonado aún por mi retroceso. Estaba atascada en la vergüenza. Y aunque quería salir del pantano emocional en que estaba, no podía moverme. John y su esposa Sue lograron que no me hundiera más.

Él me visitó varias veces en Bethesda. Yo esperaba sus visitas con muchas ganas; siempre me hacía sentir muchísimo mejor y extrañar menos mi casa. John y Sue eran como mis segundos padres (y lo siguen siendo). Amaba a esa pareja adorable con aspecto de hippies. Recuerdo haberme quedado a dormir en su casa una noche, mientras estaba embarazada. Oraron conmigo y hasta me abrigaron con mantas cuando me metí en la cama. Fue un gesto tierno e íntimo. Me sentí tan querida, tan cuidada. Con su tupida melena color castaño y sus ojos oscuros y penetrantes, Sue era bella por dentro y por fuera. Me llenaba de afecto y siempre me animaba. John era un barril sin fondo de consejos paternales. Siempre sentí que con él podía hablar de lo que fuera.

Una tarde, más o menos en mi séptimo u octavo mes de embarazo, John me llamó y me dijo que me iba a buscar para ir a la iglesia esa noche. No me dio opción: «No puedes decir que no», me dijo. «Ya estoy en camino».

Por un lado, no quería ir. ¿A la iglesia? Gruñí. No había ido en meses. No tenía ganas de oír un sermón y sentir más culpa, ni de oír música de alabanza y sentirme indigna de cantar con los demás. Me sentía mejor nadando en las tibias aguas de la indecisión, donde en verdad, no había renegado de la fe ni quería salirme de ella, pero, tampoco me sentía dispuesta a meterme del todo.

Por otra parte, me agradaba salir del centro por un rato y la iglesia que John quería que visitara no era la misma a la que asistíamos en nuestra ciudad. Supuse que me sentiría más cómoda rodeada de extraños, que si veía a los conocidos de antes. Por eso, fui.

En algún momento, entre los cánticos y el sermón, me vi confrontando las decisiones que había tomado desde mi intento original por permitir que Dios rigiera mi vida. Cuando le quité ese lugar, y tomé las riendas y comencé a hacerlo todo a mi manera, mira dónde terminé: embarazada, madre soltera. Si verdaderamente creía que

Dios tenía un plan para mi vida, no iba a llegar a cumplirlo haciendo las cosas a mi modo. Sabía que tenía que empezar a vivir a la manera de Dios.

Por mucho tiempo creí que Dios tenía reglas solo por tenerlas o como medio para controlar a las personas. Por ejemplo, para mí era difícil eso de «nada de sexo antes de casarse». Si algo te hacía sentir bien, ¿por qué iba a ser malo? Al fin aprendí que Él tiene razones para todas las instrucciones que nos da en cuanto a la orientación de nuestras vidas. No son para impedir que nos divirtamos. Más bien, nos da instrucciones o guía porque nos ama, para protegernos y darnos la mejor probabilidad de que nos vaya bien. Dios no quería que contrajera enfermedades de transmisión sexual, ni que quedara embarazada sin el apoyo de un esposo, sin estabilidad ni para el bebé ni para mí misma. Por fin empecé a entender lo que significa Proverbios 3:5-6: «Confía en el SEÑOR de todo corazón, y no en tu propia inteligencia. Reconócelo en todos tus caminos, y él allanará tus sendas» (NVI).

Esa noche en la iglesia tuve que pensar en cómo lograría ser transparente ante Dios sin sentirme llena de culpa. Tenía que enfrentarme a Él y a mí misma. Sabía que, aun cuando no lo merecía, quería otra oportunidad. Necesitaba gracia. Como a tantos nos falta darla y también recibirla en nuestras relaciones terrenales, creer en la gracia de Dios y recibirla nos parece casi imposible. Sin embargo, como no tenía alternativa, acepté ese regalo aun cuando no podía entender del todo la maravilla, la extensión, de la gracia de Dios.

Esa noche volví a comprometerme con Dios. Me costó creer que podía tener otra oportunidad, por eso no cabía en mi mente la posibilidad de orar pidiendo algo más. No merecía nada más. Pero mientras oraba, pensé en mi bebé y le rogué a Dios que al menos fuera un niño sano, que tuviera diez dedos en las manos y en los pies. Ahora que lo pienso, caigo en cuenta que la gracia y la misericordia de Dios son más maravillosas que lo que pueda imaginar, a pesar de mí, pese a algunas de mis decisiones. Pero no te confundas: nuestras acciones tienen sus consecuencias. Lo que pasa es que a veces Dios redime incluso las repercusiones que naturalmente debiéramos enfrentar. Dios me dio mucho más de lo que le pedí.

Con esa oración, entré en las últimas etapas del embarazo. La vida no fue un cuento de hadas después de eso. Todavía me faltaba aprender muchísimo. Antes de reencauzarme, tenía una fe genuina, sincera, pero inmadura. Me faltaba sabiduría en muchas áreas. Quería vivir una vida de fe, pero me daba contra las paredes muchísimas veces. Esos choques empezaron a agrietar, lentamente, mi delgada resistencia espiritual.

Me conmovían fácilmente las circunstancias. Cambiaba de ánimo por cualquier cosa. Cuando todo iba bien, creía que Dios me amaba. Pero cuando las cosas se ponían un poco difíciles sentía que yo no le gustaba a Dios. Confiaba en mi estado emocional, en lo que me indicaban mis circunstancias, en vez de confiar en la verdad. Los sentimientos son endebles y cambiantes. Van y vienen, cambian, y luego vuelves al principio de nuevo. La vida no siempre es sencilla. El hecho de que pases por momentos difíciles no quiere decir que seas mala persona o que hiciste algo para que te tocaran malas cartas en este juego.

Seguía sufriendo tropiezos ocasionales. Una noche, estaba en una actividad para jóvenes y noté que casi todos los presentes sentían la presencia de Dios. Excepto yo. En ese momento sentí como si Dios me abandonara. Como si —no sé por qué— yo no fuese lo suficientemente buena para que Él se conectara conmigo de una manera poderosa. No sirvió de mucho que días antes sintiera una distancia entre Dios y yo, tan grande que no estaba segura de si Él estaba allí o no.

El pastor de jóvenes captó mi desaliento. Me llamó aparte y me dijo: «Pattie, siento que Dios quiere que oigas este pasaje de las Escrituras». Y me leyó Jeremías 29:11: «Porque yo sé muy bien los planes que tengo para ustedes —afirma el SEÑOR—, planes de bienestar y no de calamidad, a fin de darles un futuro y una esperanza» (NVI).

Me porté educada. Sonreí y le di las gracias. Pero lo que sentía en realidad eran ganas de decirle: «Sí, claro. Lo que sea». No me malentiendas. Es un versículo hermoso. Poderoso. Pero al mismo tiempo lucía tan artificial, como si sacara un lindo pasaje bíblico de su saco de trucos para tratar de que la adolescente con aspecto de deprimida se sintiera mejor.

Al día siguiente volví a la iglesia porque habíamos recibido la visita de un equipo ministerial. Después del servicio le pregunté a una de las líderes si podía orar conmigo. Empezó a orar por mí y, de repente, calló. «Espérame aquí. No te muevas», me dijo mientras corría hacia uno de los bancos para buscar su Biblia. Empezó a pasar las páginas, con su ruido característico, hasta que encontró lo que buscaba. «Pattie, de veras siento que Dios quiere que oigas este versículo». ¿Adivinas qué fue lo que me leyó? Sí. Jeremías 29:11.

Con eso, Dios captó mi atención, pero solo por un pelo. *Tiene que ser casualidad*, pensé. *Tal vez sea uno de esos versículos populares como Juan 3:16, que a los cristianos les encanta citar a cada rato.* Cuando volví a casa de la iglesia, fui a revisar la contestadora del teléfono. Una chica que conocía me había dejado un mensaje: «Lamento no haberte visto hoy en la iglesia pero realmente siento que Dios me dice que necesitas oír este versículo. Te lo leeré: "Porque yo sé muy bien los planes que tengo para ustedes —afirma el Señor—, planes de bienestar y no de calamidad, a fin de darles un futuro y una esperanza"».

¡No me digas!

Las manos comenzaron a sudarme. Empezaba a creer que todo eso de que me leyeran el mismo versículo tantas veces tenía que ser más que un truco. ¿De veras Dios trataba de decirme algo? ¿Le importaba yo? ¿Me amaba? ¿Realmente le interesaba mi futuro?

Llamé a una amiga para contarle lo ocurrido. Aunque seguía con atención la conversación, todo el tiempo miraba el calendario que tenía colgado en la pared, casi sin enfocarme en nada. Mientras la escuchaba, mis ojos fueron bajando hasta el pie de la página. Y vi el pasaje de la Biblia correspondiente a ese mes. Adivina qué versículo era.

Los días siguientes me topaba con Jeremías 29:11 dondequiera que mirara. Lo vi impreso en una taza de café que saqué del armario en una fiesta al aire libre. Y en la parte superior de mi devocional un día. En un estudio bíblico, una señora repartió distintos versículos a cada uno de los presentes. Me tocó Jeremías 29:11.

El hecho de que Dios no se hubiera frustrado conmigo porque no entendí su mensaje las primeras veces, era algo que me asombraba. Dios me mostraba hasta dónde iría a buscarme con tal de que yo oyera lo que quería decirme: que tenía un plan para mi vida. Un buen plan.

Para ayudarme a pasar el tiempo durante mis últimos meses en Bethesda decidí escribirles cartas a mis familiares y amigos. Me servía para mantenerme conectada incluso si ellos no lograban entenderme o no podían identificarse con lo que me pasaba.

Cuando llegué a Bethesda, Jeremy y yo estábamos en una de nuestras muchas separaciones. Nuestra relación en ese momento era confusa. Nos manteníamos en contacto por carta o hablando por teléfono ocasionalmente. Me visitó un par de veces.

En su última visita Jeremy asistió a una de las clases del método Lamaze. Le había pedido que viniera una vez a la semana a tomar algunas de las clases del curso de preparto conmigo. Aunque no estuviéramos seguros de cómo definir nuestra relación, al menos podría mostrarme algo de apoyo.

Entré a la clase con Jeremy, con mi almohada bajo el brazo. Me sentía ansiosa y asustada a la vez. Movieron todos los muebles hacia un lado y, sobre el piso, pusieron colchonetas y almohadones. Las parejas se acomodaban sobre las colchonetas. Cada una de las chicas tenía un acompañante, aunque no fuera su novio ni nada parecido. No pude sino notar que muchas de las parejas parecían conectarse con una dulce intimidad. Se hablaban con susurros, o en voz baja, compartiendo momentos en privado. Y sentí celos.

Sabía que Jeremy no quería estar allí. Era obvio. La verdad es que no cumplía con los requisitos del buen novio, pero yo seguía desesperada por lograr algo bueno con él. Íbamos a tener un bebé. Creamos a un ser humano al que veríamos por primera vez en menos de dos meses.

Pasaban los minutos y la instructora tocó los botones de la videocasetera. Iba a introducir una cinta de video. Se aclaró la garganta y paseó su mirada entre los asistentes. Jeremy se movió, incómodo. Segundos después, se levantó. Se veía realmente mal. Aunque estaba allí físicamente, su corazón no estaba ni en la clase, ni en nuestro bebé, ni conmigo.

«Tengo que ir al baño», se excusó.

Sentí que se me iba el corazón a los pies. *Oh, Dios. Se va a ir.*

Yo no era ninguna estúpida. *Por favor, Señor, que no se vaya. Haz que se quede. Por favor, Dios, no quiero hacer esto sola.* Cuando Jeremy salió del salón, me levanté tan rápido como pude, impedidos mis movimientos por la enorme bola en que se había convertido mi barriga. Lo alcancé cuando salía del edificio. Permanecimos cerca de la puerta.

«Lo siento», dijo Jeremy poniendo sus manos sobre mis hombros y besándome la frente. «No puedo hacer esto». Las palabras fueron como aguijones. Y al irse, dejó detrás de sí fragmentos de las mismas sensaciones de abandono, rechazo y traición que me persiguieron toda la vida. Jeremy se fue.

Ni siquiera me dio tiempo a protestar. No podía correr tras él, para tomarlo del cuello de la camisa y traerlo de regreso. No podía razonar con él, ni convencerlo para que se quedara, me apoyara y estuviera conmigo en una de las temporadas más difíciles de mi vida. Me sentí humillada. Devastada. Avergonzada. Sentí que todo daba vueltas y que el aire que me rodeaba estaba muy quieto, en silencio. Podría haber oído volar una mosca. Permanecí en el pasillo vacío. Sola.

No volví a esa primera clase ni me molesté en tomar ninguna otra. Decidí que aguantaría lo que viniese.

El día que comenzó mi trabajo de parto, Jeremy estaba en la cárcel del condado por una pelea callejera. Mi fecha había pasado hacía ya una semana. Al parecer, mi bebé estaba muy contento allí dentro. Se tomó su tiempo y se hizo esperar. (Irónicamente, considerando que cuando por fin hizo su gran entrada, siempre estaría en movimiento. Siempre ha hecho todo a gran velocidad).

A una semana de mi fecha de parto fui al hospital a que me lo indujeran. No fue ese momento mágico que me imaginé desde que era niña. Pensé en ese instante, con mi esposo y padre de mi bebé, tomándome la mano, allí a mi lado. Lo habría dado todo por tener a Jeremy conmigo —estuviéramos juntos o no— apoyándome, alentándome, celebrando la llegada del bebé que habíamos creado. Sí recibí el apoyo de otras personas: de mi mamá; de mi amiga Missy; de la madre de Jeremy, Kate; y de su hermana, Bonnie. Todos estuvieron junto a mí en la habitación del hospital hasta que me llevaron a la sala de partos.

En mi mente no había duda alguna: no iba a hacerme la heroína y tratar de tenerlo por parto natural. Dios bendiga a las mujeres que sí lo hacen, pero a mí me caía mejor la otra opción, decirles a los doctores: «No me gusta el dolor. Soy miedosa. Quiero calmantes». Bueno, en realidad, a los gritos pedía calmantes para el dolor. ¡En ese momento!

Después de que el doctor rompiera la bolsa, de inmediato entré en trabajo de parto natural. Empecé a dilatar muy rápido, hasta el médico se sorprendió. Cuatro horas después, estaba lista para que me llevaran a la sala de parto. Mi mamá vino conmigo mientras Kate, Missy y Bonnie aguardaban ansiosamente en la sala de espera.

Después de siete minutos de gritar y sudar, enojada con los médicos y enfermeras que me gritaban: «¡Puja, puja!» (¿no era obvio?), casi a la una de la mañana del martes 1 de marzo de 1994, en el hospital St. Joseph's de London, Ontario, Canadá, finalmente lo oí...

El gritito más lindo que hubiera oído. Música para mis oídos. Mi corazón galopaba. ¿Era sano? ¿Tenía diez deditos en las manos y en los pies? Era perfecto. Tres kilos y trescientos setenta gramos de tierna perfección, mi pequeñito con sus movimientos de recién nacido. Mi plan era llamarlo Jesse, pero cuando vi a mi bebé por primera vez —cuando nos miramos a los ojos, y su llanto melódico se convirtió en apenas unos ruiditos mimosos y su minúsculo dedito se aferró al mío— comprobé que no se parecía en nada a Jesse.

«Hola, Justin», susurré, pensando cómo podía ser que dos adolescentes conflictivos crearan al bebé más precioso de todo el universo. Absorbí hasta por los poros la gloria del momento más hermoso de toda mi vida, mientras anidaba a mi tierno bebé en mi pecho. Mi madre se veía radiante cuando al fin pudo sostener a Justin en los brazos. Le miró la carita, sus ojos brillaban, orgullosos, maravillados, llenos de gratitud. Cuando le tocó el turno a la mamá de Jeremy, hizo lo mismo y fijó la mirada en su nieto, intensamente maravillada. Y dijo, como conteniendo el aliento: «Es igualito a Jeremy».

Después de que se fueran las visitas y yo quedara sola en el hospital con Justin, tuve tiempo para pensar. Cuando nace un bebé sucede algo especial. El mundo se ve diferente, mejor. Te importan menos las cosas estúpidas y empiezas a pensar más en el futuro. Ya sin la fila de visitantes esperando entrar, sin las enfermeras entrando y saliendo para revisar signos vitales, y sin los médicos que venían tras ellas, pude por primera vez conocer el sabor de lo que sería nuestra vida juntos. Sería así. Justin y yo estábamos solos. Había algo en su dulce carita arrugada y esos adorables bostezos que me hacía recordar a un cachorrito de león, y eso atemperó todos los temores y preguntas que continuamente me respiraban en la nuca.

¿Cómo vas a cuidar tú sola a este precioso bebé?
Supongo que día a día.
¿Puedes costear lo que significa un bebé siendo madre soltera?
Ya encontraré la manera.
¿Y si se enferma?
Creo que iremos a ver al médico.
¿Dónde vivirán?
Ya me ocuparé de esos detalles, como fui ocupándome de todo lo demás.
¿Y si...? ¿Y si...? ¿Y si...?

¿Quién tenía tiempo o energías para pensar y ocuparse de lo arduo de todas aquellas preguntas? Yo no. Tenía que cuidar a mi bebé.

Nueve

Justin tiene hambre
Mi casa es un lío
No tengo tiempo para todo este estrés
Es la una de la mañana
Estoy cansada
Tengo tantas bendiciones
Creo que voy a descansar un rato.

Me quedé en Bethesda un mes después de que naciera Justin. Cuando volví al hogar para embarazadas tras estar en el hospital, todo era como una gran celebración. Estaba exhausta pero eufórica. Las chicas rodeaban a Justin con exclamaciones de admiración y turnándose para sostenerlo en sus brazos. Además, querían saber lo del parto con lujo de detalles.

No podía dejar de mirar los rostros de las que tendrían a sus bebitos en pocas semanas más. Algunas, apenas cargaban a Justin, quedaban como hipnotizadas por ese instante tan tierno, un momento que abrigaban sus corazones. Sabía que estaban en la cuenta regresiva, hasta que pudieran hacer lo mismo con sus propios bebés. Se pasaban a Justin con ternura, una a otra, y seguían con sus exclamaciones y el sinfín de preguntas.

Había también una o dos chicas que se veían nerviosas mientras sostenían a mi bebito de una semana de vida. Ansiosas. Faltaba poco para que la vida real les impactara con su fuerza incontenible. Conocía muy bien lo que sentían, ese calor que produce la unión del éxtasis con el pánico.

Once días después de que naciera Justin, Jeremy salió de la cárcel y pudo conocer a nuestro hijo. Yo estaba de visita en casa de mi mamá. Sentada ante la mesa de la cocina, sostenía a Justin en los brazos, inhalando el perfume de su piel de recién nacido. Esperaba con ansias el llamado a la puerta. No había visto a Jeremy desde el día en que me dejó en aquella clase de preparto. El hecho de tener a Justin sirvió para casi borrar la amargura y la humillación que sufrí en ese momento. La decepción que sentí cuando Jeremy me abandonó palideció en comparación con el indescriptible amor que sentía por mi hijo.

Sin embargo, estaba nerviosa. No sabía bien cómo iba a reaccionar Jeremy. ¿Se entusiasmaría? ¿O estaría nervioso? ¿Le interesaría? Intentaba distraerme concentrando mi atención en Justin, pero no podía evitar el hecho de que albergaba cierta esperanza. Yo amaba a mi ex. Siempre lo amé. Y me preguntaba si al momento de ver esa hermosa obra maestra que creamos juntos, Jeremy encontraría la motivación que le haría enderezar su vida y sus prioridades. Quizá —y esperaba que no se tratara solo de una expresión de deseos— pudiéramos llegar a formar una familia.

No me malentiendas. Estaba muy consciente de que nuestra relación era tóxica. Sabía que los dos necesitábamos cambiar, arreglar nuestro interior. Sabía que al estar mal los dos, todo iba a salir mal. Pero incluso consciente de todas esas tristes, desalentadoras y obvias realidades, no podía ignorar el rayito de esperanza que me susurraba al oído: quizá, solo quizá... Justin era el eslabón que faltaba para que nuestra relación marchara.

Cuando entró Jeremy por la puerta y posó la mirada en nuestro hijo, se quedó allí, mirándolo fijo. No podía hacer otra cosa. Creo que ni una manada de elefantes bailando allí podría haber hecho que dejara de enfocar su atención en Justin. Su rostro cambió de colores asombrado. Estaba fascinado con nuestro bebito. Y mientras lo envolvía con sus fuertes brazos, su mirada se derretía al estudiar la tierna carita de Justin, de ese bebé minúsculo envuelto en una manta. No recuerdo mucho más de ese día, a excepción de esa imagen, de un hombre que miraba a los ojos a su bebé con el amor que solo el corazón de un padre puede sentir.

Me quedé en casa de mi madre unas semanas después de dejar Bethesda, antes de mudarme a mi propio apartamento. Mamá me acompañó a comprar todo lo que necesitaba para mi nueva vida. Recorrimos ventas en las casas particulares, tiendas de segunda mano y organizaciones de caridad; fuimos reuniendo todo tipo de cosas para mi nuevo apartamento. Estaba armando un hogar, para Justin y para mí. Estaba tan feliz de tener cosas mías que no me importaba que los muebles que compraba fueran de segunda o tercera mano. No me molestaban las quemaduras de cigarrillo en los sillones, ni que la mesa de la cocina se tambaleara a menos que pusiera cuñas de trapos bajo las patas. Valoraba todo lo que compraba o recibía de lugares o personas generosas y amorosas como las de mi iglesia y la *Stratford House of Blessing* [Casa de la Bendición de Stratford], una organización sin fines de lucro que brinda cosas básicas como alimentos, ropa, muebles y artículos para bebés a las familias que las necesitan.

Recibí ayuda del gobierno, de la que brindan a las madres, el equivalente canadiense a la ayuda social, hasta tanto pudiera mantenernos con un trabajo estable. En total, no era mucho más que nueve o diez mil dólares al año, incluyendo mi trabajo de medio tiempo. Justin y yo no teníamos mucho. Era una lucha comprar pañales y leche para el biberón, pero me las arreglaba. Aunque éramos pobres, a mi hijo jamás le faltó nada.

Mi mamá y Bruce se portaron maravillosamente bien con nosotros, nos ayudaban con dinero cada vez que podían. También cuidaban a Justin cuando yo necesitaba un respiro. A menudo, Justin dormía en su casa el fin de semana y ya cuando fue mayor, aportaron para los gastos de hockey, pagando parte del equipo, los uniformes, la membresía y demás cosas. Siempre les estaré agradecida por su ayuda. Sé que hay muchas madres solteras que no cuentan con tanto apoyo de parte de sus padres.

Durante los dos primeros años de vida de Justin vivimos en un complejo de apartamentos, a minutos de la casa de mamá y Bruce. Nuestro departamento de dos dormitorios en el primer piso era pequeño, pero acogedor. Como solamente éramos dos, no necesitábamos mucho espacio y aparte de las cuestionables tuberías, las celosías baratas de aluminio que se doblaban todo el tiempo y la pintura descascarada de las paredes, el apartamento era perfecto. Era nuestro hogar.

Después de que me mudé a mi apartamento, Jeremy empezó a visitarnos muy seguido. Estaba allí con tanta frecuencia que empezó a dejar cosas suyas en casa. Un cepillo de dientes. Algo de ropa. Artículos de tocador. Primero se quedó una noche y, luego, los fines de semana. Al poco tiempo, ya estaba viviendo con nosotros.

Jamás calculé que viviríamos juntos. Por supuesto que era algo que deseaba en secreto, pero solo si cambiaba su estilo de vida. Pensándolo ahora, veo que fui muy ingenua. Permití que la relación avanzara, cerrando los ojos y albergando la esperanza de que mágicamente todo saldría bien. Que seríamos una familia feliz. Una familia que se adoraba, llena de amor, funcional. Como las de la televisión. Jamás se me ocurrió pensar en la realidad de lo que significaba que estuviéramos juntos. Y, de hecho, nunca siquiera hablamos de estar juntos. Era algo que dimos por hecho, que nunca conversamos.

Aunque volví a comprometerme con Dios, no había sometido a Él mi sexualidad. Jeremy y yo habíamos estado saliendo —con interrupciones— por años y no sabía cómo hacer para dejar eso. Llevaría tiempo para que yo pudiera revisar esa parte de mi vida. Sin embargo, seguía muy activa en mi iglesia, asistiendo a los servicios dominicales, con el grupo de jóvenes y con los estudios bíblicos.

A medida que iban pasando las semanas, empezó a esfumarse el engaño que me había cegado, que obnubilaba mi juicio. Era obvio que Jeremy no tenía intención de abandonar sus hábitos. A veces se ausentaba de casa toda la noche e incluso trajo a sus compinches al apartamento para jugar a las cartas y beber cerveza. La verdad me dio de lleno en la cara como un balde de agua helada.

En las primeras horas de cierta mañana oí que Justin lloraba. Se había despertado por enésima vez. Apenas podía mantener mis ojos abiertos, de otra noche de solo tres horas de sueño interrumpido. Jeremy no había vuelto aún. Me dirigí, tambaleante, a la habitación de nuestro hijo y en ese mismo instante supe que no podía seguir en esa relación con Jeremy. No porque no lo amara, sino porque él no estaba dispuesto a cambiar. Me sentí desilusionada conmigo misma. Por ser tan estúpida. ¿Por qué no había hablado con él sobre lo que significaba estar juntos, juntos como pareja y —más importante todavía— como nuevos padres?

Me harté. A la mañana siguiente le dije a Jeremy que se fuera. «No sé en qué estaba pensando», admití. «Lo siento». Discutimos un rato y se fue. No volví a saber de él por unas semanas.

La siguiente ocasión en que llamó Jeremy fue el día en que me pregunté si los gallos ponían huevos. Me llamaba desde un centro de rehabilitación donde me dijo que había conocido a Jesús. Y quería hablarme de Dios.

Su anuncio era una gran noticia, pero sospeché. Conocía a Jeremy. ¿Sería una estrategia para que volviera con él? El tiempo lo diría. Jeremy y yo empezamos a pasar las mañanas de los domingos en la iglesia. Orábamos con regularidad y hasta íbamos a los estudios bíblicos. Me asombraba. Jeremy no era el mismo hombre que me había dejado sola en la clase de preparto. Este era un Jeremy nuevo, mejorado, el hombre que yo esperé ver algún día. Empecé a bajar la guardia semanas después de que me dijera que había conocido la fe. Un domingo, en medio del servicio de la iglesia, me pidió que saliéramos a caminar. Jeremy me tomó de la mano y se veía pensativo. Luego miró al cielo y preguntó: «¿Por qué no todo el mundo sabe de Dios? ¿Cómo es que no saben lo maravilloso que es?». Es uno de los recuerdos más dulces que conservo.

No había duda en mi mente de que su transformación era auténtica. Su actitud y su conducta habían cambiado respecto de lo que eran semanas antes. Aunque teníamos un pasado lleno de fútiles promesas de cambio por parte de él, al fin estaba sucediendo en realidad, ante mis ojos. Jeremy era más dulce, más considerado, más tierno y bondadoso. Y lo mejor de todo es que se mostraba más congruente que nunca.

De modo que Jeremy volvió de nuevo a nuestras vidas y a mi apartamento. Se deshizo de mi sillón usado y lo reemplazó por uno que su mamá le dio. Juntos compramos una linda mesa de madera con bancos incorporados para la cocina.

Como padres primerizos, Jeremy y yo no podíamos despegar los ojos de nuestro bebé Justin. Me derretía cualquier atisbo de sonrisa o sus balbuceos. Me encantaba la forma en que sus manitas se extendían hacia mí, su mamá. Y cuando lo sostenía y apoyaba mi nariz contra su dulce carita, sentía que desaparecía flotando en ese aroma típico de los bebés. Era un regalo. Él me lo confió. Era mi vida.

Nuestro pastor al fin se dio cuenta de que vivíamos juntos. (No es que lo ocultáramos. Simplemente, no lo decíamos si nadie preguntaba). Nos llamó aparte después del servicio un día y nos dijo: «Los amo mucho, muchachos. Sabemos que están viviendo juntos y como ya tienen un bebé quisiera animarlos a que piensen en casarse. Es lo correcto».

Ese día, más tarde, Jeremy me miró y me preguntó: «¿Qué piensas? ¿Quieres casarte?». Lo dijo con tan poco romance, como si me estuviera preguntando si quería un sándwich de pavo. Por supuesto, dije que sí. Por poco romántica que fuera su pregunta, quería casarme con él. Decidimos casarnos el 15 de octubre de 1994. Faltaban pocos meses.

Fuimos juntos a comprar el anillo. Como nunca me había propuesto matrimonio de manera oficial, hasta se arrodilló delante de mí y me lo entregó. El compromiso no se parecía en nada a lo que soñé desde pequeña.

Cuando me estaba probando el vestido de bodas, que hice modificar, me miré en el espejo. Imaginé el altar delante de mí; mi rostro se bañó en lágrimas. No podía pensar en mí sintiéndome amada o especial, como debía sentirme en el que supone ser uno de los días más felices de su vida.

Asistimos a algunas clases de consejería prematrimonial en nuestra iglesia. Los consejeros llegaron muy pronto a la conclusión de que no estábamos preparados para casarnos. Ni hacía falta que lo dijeran. La evidencia estaba allí, aunque yo no quisiera admitirlo. Seguíamos quebrantados como antes, cada uno con sus problemas internos, sin resolver. Así que nuestra relación nunca fue verdaderamente sana.

Tanto Jeremy como yo teníamos mucho por vivir, cada uno por su parte, antes de siquiera poder pensar en comprometernos con el otro. Pero no lo sabíamos. Yo estaba desesperada porque lo nuestro resultara y Jeremy estaba ocupado tratando de mantenerse sobrio y resolver sus otros problemas.

Yo también estaba creciendo en mi fe, pero sentía que había mucho por pulir. Llevaría años lijar y suavizar algunas de mis aristas más filosas. También requeriría tiempo domar algunos de mis malos hábitos. Todavía tenía que cambiar muchas cosas. Me costaba dejar de fumar y tenía mucho enojo guardado en lo más hondo, rabia con mi pasado y en particular por los años de abuso sexual. Así que acabé por descargar gran parte de todo eso sobre Jeremy. Reconozco que me destacaba por pelear con él por cosas tontísimas.

El principio del fin fue una noche en que se suponía que Jeremy me encontraría en el estudio bíblico. Pasó una hora y no llegaba. Después de la oración final, no había señal de mi prometido. Fui a casa, acosté a Justin y me preparé para ir a dormir. Jeremy no aparecía.

Cerca de la medianoche seguía despierta, pasando los canales del televisor para distraerme y no pensar en las peores posibilidades. ¿Y si tuvo un accidente de auto? ¿Si le pasó algo a su mamá? En medio de uno más de esos infomerciales que te venden productos inútiles, por fin oí que se abría la puerta de entrada.

Apenas entró Jeremy en el dormitorio pude oler el alcohol.

—¿Dónde estabas? —pregunté, consciente de lo obvio. Me sentía molesta, pero más que nada, decepcionada. Se había portado tan bien, manteniéndose sobrio durante meses. ¿Por qué ahora, esto?—. ¿Qué pasó, Jeremy?

Jeremy no dijo nada. Se quitó las botas y empezó a prepararse para dormir. Mi desilusión se tornó muy pronto en sospecha cuando no respondió a ninguna de mis preguntas. Estaba muy callado. Yo sabía que algo pasaba, por lo que empecé a preocuparme.

Mi conclusión no se hizo esperar. Con sarcasmo y despecho pregunté:

—¿Qué? ¿Me engañaste?

Jeremy no dijo nada. Cuanto más callaba, más fuerte oía yo la verdad. Mis acusaciones se hicieron más enérgicas.

—¿Qué? Después de todo este tiempo, ¿me engañas? ¿Estás jugando conmigo? — y salté de la cama, lista para la pelea.

Una *recorrida*
a lo largo de los años

Mi mamá con mi papá

Mi mamá, mi papá,
Chris y Sally

Los primeros años . . .

Hoy, siguen besándose a escondidas

Mi mamá y Bruce, el día de su boda

Nuestra nueva familia:
Chuck, Candie, Chris,
mi mamá, Bruce y yo

Todo sonrisas, con cinco y seis años

Posando
con Bruce

Mi fiesta,
cuando cumplí
6 años

Nuestra casa cuando yo era niña

Con Robbie, vestidos para ir a la iglesia

Con amigos, el día en que cumplí 9 años

Lista para actuar en el Festival de Stratford, cuando tenía 10 años

Los años siguientes.
¡Me encanta ese peinado de los años '80!

Esperando a Justin

Sobre la pasarela, en un desfile
de modas de Bethesda

Mi mamá conmigo
y Justin recién nacido

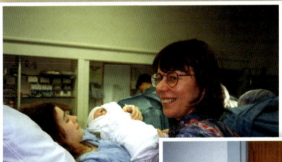

Bonnie y la
abuela Kate
con Justin
en el hospital

Padre e hijo

Justin con el abuelo
George y la abuela
Kathy

Con la abuela Kate

Mi mamá y Bruce
con Justin

Cuatro generaciones:
mi mamá, mi abuela,
Justin y yo

Con mi bebé Justin

Mi precioso bebé

Su primer cumpleaños

En el lago

Un rato con su papá

Actor, desde niño

Abrazados, con mi hijo

Primer día en la escuela pública

El primer amor de Justin: los deportes

Nos divertimos acampando

Haciendo tonterías

Nuestro primer viaje a Atlanta

En la cabina de mando

Scooter y Justin se llevaron
bien desde el comienzo

CRECE TAN rápido . . .

pero será, por siempre, mi

dulce PEQUEÑO

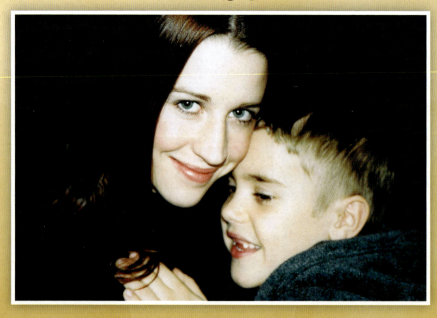

Finalmente dije, furiosa:

—Bueno, ya dímelo. ¿Cómo se llama?

Y repasé una lista de nombres de chicas que ambos conocíamos. A cada nombre él respondía «No», con un gruñido. Con excepción de uno en particular.

Repetí el nombre. No hubo respuesta. El silencio de Jeremy lo decía todo.

Quedé atónita. Sabía que ni siquiera sentía atracción por esa chica y que no sentía nada por ella.

—¿Con *ella* me engañaste? Pusiste en riesgo nuestra integridad como familia, tu compromiso con la madre de tu hijo, ¿con alguien que ni siquiera te gusta?

Sentía como si me estuvieran martillando la cabeza. Me senté al borde de la cama, invadida por emociones de tristeza, enojo, confusión. Fui, furiosa, hacia la sala, respirando hondo para calmarme. Jeremy estaba detrás de mí tratando de acercarme a él, con cada paso. Cuando logró echarme los brazos alrededor del cuerpo, abrazándome, puso su cara contra mi mejilla ardiente, meciendo su cuerpo como si estuviera aferrándose a la vida. Su corazón comenzó a ver la realidad de su error. Intenté liberarme de sus brazos mientras oía su sarta de disculpas. Casi podía oír violines mientras me decía que lo lamentaba, que había hecho algo muy estúpido:

—Por favor, por favor. Lo siento, nena. Lo siento.

—Tengo que salir a caminar —dije cuando logré zafarme de sus fuertes brazos.

Salí corriendo a tomar aire, ignorando la voz de Jeremy que me llamaba desde la puerta. No recuerdo si me puse una chaqueta o no. Me palpitaba fuertemente el corazón mientras trotaba por la acera del complejo de apartamentos. Echaba chispas. *¿Cómo pudo hacer algo así?* Avancé una cuadra. *¿Y justamente en este momento?* Corrí unas cuadras más. Me vino bien descargar esa mal energía, pero seguía teniendo un elefante metido allí, delante de mis narices. ¿Qué hacer? Tenía que hablar con alguien. Pero, ¿con quién? No tenía muchos amigos.

Encontré un teléfono público junto a una tienda y llamé a nuestra niñera, una chica que era unos años menor que yo (y que una semana más tarde terminó acostándose con Jeremy). Durante unos minutos, di rienda suelta a mi furia mientras ella escuchaba, paciente, y me consolaba. Después de colgar, supe que no estaba lista como para volver a casa. Tenía que llamar a alguien más: a la mujer con quien Jeremy estuvo esa noche.

El teléfono sonó algunas veces, hasta que atendió ella misma. Me mantuve calmada. Tranquila. Con compostura. Lista para decir... ¿qué? No tenía idea.

—¿Hola?

Al oír la voz de «la otra», me invadió de nuevo una oleada de ira. Fue como un tornado verbal que destruía una casa hecha de palitos. Le dije de todo. «¿Ahora te sientes bien? Destruiste toda esperanza de felicidad que pudiera tener yo. Rompiste un matrimonio potencial. No era una relación casual. Estábamos comprometidos para casarnos. Así que, gracias. Espero que eso te haga sentir una mujer de verdad».

No dijo nada. Tampoco le di mucha oportunidad de responder. Seguí con mi ataque durante un minuto más, tal vez. Y luego, no sé cómo, la conversación cambió en un instante. Me empecé a sentir mal por cómo trataba a aquella mujer, por lo abusivo de mi conducta.

Respiré hondo y me calmé. Hice una pausa. «Quizá no lo sientas —comencé, más calmada— pero eso no importa. Decido perdonarte. No quiero hacerlo, pero sé que es lo correcto».

Colgué el auricular después de la conversación y caminé un poco más. La luna brillaba e iluminaba el camino y pensé en lo que debía hacer. Francamente, no lo sabía. Una parte de mí no estaba preparada para dejarlo. En lo profundo de mi corazón quería que mi relación con Jeremy funcionara. Quería casarme con el padre de mi hijo. Así se suponía que debía ser, era lo que quería.

Cuando volví, le dije a Jeremy que teníamos que tomarnos un tiempo, separados, para pensar. Como no tenía dónde ir, lo dejé quedarse en mi apartamento. Empaqué unas pocas cosas a la mañana siguiente; Justin y yo nos fuimos donde mi mamá a pasar unas semanas.

Cuando Jeremy y yo nos separamos, estábamos en medio de nuestros planes para la boda. Ya habíamos enviado las invitaciones. Teníamos las flores. Yo había comprado mi vestido. Ya teníamos el dinero de nuestra fiesta de despedida de solteros, una tradición canadiense que se llama fiesta de «Buck y Doe», para los comprometidos, en la que los invitados compran boletos para asistir a una función de recaudación de fondos y disfrutan de unas horas de reunión donde se bebe, se come y se organizan juegos.

Incluso con todas las señales que apuntaban al obvio final de la relación, me preguntaba si de alguna forma Jeremy y yo podríamos salvar esa boda. Lo sé. Estaba loca. Y ciega. No hay otra forma de describirlo. Estaba desesperada. Esa locura me impedía ver todas las señales que me gritaban: «Corre», «Vete», «Borrón y cuenta nueva».

Casi una semana más tarde, estando en casa de mi mamá, recibí una llamada poco después de la medianoche. Sabía que no podía ser algo bueno. Nadie llamaba después de las diez.

—Hola —dijo la voz del otro lado de la línea. La reconocí de inmediato. Con esa única palabra supe que Jeremy había estado bebiendo y que ahora era su *álter ego* el que hablaba.

—Hola —dije, todavía medio dormida.

A Jeremy se le trababa la lengua al hablar.

—Solo quería que supieras con quién estoy durmiendo en tu cama.

Pausa.

—Aquí está.

Y tomó el teléfono una mujer con voz sorprendida. Me di cuenta de que no sabía lo que planeaba Jeremy. También pude reconocer su voz. Había sido una de mis mejores amigas en mi niñez.

Todo se volvió rojo ante mis ojos. La ira emergió con toda su potencia. Me sentí muy traicionada. Tenía el corazón de rodillas, pidiéndome que hiciera algo, que acabara con toda esa locura de una vez por todas. Había intentado ser una persona mayor, más madura y hasta me sacrifiqué para que Jeremy pudiera quedarse en mi apartamento después de haberme sido infiel. Y el tipo tenía la audacia de volver a engañarme, esta vez en mi propia casa. En mi propia cama.

Solté el teléfono y cayó al piso. Del teléfono resonaba, haciendo eco contra las paredes. Y la ira finalmente, me hizo entrar en acción. *Ve. Ve. ¡Ahora!* Corrí a la habitación de mi madre.

—Mamá, tengo que irme. Por favor, ¡llévame!

Mamá estaba asustada, sin saber qué pasaba, casi se cayó de la cama. Tropezando con sus pies mientras trataba de ponerse unos pantalones, tartamudeó:

—¿Qué? ¿A dónde? ¿Qué pasó?

Y se lo dije todo. Le conté lo que acababa de pasar. No dudó ni un segundo. Se incorporó y me llevó hasta mi apartamento. Salí del auto antes de que se detuviera del todo, corrí por el pasillo tan rápido como pude, como esas caricaturas que se ven corriendo a toda velocidad, con las piernas hechas un remolino. Abrí la puerta del apartamento. Era *mi* hogar. *Mío.*

Lo primero que vi fue a Jeremy, a dos tipos más, y a mi ex mejor amiga sobre el sofá. Había botellas de cerveza por toda la sala. Habían estado de fiesta. Traté de mantener la calma. Juro que lo intenté. Quise respirar hondo pero la ira no me lo permitía.

—¡Salgan de mi casa! —grité tan fuerte que los vidrios podrían haberse roto—. Todos… ¡fuera de aquí!

Para ese momento mamá ya había entrado y estaba detrás de mí, lista para defenderme si la situación lo requería. Di gracias porque estuviera allí, aunque estaba tan furiosa que ni me di cuenta que había venido para protegerme. Mi ex amiga ni siquiera podía mirarme. Tenía la mirada pegada a sus zapatos, de la vergüenza. Se levantó junto con los otros dos tipejos. Mientras tanto, Jeremy seguía plantado en el sofá, con las piernas cruzadas y los brazos extendidos sobre el respaldo. Estaba reclamando su territorio.

—Siéntense todos. Nadie se va a ninguna parte —dijo como ladrando.

Los otros tres se miraron y luego, me vieron a mí y a Jeremy con su expresión de superioridad. Poco a poco volvieron a sentarse en el sofá, sin saber si quedarse o huir de mi apartamento.

—Se van —repetí con voz firme y en tono amenazante—. Este es mi hogar. Es mi nombre el que aparece en el contrato. ¡Salgan!

Se levantaron de nuevo, despacio, mirando a Jeremy como si esperaran instrucciones.

—Se quedan —dijo él, con mirada amenazante.

Yo sabía que no iba a poder librar esta batalla sin ayuda. Levanté el teléfono y llamé a la policía. Les dije: «En mi casa hay unas personas que no se quieren ir. ¿Podrían venir a sacarlos?»

Si no podía sacar a esos tontos de mi apartamento, seguramente los uniformados de azul podrían. Colgué el auricular y miré a Jeremy con una sonrisa triunfal. *¿Qué te parece?*

Se levantó de un salto y en un segundo se puso junto a mí, con la cara pegada a la mía mientras se burlaba: «Salgan de mi casa… salgan de mi casa…», imitándome con despecho. Estábamos nariz con nariz, muy cerca; en ese momento habría sido muy fácil que cualquiera de los dos hiciera una estupidez. Pero decidí que no iba a permitir que se saliera con la suya. Como seguía mofándose de mí, con todas mis fuerzas, le estrellé la botella de cerveza en los dientes.

Mamá se quedó sin aliento. Todos estábamos sorprendidos. Principalmente, Jeremy, que se llevó la mano a la boca mientras escupía sangre mezclada con cerveza.

Jeremy hervía de furia. Empezó a gritarme todo tipo de insultos y obscenidades. «¡Eres una "#&/(##....y una ""## &%°&//.....!» Luego recogió algunas cosas, les dio la orden de retirada a sus tres marionetas y salieron del apartamento.

Yo estaba muy furiosa. Seguía con ira y angustia en mi interior tras la última pelea con Jeremy. Aunque ahora todo había terminado, una parte de mí no quería dejar de pelear. Salté hacia él y le grité: «Tú eres...». Mi madre se interpuso y me detuvo. Se cerró la puerta de un golpe y se fueron. Dejaron todo sucio, hecho un desastre.

Se acabó. Al fin. Después de cuatro años de locura, sufrimiento, confusión, estupidez e incertidumbre, Jeremy y yo terminamos definitivamente. Ya no habrían disculpas. Ya no correríamos a abrazarnos para reconciliarnos. No más intentos para que funcionara, ni vanos esfuerzos por reparar lo roto. Terminamos.

Volví a mi apartamento al día siguiente. Estaba prácticamente vacío. Jeremy se había llevado todos los muebles, dejándonos solo una televisión a Justin y a mí.

CAPÍTULO

Diez

Pasaron unas semanas antes de que Jeremy y yo volviéramos a hablar. Al fin vencí los nervios para preguntarle si quería pasar tiempo con Justin. Porque aunque seguía enojada no quería quitarle el padre a nuestro hijo.

Cuando llegó de visita noté que, antes de que yo saliera de allí, él ya estaba hablando por mi teléfono. Me despedí, pero él seguía distraído con su conversación y asintió casi sin prestar atención. «Nos vemos, Pattie», dijo. Y siguió hablando con quienquiera que estuviese del otro lado de la línea.

Volví después de dos horas y Jeremy seguía hablando por teléfono.

—¿Con quién hablas? —quise saber, molesta, cuestionándome si habría estado hablando por teléfono todo ese tiempo.

—Con mi mamá —susurró sin alzar la mirada.

No podía creerlo. Su madre vivía en la provincia de Columbia Británica, por lo que yo tendría que pagar la cuenta de una comunicación de larga distancia de más de dos horas.

Me enfurecí.

—¿Estuviste hablando con ella todo este tiempo?

Jeremy se puso de pie y colgó el teléfono. Asumió la pose de un vaquero, con las piernas abiertas y la cadera hacia un costado. Tenía en el rostro la famosa máscara de arrogancia que yo conocía tan bien y contestó con altanería.

—Ah, siiiii... ¿y qué te importa?

Quería borrarle la expresión de una cachetada. Me resultaba insoportable su actitud arrogante. Pero no tenía tiempo para eso. Había agotado mis reservas de paciencia y en otro despliegue de inmadura furia perdí la compostura. Con todas mis fuerzas, levanté la pierna y le di una buena patada allí donde los hombres son bien vulnerables y que es muy doloroso.

Jeremy cayó al piso, retorciéndose de dolor. Se revolcaba, gimiendo y tratando de tomar aire. Seré sincera: fue bastante satisfactorio verlo así, en un momento de debilidad. La sensación de tener el control, al menos una vez, era genial. Pero en el fondo sabía que no había hecho lo correcto. Y también sabía que muy bien podría haberlo instigado a iniciar una pelea con todo el potencial de un muy mal final, incluso con violencia.

Mientras mi ex seguía gimiendo insultos ahogados, me invadió el miedo y empecé a temblar. Aunque Jeremy nunca había sido violento físicamente conmigo, yo sabía que era fuerte y que tenía mal genio. Me arrodillé en el piso a su lado y empecé a disculparme.

—Lo siento, Jay. Lo siento mucho.

Él seguía revolcándose en el piso, adolorido por mi patada tan estratégicamente dirigida.

—Por favor, no me hagas daño —le rogué—. No me lastimes, por favor.

Estaba petrificada. Nadie sabía qué podría pasar ahora.

Jeremy se levantó y de un empujón, me aplastó contra la pared. Abrí los ojos precisamente cuando su escupitajo caía en mi cabello. Y aunque no me había movido, no podía respirar, no me entraba aire.

Mi amiga Missy, que había venido conmigo y todo el tiempo se había quedado en la otra habitación, se acercó corriendo. Se inclinó para levantar a Justin, que gateaba por el piso, pero quedó paralizada ante el grito de Jeremy:

—¡Ni lo toques!

Allí, aprisionada contra la pared y llorando, vi que Jeremy levantaba a Justin y le ponía su abrigo. Le rogamos que no se llevara al bebé. Lloramos y seguimos pidiéndole que no lo hiciera. Pero estaba decidido y tanto Missy como yo sabíamos que ninguna de las dos podríamos hacerle frente a su fuerza.

Justin lloraba a los gritos, asustado por la pelea, mientras Jeremy no lograba subir el cierre de la chaqueta del bebé. De repente, dejó de intentarlo y lo puso en el piso. Sabía que no tenía razones para llevarse a Justin. ¿A dónde iría? ¿Y qué podría hacer con un bebé? Ni siquiera tenía pañales para ponerle.

La realidad de la situación lo exasperó al punto que decidió irse.

Pasaron unos días antes de que mi nivel de adrenalina se normalizara y pudimos entonces conversar con más tranquilidad sobre Justin, haciendo los arreglos para que Jeremy pudiera venir a verlo. Aparte de hablar de nuestro hijo, sin embargo, ya no teníamos nada que decirnos. Después de eso, casi ni nos hablamos.

Me he preguntado muchas veces por qué seguí con él tanto tiempo. ¿Qué era lo que me hacía sentirme tan desesperada porque Jeremy y yo pudiéramos formar una buena relación? Pienso que es simple: estaba convencida de que tenía reservado en mi vida un lindo cuento de hadas. Un cuento que terminaría con una vida de amor y felicidad, con un sinfín de palabras de aprobación que mi esposo susurraría a mi oído porque me adoraba y, por supuesto, estaba la casita con la linda cerca de color blanco.

Siempre esperé ese momento en que pudiera ser amada y aceptada de tal forma que las palabras o los sentimientos no pudieran describirlo. Y pensaba que Jeremy podría ser mi boleto para vivir esa fantasía. En cierto modo era siempre optimista —aunque muchos dirán que también ingenua— en cuanto a que las cosas cambiarían. Que él vería la luz y me amaría como yo anhelaba. No era justo que yo tuviera tantas expectativas con él, como para que cumpliera con todo lo que buscaba, satisfaciendo las necesidades que jamás cubrió y sanando mi quebranto. ¿Cómo podría? Era una persona herida, tanto como yo. Y, al igual que yo, no tenía punto de referencia ni orientación alguna en cuanto a cómo era una relación amorosa, una relación que nutre y abriga.

Pasaría mucho tiempo, pero al fin Jeremy y yo logramos llegar a ese punto en que pudimos mantener una relación saludable. Aunque ambos tuvimos nuestra buena porción de momentos dolorosos y bastantes altibajos en la relación a lo largo de los años, nos hemos esforzado por mantener a raya nuestras diferencias. Y hoy, hasta podría decir que Jeremy es mi amigo.

Cierta vez oí a alguien decir: «Ser madre soltera no es difícil, lo difícil es ser buena madre». Las madres solteras deben cargar con un peso muy grande. Es una tarea solitaria. Es agotadora. Nada te prepara para ser madre, aunque tengas apoyo. Puedes leer el libro (como lo hice yo) *Qué se puede esperar cuando se está esperando*, cincuenta veces, de principio a fin. O puedes asistir a cien cursos distintos sobre crianza de niños. Podrás escuchar a tu mamá, a tus amigas, tus vecinas o tu peluquera hasta que se te caigan las orejas de tanto escuchar. Pero nada de eso te preparará.

Cuando tienes que cubrir tú sola los roles de papá y mamá y sales del hospital cargando en los brazos ese pequeñísimo bultito de alegría, es cuando menos preparada estás. Y si eres adolescente, bueno... todo el juego será muy distinto. Cuesta mucho tratar de batear la bola que te tiran. Y la presión a veces resulta sobrecogedora.

A veces sentía que tenía que hacerlo todo. Ser la que le proveyera a Justin todo lo que cubriera sus necesidades físicas, emocionales, económicas y de su desarrollo. No tenía un esposo a quien dárselo por un rato si necesitaba tomarme un descanso de una hora, por ejemplo. Tenía que tragármelo todo y arreglármelas como pudiera. Y aunque no parezca mucho, el no tener una pareja también me resultaba difícil porque no había quién pudiera ayudarme a cargar con todo. ¿Sabes lo estratégica (y fuerte) que tienes que ser para cargar al bebé, la bolsa de pañales y la de las compras mientras te las arreglas para manejarte con un cochecito infantil?

Además, está la disciplina. Me tocaba poner los límites, establecer reglas, corregirlo cuando fuera necesario. Es difícil poder combinar los distintos estilos de crianza si estás con tu pareja. Imagina lo duro que es hacerlo si no convives con el padre de tu hijo. A veces, todos mis esfuerzos por disciplinar a Justin se veían frustrados por la forma en que Jeremy lo trataba cuando pasaba tiempo con él. No siempre es el caso, pero Jeremy me dijo que no quería pasar el poco tiempo que tenía con Justin disciplinándolo o siendo «el malo». Estoy segura de que hay muchos padres que sienten lo mismo.

Por desdicha, todo eso complicaba mucho más mi tarea. Me encontré teniendo que ser la mala mientras Jeremy era el divertido y hasta el héroe de la película. He aprendido que los niños no solo *necesitan* disciplina y límites sino que, en realidad, *los buscan*. Hasta los chicos más difíciles podrán resistirse o desafiarte ante la disciplina, sin embargo esta les crea en su interior una sensación de amor y de seguridad. Eso es lo que yo quería para mi hijo.

Sobreviví a la situación de criar sola a mi hijo solo por pura fuerza de voluntad y una tonelada de oraciones. Haces lo que tengas que hacer. En realidad, no tienes mucho tiempo para quejarte o sentir autocompasión si estás cambiando pañales, alimentando al bebé, jugando al detective para saber por qué llora, buscando formas de reunir el dinero para las cosas del bebé además del alquiler y los servicios, y aprendiendo a crear un mejor futuro para ti y tu pequeño.

Como sucede con la mayoría de las madres solteras, pronto descubrí el arte de vivir en condiciones de supervivencia. No es que me volviera insensible sino que, a veces, la única forma de perseverar es estar en piloto automático. Fue lo que tuve que hacer para pasar esos primeros años de Justin. Si estaba cansada porque no había dormido en toda la noche y tenía que trabajar todo el día, tomaba otra taza de café. Si llegaba a casa del trabajo después de un día difícil y veía que en unos días más tenía que pagar el alquiler, buscaba dónde conseguir el dinero. Si me sentía sola cuando veía a las parejas con sus hijos en el parque, en el cine, en el centro comercial, me fortalecía interiormente y trataba de que mi bebé no captara mi tristeza. Llegué a aceptar que la vida no siempre es justa. Que las cosas buenas no les suceden siempre a las personas buenas. Y que nadie es inmune a las dificultades.

Jeremy y yo tuvimos nuestros roces al principio. Hubo momentos en que él decía que vendría a ver a Justin, que tenía dos años, y luego no aparecía. Se me rompía el corazón al ver a Justin sentado en la entrada de casa por horas esperando a su papi. Y tenía que tragarme las lágrimas si me preguntaba, con tal anhelo: «¿Vendrá ahora, mami?», y a la hora «¿Viene pronto papi, mamá?». Siempre presentaba excusas o fingía que había surgido algo, asegurándole una y otra vez que papi seguía amándolo. «Te verá la próxima vez», prometía.

Al fin le dije a Jeremy que ya no podía seguir desilusionando a su hijo de ese modo. «La próxima vez que no vengas ni llames al menos para avisar que cancelas, no podré permitirte ver más a Justin. Es tu decisión. Le romperás el corazón una vez, pero ya no más». Le advertí que no pensara que era una amenaza vana porque iba a cumplirla. Pero por desdicha, lo hizo de nuevo. Días después, dijo que vendría a visitarlo y pasó lo mismo: no vino ni llamó. Le dije que ya no podría visitarlo más.

Francamente, cuestioné mi decisión. Sabía lo que era crecer sin un papá.

Aunque estaba segura de que actué bien, fue la única forma en que supe cómo ponerle fin al ciclo de terribles decepciones por el incumplimiento del padre con las visitas programadas, esto también me partía el corazón por impedirle a Jeremy que viera a su hijo. Por eso, cuando dos años más tarde apareció en la iglesia el día del padre y me pidió una nueva oportunidad, albergué nuevas esperanzas. Quería desesperadamente que Justin tuviera a su lado un padre sano. Que mi hijo tuviera lo que yo no tuve. Jeremy prometió que nunca más iba a incumplir su promesa de ver a Justin, sin llamar y avisar que cancelaba la visita de ese día. Hasta hoy, ha mantenido su palabra. Siempre vino cuando lo prometió desde entonces.

(Debo aclarar que aun cuando le tomó mucho tiempo estar presente en la vida de Justin de manera coherente, Jeremy no apareció cuando Justin se hizo famoso; no es lo que algunos medios dijeron).

Aunque Jeremy se ocupaba de ser un mejor papá, seguíamos teniendo algunos problemas. Cualquiera fuesen nuestras diferencias, decidimos que no pondríamos a nuestro hijo en el medio. Ambos vimos a amigos o familiares que usaban a sus hijos como botín de guerra para herirse mutuamente. No queríamos que eso sucediera en nuestra relación. Así que nos esforzamos por no discutir delante de Justin ni de retenerlo uno u otro solo por enojo. Nos aseguramos de que Justin supiera que ambos lo amamos y cuidamos, aunque no estuviéramos juntos.

Hoy, Jeremy es una persona totalmente diferente de cuando Justin era bebé. Ha mejorado en muchos aspectos. Ser padre es su primera prioridad. Es evidente en el modo en que vive como padre de tiempo completo con sus dos hijos más pequeños (de otra relación), y con Justin. Me siento orgullosa del buen padre en que se ha convertido.

Cuando Justin nació, yo no había finalizado la escuela secundaria. Sabía que tendría que volver a asistir para obtener mi diploma.

Quería hacerlo. Pero no tenía dinero para pagarle a alguien que pudiera cuidar a Justin mientras yo estudiaba. La asistencia del gobierno pagaba por el cuidado del niño si yo tenía empleo, pero no si iba a estudiar. Sus reglas no tenían mucha sensatez. Era como si el gobierno tratara de impedir que la gente progresara para poder dejar de depender del sistema.

Mi vecino Mike siempre me recordaba la importancia de la educación y me animaba a volver a la escuela. Era un genio de la computación. Un día vino a saludarme y conversamos durante unos minutos mientras Justin, de un año, gateaba cerca, balbuceando y jugando con los cordones de las zapatillas de Mike.

—Entonces, Pattie...

Sabía lo que iba a decir.

—Tienes que volver a estudiar —me recordó dulcemente como lo hacía siempre—. Necesitas tu diploma.

Hablamos durante largo rato esa tarde sobre mi dilema y lo ridículo que era el sistema. Mientras me quejaba, Mike prestaba atención e intentaba animarme. No lo vi durante algunas semanas después de ese día.

Podrás imaginar mi sorpresa cuando me llamaron de un hogar de cuidado para niños y me dijeron que fuera a anotar pronto a Justin porque alguien les había dejado un cheque que cubría los costos de un año entero. Casi se me cae el teléfono de las manos. ¿Quién habría hecho eso? Sabía que mi madre y Bruce no podrían costearlo, y bueno... no conocía a nadie que tuviera suficiente dinero extra como para ser tan generoso.

De alguna manera logré enterarme de que fue Mike. Y cuando le di las gracias, con mi efusivo aprecio, se sintió inhibido. Fue enorme su generosidad pero no hizo de ello una gran noticia. Le agradecí y prometí que le devolvería el dinero, pero Mike interrumpió mi gran discurso de agradecimiento. Solo puso una condición: «Un día, ayuda a alguien más para que pueda estudiar». En otras palabras, repite esta bendición.

Mike me dijo que alguien lo ayudó cuando pasó por dificultades económicas estando en la universidad. Y que en vez de devolver el dinero había prometido que en algún momento ayudaría a alguien más a terminar sus estudios. Le estaré eternamente agradecida por ese acto de bondad. Su generosidad no es solo una bendición, es un milagro.

Me sorprendió lo divertido que fue volver a la escuela. Hice muchos amigos en poco tiempo y eso fue un incentivo para que quisiera seguir asistiendo a clases ya que lo disfrutaba. Mis amigos y yo la pasábamos de maravilla y hasta el día de hoy, incluso, sigo mi relación con algunos.

Al principio dudaba en cuanto a volver a la escuela, sin embargo. No estaba segura de qué podía esperar. Mi vida había cambiado drásticamente desde la última vez que pisé esos salones. Ya no me sentaba en clases drogada. No tenía la mente a un millón de kilómetros de distancia mientras los maestros o profesores hablaban de matemáticas o literatura. Esta vez prestaba atención a cada palabra. Y después de la escuela, cuando Justin se quedaba dormido, estudiaba mucho.

Como madre primeriza, había crecido. Era más madura que los demás alumnos. Me importaba mi futuro, el bienestar de mi hijo, quería una vida estable con la que pudiera brindarle las mejores oportunidades para alcanzar el éxito. Casi ninguno de los chicos de la escuela secundaria tiene que pensar en esas cosas. Piensan en fiestas. O pasan el tiempo jugando con videos, eligiendo ropa o paseando por ahí. Les interesa más el partido de fútbol de los viernes en la noche que saber de dónde vendrá el dinero para pagar las cuentas. Y está bien que no tengan preocupaciones, hasta cierto punto, que no tengan que hacer malabares con distintas responsabilidades que superan su nivel de madurez.

Aunque mi situación no se parecía en nada a la del típico estudiante de secundaria y, a pesar de que algunos de los chicos sabían que tenía un hijo, nadie sabía mi edad. Como me veía joven, y lo era en mi corazón, nadie cuestionaba mi edad. Se suponía que tenía diecisiete años como todos los demás. Pero por supuesto, no era así. Tenía veinte. Para mí no había actividades extracurriculares. Ni deportes, ni espectáculos de danza ni prácticas de coro. Apenas sonaba el timbre de salida corría al hogar de cuidado para buscar a Justin.

Ese hogar de cuidado era una bendición. Apreciaba que las maestras anotaran en un cuaderno los detalles de cada día. No hay muchas cosas espectaculares que pueda hacer un chico de un año en cuestión de pocas horas, pero a veces leía algo que me hacía sonreír... o menear la cabeza.

En su mayoría, las notas decían que «Justin comió bien» y que «Justin hizo una larga siesta». En ocasiones indicaban que había hecho algo inusual, como morder. Me avergonzó leer: «Justin volvió a morder a sus amigos», o «Justin mejoró y ahora mordió solo a uno». Aparte de eso, mi hijo era un pequeño bastante tranquilo y dócil.

Cuando volví a leer esas notitas hace poco, me emocionó ver cuántas de las características y defectitos de la personalidad de Justin siguen estando aún hoy. Las maestras siempre (de veras) anotaban que tenía mucha energía, que siempre andaba «en la última movida», que le encantaba decirle «hola» a cualquiera que pasara (Justin ya tenía alma de artista y le encantaba que le prestaran atención). Como podrá decir cualquiera que lo conozca hoy, sigue teniendo mucha energía, se mantiene ocupado y es amigable. Su amor por la música también se hizo evidente desde temprano. Su momento preferido del día era cuando se sentaban en círculo y los niños cantaban con la maestra que tocaba melodías en un teclado. Hay una nota que me hizo reír mucho. «A Justin se le caen siempre los pantalone así que se los atamos con una cuerda». Hay cosas que no cambian nunca. Sigo diciéndole a Justin que se suba los pantalones, pero es inútil.

Ni siquiera puedo decir cuántas noches pasé despierta hasta la madrugada en esos primeros años, dando vueltas en la cama sin poder dormir por la preocupación. La mayoría de las veces, Justin despertaba poco después para comer; así que no tenía lógica que intentara ponerme muy cómoda. Miraba la hora en el despertador, con sus números rojos, con el cuerpo exhausto pero la mente a toda velocidad. Las preguntas se agolpaban en mi mente, me pesaban:

¿Podré terminar la escuela?

¿Cuántos pañales le quedan a Justin?

¿Cómo voy a pagar el hogar de cuidado el año que viene?

¿Podré ir alguna vez a la universidad?

Mi mente daba vueltas y vueltas en un círculo que nunca acababa. Mi preocupación era incesante, como el vendedor que se niega a irse hasta cerrar el trato. No podía vivir con los nervios de punta. Me hubiera explotado la cabeza. Por lo que me ponía a orar.

No pienses ni por un minuto, sin embargo, que pensaba en Dios como una máquina expendedora en la que yo metía una oración y salía un milagro. Creo que Dios contesta cuando oramos, pero no esperaba que mágicamente cubriera mis necesidades mientras yo me quedaba de brazos cruzados mirando televisión todo el día o malgastando el dinero que tenía en cosas innecerarias. Desde que nació Justin, mi tiempo estaba ocupado en la escuela, en el trabajo, o en la búsqueda de empleo. Mis oraciones siempre nacían de situaciones que escapaban a mi control y la respuesta a la oración casi siempre parecía venir en el último minuto. Aunque creía en los milagros, la duda no era algo que no tuviera lugar en mi mente. Y no voy a mentir: la provisión en el último minuto no es algo divertido. Te frustra.

La provisión llegaba de las maneras más locas. Gente de la iglesia, algunos casi desconocidos, que dejaban un cheque en mi Biblia cuando yo no estaba mirando. Una vez, un grupo de señoras estacionó frente a mi apartamento, y me llenaron el refrigerador y las alacenas con comida y provisiones. En otra ocasión, un desconocido que viajaba en el autobús se me acercó y me dijo: «Realmente siento que tengo que darle esto». Me entregó un sobre lleno de billetes, el dinero justo para cubrir mis gastos ese mes.

¿Coincidencias? ¿Hechos al azar? ¿Pura suerte? No lo creo ni por un segundo.

Los bancos de alimentos de mi localidad, como la Casa de Bendición, nos beneficiaban mucho a Justin y a mí (y a cientos de familias de la comunidad). También nos ayudaba el Ejército de Salvación, que tenía programas para que la gente donara certificados de regalo en mercados a fin de que los usaran las familias necesitadas. Todo eso era caridad, que para nosotros actuaba como salvavidas. Hoy, me siento orgullosa de Justin porque dona a diversas obras de caridad, incluyendo las que tanto nos ayudaron.

Devolverle dinero a Dios o dar el diezmo, era algo importante para mí. El dinero es el único aspecto en que Dios nos desafía directamente en la Biblia para que lo pongamos a prueba: «Traigan íntegro el diezmo para los fondos del templo, y así habrá alimento en mi casa. Pruébenme en esto —dice el SEÑOR Todopoderoso—, y vean si no abro las compuertas del cielo y derramo sobre ustedes bendición hasta que sobreabunde» (Malaquías 3:10, NVI). Así que cada domingo yo le devolvía el diez por ciento de mis ingresos a Dios. Aunque ganara poco. Aunque no sobrara nada.

Una amiga que conocía desde que teníamos cinco años cuestionaba mi profunda convicción. Me conocía tanto cuando yo no era cristiana como después, y había visto cómo llevaba mi vida. Sabía que yo daba el diezmo en la iglesia y para ella era un concepto difícil de entender.

—¿Por qué haces eso? —me preguntó muchas veces—. ¿Por qué das a la iglesia tu dinero cuando no te puedes dar ese lujo? Veo tus dificultades. Sé que no te alcanza. Si ese Dios en el que crees existe, ¿por qué no te está proveyendo lo que necesitas? ¿Dónde está ese Dios tuyo proveedor?

Yo solo sonreía.

—No le estoy dando dinero a la iglesia. Se lo estoy dando a Dios y confiando en Él. Dios promete que multiplicará lo que doy. Fíjate en lo que sucede. Solo espera y mira.

Hoy, esa misma amiga ha visto lo que ha sucedido desde que acepté el desafío de Dios. Y es algo que la deja atónita. Dios me bendijo no solo en lo económico, sino de muchas maneras más. Como verás: el diezmo no tiene que ver solo con el dinero. Tiene que ver con ser libre de su control y confiar en que Dios se ocupará de ti.

Mientras Justin y yo vivíamos en ese primer apartamento, un día John me llamó y me pidió un favor. Había encontrado a una chica fugitiva de catorce años, Liz, en un banco del parque. No tenía techo, pasaba frío y estaba hambrienta. Había hablado con ella durante un rato y con uno de sus amigos trabajadores sociales. John quería ayudarla, pero no podía hacer mucho de la noche a la mañana. No podía llevar a su casa a cualquier adolescente que encontrara, por lo que me pidió ayuda.

—Como soy el director del centro de jóvenes, Sue y yo no podemos llevarla a casa, pero necesita un lugar donde dormir —dijo—. Ya encontraré cómo ayudarla mañana, pero ¿podría pasar la noche contigo y con Justin?

John me dijo que Liz no era una chica mala. Solo estaba perdida, en sentido literal y figurado. Perdida, herida, quebrantada. Él sentía que las dos podríamos tener una conexión. El pasado de Liz era problemático y necesitaba seguridad emocional. Él pensaba que podría encontrarla en mí.

Mi corazón dio un vuelco. Claro que podía pasar la noche en casa. El solo imaginar a esa chica indefensa y tan joven durmiendo en la calle en una ciudad desconocida me partía el corazón. Solo Dios sabía qué peligros acechaban y en qué problemas podría meterse. Le dije a John que la trajera enseguida.

Quedé sorprendida cuando Liz entró por la puerta esa noche. Parecía mucho más joven de catorce años. Su cabello rojizo estaba atado en dos colitas prolijas y tenía la carita llena de pecas. No me miró a los ojos cuando dijo en voz muy baja: «Hola». Sabía que se sentía incómoda. Porque yo era una extraña, una en quien no tenía por qué confiar.

Sin embargo, John tenía razón. Al instante, formamos un vínculo. Era una de las chicas más dulces e inteligentes que he conocido. A la mañana siguiente le pregunté a John si podía quedarse. En serio. Liz no tenía dónde ir. Al menos, podía brindarle un techo. No estaba segura de cómo operaría la logística. Pero supuse que todo saldría bien. John pensó que mi ofrecimiento era tierno pero no creía que fuese posible. ¿Quién permitiría que una madre soltera de veinte años se hiciera cargo de una fugitiva de catorce? Era una idea absurda.

Pero al cabo de unas semanas, John y yo nos enteramos de que Liz había entrado y salido de muchos hogares sustitutos y que su trabajadora social ya no sabía qué hacer. Estaba desesperada por hallar un hogar en que Liz se quedara de manera permanente. En ese punto, no creo que les importara mucho dónde se quedaba. Así que un día, la trabajadora social me llamó, como último recurso: «Vamos a hacer un trato, Pattie. Si Liz acepta quedarse contigo vamos a entrevistarte, a inspeccionar tu apartamento y luego decidiremos». Eso fue todo.

Cuando Liz se mudó a casa, pronto descubrimos que nuestro apartamento era demasiado pequeño. Al sumarse Liz, se hizo evidente que tendríamos que mudarnos. Pero, ¿cómo? ¿Dónde? Y... bueno... estaba el problemita ese del dinero. Apenas me quedaba algo cuando terminaba de usar mis cheques de ayuda para pagar el alquiler, los servicios, la comida. Pero no me preocupaba demasiado. Di aviso al dueño del apartamento, diciendo que no podíamos quedarnos mucho más allí, porque acabaríamos tropezándonos cada vez que nos moviéramos. Ya éramos tres.

Tenía dos meses para encontrar un lugar que pudiera pagar. Más que suficiente, eso pensaba. La lista de espera para viviendas de acuerdo a tus ingresos era tan larga que íbamos a tener que buscar por otra parte (para cuando llegáramos al primer puesto de la lista, Justin ya estaría en el jardín de infantes). Empecé a buscar un apartamento que se ajustara a mi escaso presupuesto. No me resultó fácil. Busqué en el periódico, preguntando y mirando en Internet. Oraba y esperaba. Nada.

Al final de cada servicio de la iglesia le pedía a mi amigo Tim que oráramos para que yo hallara un apartamento. Lo hicimos una semana tras otra. Le pedí que orara y él lo hacía. Un domingo tras otro elevé la misma oración sin que apareciera nada. Tres semanas antes de que tuviera que abandonar mi apartamento, empecé a preocuparme. Oraba más fuerte, más alto. Pero nada. Una semana más tarde, fui presa de un ataque de pánico. ¿Dónde iríamos a vivir? Ya no era responsable solo de mí misma. ¡Tenía que proveer las necesidades de un bebé y de una adolescente!

Aunque Tim había visto que mi oración no tenía respuesta una semana tras otra, no se veía desalentado ni decepcionado. Trató de calmarme.

—Realmente creo que Dios va a enseñarte una lección en la fe con todo esto —me decía.

Puse los ojos en blanco. *¿Estás bromeando?* Lo miré, sin convicción, y dije:

—Si ya hubiese conseguido un apartamento entendería lo que dices y lo creería. Pero en este momento, sin siquiera un lugar donde potencialmente poder vivir, esta situación no me da fe. Más bien, la debilita.

Tim sonrió.

—A veces Dios nos hace esperar, Pattie. Y esperas un poco más. En ocasiones, te hace esperar un poquito más, hasta el último minuto, hasta que responde. Así es como aprendemos a confiar en Él.

No estaba muy segura.

Pasó otra semana. Y nada. Ya no cabía en mí de la frustración. ¿Qué era esto? ¿Una broma pesada? ¿Tendríamos que vivir en la calle? ¿Era eso lo que Dios quería en realidad? El miércoles anterior al momento en que los tres quedaríamos en la calle, me llamó mi madre. Parecía entusiasmada: «Hay un aviso nuevo en el periódico. Es un apartamento en la calle Elizabeth. Disponible de inmediato».

Esperanza.

Por fin.

Así que fui en el auto con Liz y Justin al otro lado de la ciudad, para hablar con el dueño. Cuando llegamos, vimos que salía una familia que había ido a ver el apartamento. Parecían los inquilinos perfectos: un esposo de aspecto fuerte, una bella esposa y un bebito adorable. Estoy segura de que también vi un perro labrador que asomaba la cabeza por la ventana de su minivan. Y cuando terminamos de visitar el lugar, ya había otra familia de aspecto perfecto esperando entrar para verlo.

Nosotros tres seguramente no dimos la mejor impresión: una adolescente vestida con ropa de segunda, una mamá de aspecto cansado que también parecía adolescente y un pequeñito de dos años, ruidoso e inquieto. Oh, bueno. Pusimos la mejor cara, sonreímos y oramos que el dueño fuera amable y generoso con nosotros.

El apartamento era hermoso, con tres dormitorios, un entrepiso, un patio y hasta una chimenea con leña. El alquiler era barato e incluía todos los servicios. Parecía demasiado bueno para ser cierto. *Debe ser una broma*, pensé mientras caminaba con cuidado por los pisos de madera natural y pasaba los dedos por la pintura nueva que adornaba las paredes. En mi corazón comenzaron a surgir dudas. *¿Por qué iba a alquilarte este lugar a ti? ¡El aspecto de ustedes es un desastre! ¿Por qué le va a dar este lugar a una madre soltera con una hija adoptiva si puede dárselo al señor y la señora Jones con su bebito, una linda familia normal que no tiene problemas de dinero como tú?*

Era cierto. Eran buenas preguntas. No podía responderlas, más que diciendo «no lo sé». No sabía por qué iba a elegirnos como inquilinos este hombre. No sabía por qué no iba a considerar otras ofertas mejores. No lo sé. No lo sé. No lo sé.

Aún así...

Cuando terminó de mostrarnos el lindísimo patio trasero donde ya podía imaginarme a Justin jugando, encantado, el hombre dijo:

—Oigan. Puedo alquilar este apartamento a quien sea. Se lo he mostrado a muchas personas y hasta tengo una lista de gente que vendrá después de ustedes. —Hizo una pausa unos segundos y eligiendo con cuidado las palabras, añadió algo más—. Pero he estado orando en cuanto a quién alquilarle el apartamento y creo que se supone que son ustedes.

Sé que te parecerá alocado, pero te aseguro que así fue. Allí me di cuenta de que Tim había dicho la verdad. Toda esa experiencia hizo crecer mi fe. Vivimos en ese lindísimo apartamento casi tres años. Jamás nos atrasamos con el pago aunque al fin nos echaron porque Justin hacía demasiado ruido. Entre los tambores, la música fuerte y los golpes típicos de cualquier pequeñito, éramos demasiado ruidosos para nuestros vecinos.

Liz vivió con nosotros un año y medio. Creo que fue más de bendición para mí que yo para ella (aunque años más tarde me escribió un bello poema que decía que estaba convencida de que le mostré lo que significaba de veras el amor). Liz me ayudaba con la casa y con Justin, que la adoraba. Me encanta pensar que Justin y yo fuimos influencias positivas ya que después de vivir con nosotros dejó de robar y de drogarse. Se anotó en la escuela para estudiar a tiempo completo y empezó a asistir a la iglesia.

Aunque mi vida ha estado saturada con bellos momentos de milagros y provisiones, como el de hallar ese maravilloso apartamento, también los hubo de duda en que las realidades de la vida y las preguntas sin respuesta me distraían.

A seis años de comenzar a caminar en la fe, una noche me estaba bañando y sentí lo que algunos llaman «la oscura noche del alma». Había estado pidiéndole a Dios que me ayudara con algunas cosas, pero mi situación no cambiaba. Mis oraciones parecían caer en oídos sordos. No podía oír a Dios en mi espíritu ni lograba sentir su presencia cerca de mí.

Oraba. Lloraba. Rogaba, diciendo: «Dios ¿dónde estás? Te necesito tanto y no te encuentro». Mis oraciones parecían no servir de nada. En realidad, no sabía para qué me molestaba en orar. Y la duda empezaba a instilar su veneno en mí. Hasta empecé a preguntarme si todo eso de la fe no era una broma de las grandes. Pensé que cuando estaba en el hospital después de haber tratado de suicidarme, mis heridas tan profundas y mi necesidad tan terrible hicieron que imaginara mi encuentro con Dios. Tal vez estaba tan vacía, tan perdida, que Dios era más que nada un invento de mi imaginación, una muleta a la que me aferraba para no ahogarme en mi miseria.

Aunque ya había tropezado con ciertos obstáculos en mi fe, casi siempre lograba animarme o había quienes lo hacían. Hubo momentos en que no podía aferrarme a mi nueva fe, aunque sí al borde del manto de la fe de otros. En esta ocasión ni siquiera podía hacer eso. Ya no me daban las fuerzas para navegar en esa tormenta, aferrada al salvavidas de otro. Así que fui muy sincera con Dios.

Allí, en la bañera, oré: «Siento que estoy en un pozo». Clamé, mi voz resonó contra las paredes del baño. «Y no tengo fuerzas para seguir aferrándome. No te veo. No te siento. Esta es la despedida. Adiós». Era una oración sincera, un grito desde el corazón. Estaba dispuesta a tirar la toalla, preparada para volverle la espalda a la fe e ir en otro rumbo. Fue bueno mientras duró, pero no era para mí.

Esa noche me dormí llorando. Lo cuestioné todo. Lamenté el final de algo en lo que creí, algo en lo que puse el corazón, algo por lo que sacrifiqué esos seis últimos años de mi vida. Renuncié a todo. Dejé cosas que me gustaban. Y todo, por una oportunidad para tener una relación con un Dios que era no solo el Dios del universo sino el que llamaban Padre. Lo que más me dolía era eso. Sentía que mi Padre celestial me había dado la espalda.

A la mañana siguiente me llamó una chica de la iglesia. No nos conocíamos muy bien, pero me agradaba. «Pattie», dijo. «Anoche soñé algo. Soñé contigo». Se me aceleró la respiración. No quería apresurarme pero... *¿sería posible?*

Me dijo que en su sueño caminaba con Dios en el cielo y que le mostraba todas las cosas maravillosas que había en ese lugar. Calles de oro. Deslumbrantes campos de flores de colores. Coros de ángeles que cantaban melodías hermosas. Entonces Dios separó las nubes y miró hacia abajo, directo hacia mí. «¿Ves a mi hija Pattie?», le preguntó. «Quiero que vayas y le digas que la amo mucho».

La chica había visto a Dios, confundida. «¿Por qué? Conozco a Pattie y sé que ella sabe que la amas».

Dios meneó la cabeza. «No», suspiró. «No lo sabe».

Su confusión fue mayor. «Pero sé de su relación contigo. Créeme, ella lo sabe».

Dios no cedió. «No lo sabe. Necesito que vayas a decirle a Pattie que la amo. Y que le digas que veo que está en un pozo y que seré Yo quien la saque de allí».

Cuando esa chica terminó de contarme su sueño, me animó con este versículo:

Me sacó de la fosa de la muerte,
del lodo y del pantano; puso mis pies sobre una roca,
y me plantó en terreno firme.
Puso en mis labios un cántico nuevo,
un himno de alabanza a nuestro Dios.
Al ver esto, muchos tuvieron miedo
y pusieron su confianza en el SEÑOR. (Salmos 40:2-3, NVI)

En ese momento, sentí que me libraba del peso de pensar que mi fe era vacía, inútil. Lloré lágrimas de alivio. El miedo terrible a sentirme abandonada se esfumó. Dios no me había abandonado. Mi fe no era un cuento ni una broma retorcida.

Una vez más, Dios acudió a mi encuentro para asegurarme su presencia. No era una hija olvidada. Dios me valoraba. Valía lo suficiente como para que se tomara el tiempo de hacerme llegar el mensaje, muy claro.

Once

De pequeño mi hijo era una combinación de Jorge el Curioso, Daniel el Travieso, Zack Morris y Bart Simpson, todo en uno. Las mujeres que conocía, y que tenían varios hijos, me decían que con solo mirar a Justin quedaban agotadas. Porque el pequeño no lograba quedarse quieto. Tenía tanta energía que literalmente era la encarnación de una «pelota loca». No estoy bromeando. Justin, en realidad, rebotaba de una pared a otra. Lleno de vida, nació preparado para enfrentar al mundo con una sonrisa traviesa en los labios y una energía revoltosa en los pies.

Desde muy temprano abandoné las esperanzas de que Justin fuera como un osito mimoso. Cuando empezó a movilizarse, a tambalearse y luego a caerse, no le gustaba estar en brazos porque quería explorarlo todo por su cuenta. Siempre buscaba ser independiente. Con una mano en la mía, siempre extendía la otra manita para ver qué aventuras podía encontrar fuera de mi alcance, aunque se tratara de solo unos pasos de donde estábamos. Y a veces, esas ansias de explorar lo metían en problemas.

Las pocas veces que yo podía comprar ropa nueva, íbamos con Justin al centro comercial. Yo miraba lo que había colgado en los percheros circulares y jugábamos a «las escondidas». Fingía no saber dónde estaba y lo llamaba por su nombre mientras él se escondía y reía fuerte, entre la ropa colgada. Pasado un minuto o dos, yo corría de repente la ropa y lo veía riéndose histéricamente mientras yo le gritaba: «¡Acá estás!» y él daba gritos de alegría. (¡Cómo extraño esos días!)

Mientras buscaba una chaqueta para el invierno en una de esas salidas, Justin —de dos años— y yo jugamos de nuevo por décima vez ese día. Pero cuando corrí todas las chaquetas y grité «Acá estás», no pude encontrarlo. Entré en pánico. Tiré las chaquetas que había puesto sobre mi brazo y corrí por toda la tienda buscando locamente en cada uno de los percheros a mi pequeñito. No estaba en ningún lado. Ni en el perchero de las blusas, ni en el de los jeans. Justin no estaba en ninguna parte de la tienda.

Me palpitaba el corazón y me sudaban las manos. No pasaron más de dos minutos mientras yo buscaba la chaqueta y esperaba a que se escondiera. No lograba entender cómo había desaparecido tan rápido. Se me salía el corazón por la garganta. *¡Auxilio! ¿Dónde está mi hijo?* De inmediato avisé a un empleado de la tienda que me ayudó a buscarlo. ¿Habría ido hacia la parte posterior de la tienda? Pasaron cinco minutos y todavía no había señales de él.

Corrí hacia el pasillo del centro comercial, llamándolo por su nombre y preguntando a los que pasaban si habían visto a un pequeño rubio de dos años vestido con una camiseta roja y pantalones jeans. Me decían que no, pero con amabilidad me ayudaban a buscarlo. Un guardia de seguridad se me acercó en ese momento y alertó por radio a todos los empleados del centro comercial para que estuvieran atentos por si veían un niño de dos años. Habían pasado ya diez minutos y Justin no aparecía. Es la peor pesadilla para una madre. Me sentí histérica, mientras entraba y salía de cada tienda llamándolo: «¡Justin! ¡Justin! ¡Justin!». Desesperada, esperaba que en cualquier momento apareciera en alguna esquina y corriera hacia mis brazos. Pero no había señales de mi hijo. Finalmente, el guardia de seguridad oyó que su intercomunicador sonaba. Alguien había visto a Justin del otro lado del centro comercial, en el área de juegos para niños. Jamás corrí tan rápido en toda mi vida. Cuando llegué donde estaba Justin, estaba sin aliento y sentía que me estallarían los pulmones. «Justin», lo llamé. Mi corazón por fin pudo calmarse al verlo sano y salvo. Mi hijo, por supuesto, no tenía ni idea de que yo había pasado diez minutos de completa angustia buscándolo: «Mira, mami», gritó cuando me vio, sin la menor preocupación. Señaló el cohete tratando de subirse: «Mira, un *cuete pazial*».

Sentí alivio e irritación por partes iguales. Lo alcé y lo abracé tan fuerte que el pequeño intentó zafarse de mis brazos. «No vuelvas a hacer eso nunca más», dije en tono severo, corriéndole el rubio flequillo que le tapaba los ojos. Y luego, en tono más suave: «Amor, jamás, nunca pero nunca más te apartes del lado de mami». Cuando por fin pudo liberarse de mi abrazo de oso, me dedicó una sonrisa de oreja a oreja y asintió: «Bueno, mami. ¿Ahora me das una moneda para subirme al *cuete pazial*?».

Justin tenía el don de buscar siempre el siguiente límite. La palabra *no* era un desafío para él. Ah, claro que sabía lo que significaba. Pero le encantaba ponerme a prueba para ver si yo también lo sabía. Por ejemplo, Justin sabía que la videocasetera era algo que no debía tocar. Se acercaba a la mesita donde estaba el aparato y ponía la manito a centímetros de distancia y me miraba. «No, Justin», le advertía yo. «No puedes tocar eso». Entonces retiraba la mano pero seguía mirándome fijo a los ojos.

Unos segundos más tarde, lentamente iba acercando la mano a la videocasetera. Y yo repetía la advertencia: «No, Justin». Sin pestañear, retiraba la mano de nuevo. Cuando por tercera vez acercaba la mano al aparato y yo le decía: «No, Justin», en tono serio, hacía una pausa, me miraba y enseguida empezaba a golpear la videocasetera con su puñito. Y salía corriendo en dirección opuesta, lo más lejos posible de donde yo estuviera. Porque sabía que se había metido en problemas.

El caso es que Justin era un pequeño tan amoroso que era imposible seguir enojada con él. Para cuando cumplió los dos años, ya había tenido más disciplina que la que debía. Si lo hacía sentar en un rincón por alguna cosa que hubiera hecho, a veces se daba vuelta para mirarme, hacía pucheros con sus labiecitos colorados y pestañeando, inocente como un cachorrito. Se encogía de hombros y alzaba las manitos con las palmas hacia arriba. Con la frustración de un pequeñín, suspiraba: «Ohhh, vamos, mamita... ¡Solo tengo dos añitos!».

Me divertía mucho y tenía que reprimir la risa. «Si eres tan grande como para saberlo, Justin, también lo eres para irte al rincón», le decía yo, esforzándome por no sonreír. Jamás, en esas ocasiones, le hice ver que lo único que quería era alzarlo, abrazarlo y hacerle cosquillas hasta que los vecinos pudieran oír su risa. Yo sabía que no podía hacerlo. Porque alguien iba a tener que mantener a raya a esta fuerza de la naturaleza.

Cuando cumplió tres años empecé la escuela en casa, algo que hice hasta que entró a primer grado. Era un honor para mí ser quien le enseñara las primeras cosas, esas que llevaría consigo toda la vida y que le ayudarían en tantos momentos. Le enseñé a leer y escribir. Justin absorbía el conocimiento como una esponja. Ya cuando cumplió los cuatro sabía leer, solito, oraciones enteras.

Como parte de los contenidos, le enseñaba sobre la Biblia y lo ayudaba a aprender versículos de memoria. Nuestros amigos y familiares se asombraban al ver lo rápido que aprendía y, en especial, cómo podía recitar un versículo de la Biblia, exactamente, apenas le daba la referencia del capítulo y el versículo. Me dejaba sin aliento. Conocía al menos cincuenta versículos de memoria y podía recitarlos sin problema. Impresionante.

Me encantaba enseñarle en casa (con el sistema oficial de educación en el hogar) y ser su única maestra. Si hubiera podido, lo habría continuado haciendo durante toda su vida escolar. Pero trabajando solo medio tiempo, no alcanzaba a cubrir todas las cuentas, por eso tuve que inscribirlo en una escuela pública. Y aunque ingresó un año antes que los demás y ya había completado el currículo del primer grado en casa, quería anotarlo en una escuela francesa, por lo que debió repetir ese año con chicos de su edad. Mientras estaba en la escuela yo trabajaba medio tiempo en Zellers, la versión canadiense de Walmart.

El primer día de clases sacaron a Justin del aula por hacer ruido de gases con las axilas. La maestra era una mujer mayor que no tenía paciencia y no podía controlar a Justin. De inmediato lo mandó a otra división de primer grado. Sería la primera de muchas maestras que se hartarían de mi hijo. No es que Justin fuera rebelde con intención. Era un bandido, pero encantador, que no hacía alarde de sus travesuras. A veces hasta se metía en problemas por hacer cosas que ni siquiera sabía que estaban mal. Como cuando lo suspendieron de la escuela católica.

A Justin le encantaban las películas y solía repetir frases de ellas. Cuando tenía más o menos siete años, vio *Buena Hamburguesa* basada en uno de los cortos de un programa del canal de Nickelodeon. En una de las escenas hay un cliente de un restaurante de comida rápida que se queja con Ed, un tontín que trabaja allí, porque no le gustaba la hamburguesa que había ordenado. Después de decirle varias cosas, el cliente furioso sale del lugar y le grita por sobre el hombro a Ed: «¡Te veo en el infierno», y Ed contesta de buen modo: «Está bien ¡nos vemos allá!». Era una escena graciosa, hacía reír.

Una tarde mientras Justin volvía de la escuela en el autobús, la conductora, que era católica, le deseó los buenos días cuando él se bajaba. Justin le sonrió, la saludó con la mano y le dijo: «¡Te veo en el infierno, Bev!». Al día siguiente lo suspendieron. Justin no trató de portarse mal, solo quiso hacer un chiste. Lamentablemente, la conductora no pudo apreciar el humor de mi hijo. Siempre se metía en problemas, buscando el límite. Parecía que viviría siendo suspendido al menos una vez al año por cosas tontas, como tirar bolas de nieve o jugar con esos petardos que hacen ruido si los tiras con fuerza al suelo.

Justin era muy inteligente y se aburría con facilidad. Cuando fue un poco mayor noté que sus maestros, o lo amaban o no lo querían para nada. Algunos decían que era líder. Otros, no sabiendo cómo tratar su contagiosa energía, se exasperaban por sus travesuras. Todos los niños de su clase lo seguían. Recuerdo que una maestra decía que tenía treinta alumnos, más Justin. Si él se sentía contento y se portaba bien, todos los demás hacían lo mismo. Pero si tenía ganas de armar embrollos, los demás copiaban su conducta.

Recuerdo una ocasión en particular en que se metió en líos en la escuela y lo mandaron a ver al director. Como era algo tan habitual, Justin ya iba preparado para el regaño de rigor. Su maestra y el director se sentaron con él pero en lugar de gritarle, le hablaron al corazón. Le animaron y le dijeron que era un líder natural, explicándole lo que eso significaba: «Justin, los demás chicos y chicas de tu clase te siguen y te imitan», le dijeron. «De modo que si te portas bien, ellos también lo harán». Esas dos personas dejaron su huella en Justin. Ese día vino radiante de la escuela: «Mami, soy líder», exclamó, orgulloso como pavo real.

A menudo uso este ejemplo cuando hablo con padres de niños con conductas desordenadas patológicas que se meten en problemas. Aun cuando a Justin no le dieron tales diagnósticos (aunque un médico comentó que definitivamente era hiperactivo), las señales eran evidentes. Justin se distraía siempre, era creativo, siempre estaba haciendo varias cosas a la vez y no podía estarse quieto. Ahora sé que estos niños con una fuerza de voluntad inusual suelen ser demasiado inteligentes y que eso obra en contra de ellos a veces. Ellos son líderes en construcción y necesitan que se les anime, que se les enseñe a encauzar su energía de manera adecuada. Los niños tienen distintos estilos de aprendizaje y lo mejor es que se les enseñe de acuerdo a cómo aprenden. Lamentablemente, la mayoría de las aulas hoy en día no están diseñadas para ese tipo de instrucción personalizada.

He hallado gran consuelo al saber que muchos líderes de la política, la ciencia, las artes y las armas han tenido dificultades de atención. Incluso a algunos, se les conocía como chicos problemáticos. Jamás olvidaré que en un video sobre la vida de varios de estos personajes, decían: «Vive lo suficiente como para irritar a tanta gente y te recordarán».

Noté desde muy temprano que Justin tenía talento para la música. No podría haberlo pasado por alto ya que el pequeño tenía un ritmo asombroso. Incluso antes de cumplir un año podía aplaudir al ritmo de cualquier canción. Al año, yo marcaba el ritmo de algo y Justin me imitaba desde su silla. Era natural en él. Y cualquier superficie plana le servía de batería: cacerolas y sartenes, sillas, mesas, la mesada de la cocina, el lavabo del baño... no había nada que no sirviera.

Justin heredó su facilidad para la música de Jeremy y de mí. Yo crecí con amor por el arte, cantando y bailando, y por el lado de Jeremy su familia también tenía ese don. Kate, la mamá de Jeremy, era una talentosa cantautora y otros en su familia también tenían facilidad para la música. La abuela Kate invirtió en la educación musical de Justin enviando dinero periódicamente para sus lecciones de batería, cuando era más pequeño. Jeremy también participaba de su educación musical. Siempre alentó a Justin y le enseñaba canciones en el piano.

Por eso la música siempre formó parte de nuestras vidas. Yo tenía muchos amigos talentosos que venían a menudo para hacer música en casa. Me encantaba escribir y cantar. Mi amiga Jesse y yo pasábamos horas escribiendo canciones, a toda hora. Y cantamos algunas veces en lugares de nuestra ciudad. Una vez, hasta se nos acercó alguien a preguntarnos si estábamos buscando un agente. Reímos como locas. No, solo lo hacíamos porque nos resultaba divertido. Pero sí usamos la grabadora multipistas de Jesse para grabar algunas de nuestras canciones (¡no logro recordar dónde están!).

En casa, yo cantaba mientras tocaba el teclado, el Yamaha usado que compré por cuatrocientos dólares cuando tenía diez años. Lo compré con dinero ganado por mi actuación en el Festival Shakespeare de Stratford. Y es irónico, pero se trata del mismo teclado que menciono en mi diario, de cuando tenía quince años. Pensé venderlo por trescientos dólares con el fin de usar el dinero para visitar a unos chicos lindos que acababa de conocer. Gracias a Dios que no lo hice.

Cuando Justin tenía dos años, le compré una batería de juguete. Sin lecciones ni instrucciones, tomó las baquetas y empezó a tocar. Tocó durante una hora. Mis amigos y yo nos quedamos mirándolo, sorprendidos, porque el pequeñito con pelo revuelto y la camiseta manchada con salsa del almuerzo tocaba con ritmo perfecto. Con su típica sonrisa, Justin movía la cabecita, arriba y abajo, siguiendo el ritmo. Le gustaba tanto la batería que cuando cumplió cuatro años le compré un *djembe*, un tambor africano con piel de cabra que produce un sonido diferente.

Para esa época Justin ya tocaba ritmos complicados y podía seguirnos sin problemas cuando cantábamos con mis amigos. Era tan bueno tocando la batería que lo llevé a que tomara lecciones. Jamás olvidaré el día en que lo llevé al estudio de música por primera vez. Entramos a la clase por una puerta de vidrio. En un rincón, había una batería brillante. Su maestro, Lee Weber, estaba de espaldas arreglando unos papeles sobre el escritorio que estaba en el otro extremo del salón.

—Hola, señor Weber —dije—. Aquí está Justin Bieber para su primera lección.

Todavía de espaldas a nosotros, dijo que aguardáramos un minuto. Yo esperaba que ese minuto no durara mucho. ¿Esperando sentado y quieto? Eso no era con Justin.

Antes de sentarnos siquiera, se fue derecho hacia la batería.

—¡Justin! —grité, cuando de un salto se sentó en la banqueta y tomó las baquetas.

El señor Weber, que seguía con los papeles, me oyó y sin levantar la vista, dijo:

—Está bien. Déjelo tocar.

Apuesto a que esperaba oír los torpes ruidos que podía hacer un chico de cuatro años, que toma la batería como juguete.

Justin empezó a hacer lo suyo. Y mientras producía ritmos complejos, empezó a acercarse gente. Eran estudiantes de distintas edades que se agolpaban junto a la puerta abierta tratando de ver quién estaba tocando. Cuando dio el redoble final, el maestro había dejado los papeles y se había acercado a mí. Estaba boquiabierto. Los chicos que estaban afuera enloquecieron y uno de ellos le dijo con voz chillona al señor Weber:

—¡Ese chico es una maravilla! Si aprendió de usted, yo quiero ser su alumno también.

El señor Weber negó con la cabeza y levantó las manos incrédulo.

—Es su primer día. Ni siquiera ha tomado una lección conmigo. ¡Es él solo!

Después de algunas lecciones con su primer maestro, Justin tomó clases durante unos seis años y aprendió con distintos músicos muy conocidos en nuestra área, como Wayne Brown, Mike Woods y un maestro al que llamábamos «DLG». Cuando tenía nueve años, más o menos, recibió su primera batería de verdad. Aunque Justin ya había tenido baterías y tambores de distinto tipo, comprados en ventas de garaje a lo largo de los años, los jóvenes del pueblo decidieron que querían regalarle una batería nueva. Amaban a mi hijo y creían en él al punto de que querían que tuviera un instrumento que reflejara su talento.

Mis buenos amigos Nathan McKay y Leighton Soltys organizaron un recital benéfico de todo el día en la comunidad. Invitaron a vendedores, talentos musicales y distintos artistas para que participaran sin cobrar. La gente donaría lo que pudiera y todo lo recaudado sería para comprarle a Justin la mejor batería marca Pearl. Quedó tanto dinero de las generosas donaciones que lo que sobró se utilizó para seis meses de lecciones. Fue un gesto (y un día) que jamás olvidaré.

Justin aprendía visualmente. Veía a alguien tocar cualquier cosa y al instante podía imitarlo, fuera que tocara la guitarra o acordes en un teclado. Y lo hacía de oído. Podía escuchar una canción y lograba reproducir la melodía, el ritmo y la armonía, nota por nota sin equivocarse. Absorbía música todos los domingos en la iglesia durante el servicio. Mientras tocaba la banda, Justin se sentaba en los escalones del escenario, fascinado mientras miraba a cada uno de los que tocaban. Sus ojos iban del teclado a la batería y de allí a la guitarra para registrar mentalmente los secretos de cada instrumento, de cada músico que producía melodías bellas y armoniosas.

A Justin le encantaba especialmente experimentar con diferentes instrumentos. Cuando venían mis amigos, Justin se divertía muchísimo. Casi siempre llevaba el ritmo con su batería o el *djembe*. Siempre tuvimos instrumentos en el apartamento, los que nos regalaban nuestros amigos, por lo que Justin jugaba y practicaba todo el tiempo. Nos sorprendía con casi todo lo que intentaba. Incluso empezó a escribir canciones cuando tenía seis años.

La música era una salida, una forma creativa en qué ocupar el tiempo y divertirnos. Y aunque alentaba a Justin a desarrollar su talento natural, jamás lo obligué a hacerlo. Me sentía orgullosa de su talento y su capacidad, pero me cuidé de no presionarlo para que estudiara música. Siempre le dejé decidir qué era lo que quería aprender. Y si quería tocar un instrumento, se lo conseguía. Si luego pedía tomar lecciones, conseguía el dinero para que pudiera hacerlo.

Aunque era tan bueno para la música, no fue ese su primer amor. Había algo que a Justin le gustaba más: los deportes. Aunque la música era su pasatiempo y su diversión, los deportes eran su vida. Mi pequeño se destacaba en todos los que practicara. Podría decirse que aprendió a patinar antes que a caminar. Desde que tenía cinco años, formaba parte del equipo estelar de fútbol y hockey, cada año. Y cuando empezó con los deportes, si le preguntaba lo que quería ser cuando fuera mayor, respondía siempre lo mismo: «Jugador profesional de hockey o fútbol».

El amor de Justin por la música y el deporte era una conjunción interesante. Era atlético y artístico. Podía ser agresivo, competitivo como delantero, dominando el hielo, los patines, encerrando en círculos a sus ponentes, para luego exhibir su talento natural como músico con carisma natural, sin problemas.

Mi hijo no solo era bueno para los deportes y la música. Sabía hacer muchas otras cosas: andar en su patineta, resolver un cubo de Rubik en menos de dos minutos y hasta hacer malabares. Ganó campeonatos regionales de ajedrez y torneos de golf para menores. Debo disculparme por hablar como mamá orgullosa, pero me fascinaban todos los talentos que Justin iba mostrando. Era competitivo, brillante, con excelente coordinación. El chico podía hacerlo todo.

Era importante invertir mi tiempo en la vida de Justin, sobre todo porque era madre soltera. Tuve muchas oportunidades de trabajar en una fábrica por las tardes y noches, pero nunca consideré concretar esa idea. Porque prefería tener empleos de medio tiempo en distintos lugares, como Zellers, mientras Justin estaba en la escuela. Así podía estar en casa cuando llegara. Claro que habría ganado mucho más en caso de ocupar esas horas en algún trabajo, cuando Justin estaba en casa. Pero no valía la pena. No iba a sacrificar mi tiempo con él por ningún dinero. Además, me encantaba estar con él. Era mi pequeño compinche.

La fe siempre fue importante en nuestro hogar. Íbamos a la iglesia los domingos y al estudio bíblico o al grupo de jóvenes una vez a la semana. También fui su maestra en la escuela dominical. Oraba con Justin todas las noches. Teníamos una rutina a la hora de ir a la cama: yo lo arropaba y lo ponía cómodo, orábamos juntos y hablábamos de todo. A veces, esas sesiones de quince minutos se convertían en horas, horas para fortalecer nuestro vínculo. Era nuestro tiempo de calidad que pasábamos juntos. La forma en que nos conectábamos. Y era en esos momentos en que más nos reíamos. Las noches en que nos acostábamos más tarde, quedábamos muy cansados y nos reíamos por cualquier cosa, así fueran las más tontas. Son recuerdos que atesoro. Justin y yo seguimos hablando de todo eso, incluso hoy.

En 1997, la organización *Nations in Bloom* nombró a Stratford como la ciudad más linda del mundo. Es justo, porque tiene parques bellísimos. Justin y yo prácticamente vivíamos en el parque Queens en los meses de primavera y verano. Dábamos largos paseos junto al río Avon, admirando las antiguas mansiones victorianas a sus orillas.

Nos perseguíamos por los senderos de piedra flanqueados por sauces llorones, y corríamos sobre los pintorescos puentes peatonales. Alimentábamos a los blancos y bellos cisnes del lago. Vi a Justin andar en patines por primera vez sobre los senderos de los prolijos jardines. Y si teníamos hambre, disfrutábamos de un picnic en la pequeñísima isla que había del otro lado de uno de los puentes. Justin siempre me pedía que fuéramos a remar, pero yo no podía pagarlo. Miraba con tristeza los botes y me sentía terriblemente mal por no poder darle ese gusto a mi hijo.

En el área del parque había dos de los teatros de la ciudad, de modo que en la temporada del Festival Shakespeare, cada año Justin y yo formábamos parte de la multitud que se reunía allí para ver a la gente. Como yo había participado del festival siendo niña, estar en ese lugar con Justin era muy especial para mí. Me traía recuerdos. Gratos recuerdos. Memorias de cuando me vestían con trajes elaborados y yo actuaba con el corazón ante miles de espectadores. Eran recuerdos de mí misma como niña feliz, en un lugar feliz.

Cuando Justin rondaba los seis años y nos mudamos a lo que sería nuestro último apartamento en Stratford, busqué un empleo más estable para poder mantenernos y ganar un poco más. Le pedí consejo a mi amigo Mike (el que me ayudó con el pago de la guardería de Justin). Como yo era bastante buena con las computadoras, y además era creativa, me sugirió que pensara en diseñar sitios de Internet.

Me gustaba una escuela en particular, pero no podía pagarla. Me enteré de que había un programa de becas del gobierno que costearía mis estudios si una empresa me garantizaba un empleo al graduarme. Era algo contradictorio. Porque tenía que encontrar un empleo primero, pero nadie iba a contratarme si no me había capacitado. Y no podía capacitarme si no tenía empleo. Se veía como un plan un tanto imposible, por lo que dejé por un tiempo de pensar en las becas, hasta que lo olvidé por completo.

Como no estaba segura de cuál era el área de computación que quería aprender, decidí que iba a investigar un poco. Estaba resuelta. Llamé a algunos negocios y empresas de la localidad para que me dieran información acerca de su compañía y también sobre la computación en general. No era que estuviera esperando un empleo. Solo intentaba abrir algunas puertas.

Usé el mismo guión en todos los casos y llamé a una compañía tras otra. Decía con voz vivaz: «Hola, me llamo Pattie Mallette y estoy interesada en saber más sobre computación. ¿Tendrá unos minutos para responder algunas preguntas que tengo sobre distintas opciones en ese campo?». Todas las llamadas, excepto una, terminaron en un: «No, estoy ocupado». *Click*.

Mi última llamada fue la que hice a Blackcreek Technologies, una consultora especializada en ventas, redes y soluciones de computación y que además ofrecía capacitación. Para ese momento, mis expectativas estaban por el suelo. Pero después de mi discurso, me pasaron con un hombre llamado Bill. Era el propietario. Me dijo que fuera a verlo al día siguiente. Al colgar el auricular, me sentí como en una nube. Era una sorpresa agradable, pero por cierto, inesperada.

Cuando conocí a Bill, le acompañaba un diseñador de sitios de Internet, para que respondiera algunas preguntas específicas. Yo estaba un poco nerviosa al principio, pero les pregunté muchísimas cosas. Quería saber todo lo posible sobre qué aprender en el campo de la computación, para encontrar lo que mejor me conviniera. Necesitaba un buen empleo, estable y a largo plazo que me ayudara a proveer para Justin y para mí. El campo que me pudiera ofrecer tal estabilidad sería el que determinara qué tipo de cursos tomaría, si lograba conseguir el dinero para poder estudiar. De una forma u otra iba a encontrar cómo seguir estudiando, aunque tuviera que endeudarme.

Francamente, jamás se me ocurrió pedirle empleo a Blackcreek. Ni siquiera se me cruzó por la mente ya que no tenía ninguna experiencia. Me entusiasmó que me hubieran dado la oportunidad de informarme sobre el tema, en especial porque después de hablar con Bill y su colega (y de pensar en los consejos de Mike) decidí que estudiaría diseño gráfico de sitios electrónicos.

Pocos días después de haber estado en Blackcreek, me llamó una señora encargada del programa de becas. Imagina mi sorpresa cuando dijo: «Blackcreek quiere ayudarte. Quieren que participes del programa y te ofrecen un empleo». Me sentí honrada, orgullosa. Era mi oportunidad de invertir en mi futuro.

En el 2002 obtuve mi diploma como diseñadora gráfica de sitios de Internet, al terminar mis estudios preuniversitarios en Conestoga. Y me sumé al equipo de Blackcreek. Además del diseño gráfico para la compañía y de atender la recepción cuando hacía falta, también ayudaba a los instructores en las clases de computación. Si la empresa necesitaba que alguien enseñara en cursos básicos como «Introducción al correo electrónico», o manejo básico de programas de Microsoft, allí estaba yo. Viajaba a distintas escuelas, centros de la tercera edad y hasta a casas particulares, atendiendo consultas. Años después, por reestructuración de la compañía, dejé de trabajar allí. Pero mis superiores creían en mí lo suficiente como para invertir en mi futuro. Sabían que quería iniciar mi propia empresa de diseño gráfico, por lo que me dieron una computadora para ayudarme. Cada vez que tenían demasiados pedidos y como su personal era poco, me pasaban sus clientes para que yo pudiera ampliar mi negocio y seguir dando clases en cursos de computación. Estaba agradecida por su apoyo.

Aunque trabajaba a tiempo completo, pasaba mucho tiempo con Justin cuando llegaba de la escuela. Si no estábamos en las prácticas de fútbol o hockey, pasábamos momentos sentados en la vieja alfombra amarilla de nuestra sala con juegos de mesa o ejecutando música.

Nos encantaba la improvisación y salir de paseo a cualquier parte. Era nuestro vínculo especial. Nos subíamos a mi viejo auto de setecientos dólares, un Oldsmobile Cutlass Supreme de la década de 1980, y emprendíamos una aventura. Con las ventanas abiertas, yo conducía largos tramos de autopista mientras el estéreo sonaba a todo volumen, y discutíamos sobre qué estación de radio queríamos escuchar. Era una lucha de poderes. Yo elegía una estación de radio y Justin protestaba y volvía a poner otra, de música pop. Era una batalla divertida, como la de Faith Hill y Nelly.

Había un solo género musical en el que concordábamos: R&B [ritmo y blue]. Cuando estaba embarazada y también cuando Justin era pequeño, solía escuchar al grupo Boyz II Men todo el tiempo. Justin se hizo fanático de esa banda. Escuchaba a Boyz II Men una y otra vez, memorizando cada palabra, imitando sus movimientos. Hoy, Justin dice que esa banda lo inspiró y le enseñó a cantar.

A menudo íbamos a visitar a mis amigos en Toronto, a una hora y media en auto. Nos encantaba caminar por el centro, escuchando a los músicos callejeros. En cada uno de esos viajes, mi amigo

Nathan nos acompañaba. No conocíamos las calles de Toronto tan bien como las de nuestra ciudad, por lo que siempre me sentí más segura cuando Nathan estaba con nosotros.

Recuerdo nuestro primer viaje, cuando Justin tenía seis años. Llevó su *djembe*, listo para tocarlo con uno de mis amigos más tarde. Mientras caminábamos por la ciudad, yo no podía dejar de mirar la carita de Justin, que se iluminaba al ver tantas cosas nuevas, al oír las bocinas, el ruido de los autobuses, la gente que iba y venía. Alzaba la mirada al ver los rascacielos, asombrado por lo altos que eran. Allí probó lo que era tocar frente a una multitud por primera vez. Nos detuvimos para escuchar a un músico callejero y Justin se sentó junto a él durante unos minutos, siguiendo perfectamente el ritmo con su *djembe*. No estuvo allí mucho tiempo. Pero ese momentito bastó para crear en Justin el deseo de volver a la ciudad, solo por poder tocar su música en las calles.

En efecto, al poco tiempo Justin preguntó si podíamos volver a ir a Toronto para tocar. Por supuesto que podíamos. Fuimos en auto a la ciudad, repitiendo la pelea sobre las estaciones de radio, como siempre. Y mientras caminábamos por el centro vimos la cabina del *Rincón del orador*, más adelante. Era como una de esas antiguas cabinas donde antes se vendían boletos para el subterráneo o el autobús. Por unos pocos dólares, te daban unos minutos para hablar, cantar, bailar o hacer lo que quisieras, siempre que fuese legal y no vulgar. En el programa de televisión del mismo nombre, aparecen algunos videos muy entretenidos, los mejores.

Se reunían allí toda clase de personas. Grupos de amigos que habían tomado un poquito de más, y que tropezaban ante la cámara y cantaban con voz ronca «Sweet Caroline» o «The Gambler». Ambientalistas que hablaban de lo importante que es reciclar. Activistas políticos que protestaban contra una nueva ley recién promulgada.

En eso, se me ocurrió algo. Le pregunté a Justin si quería cantar y tocar su *djembe* ante la cámara de televisión. Sonrió de oreja a oreja: «¡Sí!», dijo muy entusiasmado. Apenas se oyó la señal de que la cámara empezaba a filmar, Justin empezó a tocar su tambor. Miraba directo a la cámara y cantaba al ritmo de sus redobles. «Me llamo Justin», *tan, tan, tan,* «y tengo seis años», *tan, tan, tan.* A los dos minutos, un grupo de personas se había reunido para mirarlo. Se daban suaves codazos y susurraban cosas sobre ese pequeñito tan asombroso. Justin casi no se dio cuenta de la atención que atraía. Estaba muy concentrado.

Cuando la cámara terminó de grabar, Justin se bajó de la cabina y siguió con su miniconcierto frente a un público que se iba haciendo más numeroso. Como había visto a los músicos callejeros, sabía lo que tenía que hacer. Se sacó su gorra de béisbol y la puso en el piso delante de él, mientras seguía cantando y tocando.

Tengo que ser sincera: aunque era divertido y entretenido, me dio un poco de vergüenza. Sé que es práctica común en las calles del centro de Toronto pero, en general, a muchas personas no les parecía bien. Pensaban que era como mendigar, lo que por cierto no era algo que una madre debía enseñarle a su hijo, y menos algo para alentar en un niño. No hice caso a todo eso porque no me importaba lo que pensaran. Ver a Justin con su *djembe* me hacía reír, así que simplemente disfruté de esa primera vez en que mi hijo tocó música en la calle por propinas. Sería la primera, pero no la última.

Quiero dejar algo en claro. Nunca mandé a Justin a tocar en la calle por propinas. Él ni siquiera entendía de qué se trataba. Lo que buscaba era entretener a la gente. Y si lo que hacía, inspiraba en algunos la idea de donarle unos pocos dólares, era algo extra. Me encantaba pasar tiempo con Justin de ese modo porque su pureza e inocencia inundaban su actuación. Era divertido. A él le encantaba. Y a mí, me fascinaba verlo. Nos reíamos cuando olvidaba alguna palabra de una canción. Entonces, alentaba a su público a que cantara con él.

Justin quería tocar «por propinas» todo el tiempo. Aunque no podíamos ir todas las semanas hasta Toronto dado que no teníamos dinero para el combustible o no nos alcanzaba el tiempo, pasamos muchas tardes y noches en el centro de Stratford, donde las artes también son bienvenidas. Nos encantaba estar en el centro de la ciudad. Merece una postal. Antiguos edificios históricos que se alternan con modernas tiendas y cafeterías. Y sobre la ciudad, enorme y con una arquitectura muy singular, el palacio de justicia es uno de los más magníficos en toda la provincia.

El Teatro Avon, donde Justin prefería ir a tocar «por propinas» está precisamente en el centro y todas las noches hay muchísima gente allí. Son gente de la ciudad, y también turistas, que van a ver obras como *Enrique V* y *Romeo y Julieta*. Justin se sentaba en la escalinata del teatro, tocando su guitarra, demasiado grande para él, y cantando con el corazón. Su dulce y potente voz llegaba hasta la cuadra siguiente y la gente sentía curiosidad por ver de dónde provenía la música. Siempre sucedía lo mismo: se reunía una multitud y en el estuche de su guitarra, abierto frente a él, caían pilas de billetes de un dólar, a veces de cinco y hasta de veinte.

Oí decir a alguien que cantar «por propinas» sin permiso municipal era ilegal. Supongo que como Justin era un niño, nadie le hizo problemas. Y el Teatro Avon no era el único lugar donde tocaba. Íbamos también a otras partes, respetando a los músicos callejeros que ya habían marcado su territorio y buscando un lugar vacío en otra cuadra.

Algunos de los músicos callejeros se enojaban con Justin. De hecho, un músico mayor, al descubrir que el lugar que Justin frecuentaba era el mismo que él eligió, se enojó innecesariamente con mi hijo. Para castigarlo por «robarle su espacio», el tipo tomó un puñado de billetes del estuche de la guitarra de Justin y salió corriendo. Algunos hombres que estaban allí lo persiguieron y atraparon antes de que pudiera escapar. Además, lo reprendieron con firmeza y en todos los colores posibles por quitarle el dinero a un niño.

Como Justin era pequeño (y extremadamente talentoso, por supuesto), la gente era más generosa con él que con los músicos mayores. Le dejaban billetes de diez y hasta de veinte dólares. Creo que ganó miles de dólares tocando música en las calles. En un solo verano, ganó lo suficiente como para que pudiéramos ir de vacaciones a Disney World. Nunca habíamos salido de vacaciones, así que cuando Justin sugirió que usáramos el dinero para hacer ese viaje, quedé fascinada y emocionada. ¡Claro que dije que sí!

Me gustaba mucho ver a Justin cuando actuaba. Durante dos horas aproximadamente, cantaba todo tipo de canciones: de adoración, pop, canciones que había inventado ese día o incluso en el momento. Cantaba confiado, en voz alta, como si hubiera actuado toda su vida. Era fascinante ver que la multitud quedaba hipnotizada observando a mi hijo. Me sentía tan orgullosa.

Justin me pidió que fuéramos más seguido a Toronto. Allí, caminábamos por las calles, Justin con su *djembe* y su guitarra bajo el brazo. Se sentía en la gloria actuando frente a grupos de extraños. Tenía una energía juguetona que atraía a la gente de cualquier edad. Los músicos callejeros de veintitantos años meneaban la cabeza al ver a ese genio musical en miniatura. Pasaban por allí con sus ropas hechas trizas y su cabello grasiento y le dejaban algunos billetes. Muchas veces, hasta le daban el único que tenían; además, le hacían prometer que seguiría tocando su música y que nunca se rendiría.

Uno de mis recuerdos favoritos es el de un viaje que hicimos a Toronto cuando Justin tenía nueve años. Caminábamos por el centro con nuestro fiel escolta Nathan, cuando algo captó la atención de Justin en una esquina. Allí, en la calle, había dos baterías. En medio de los dos instrumentos había un balde con dos pares de baquetas y un cartel con grandes letras que decía: «Pague dos dólares y toque la batería con nosotros». Dos músicos de unos veintitantos años conversaban con alguien que acababa de echar dos dólares en el balde. Cuando el hombre empezó a tocar la batería con uno de los músicos, a Justin se le abrieron los ojos mucho más. Enseguida supe lo que iba a pasar.

Cuando el hombre terminó, Justin tiró de mi manga: «Mami, ¿puedo tocar con ellos? ¿Por favor? Usaré mi dinero». ¿Cómo decirle que no?

Justin prácticamente tiró su guitarra y su *djembe*. Echó dos dólares en el balde y tomó un par de baquetas. Uno de los músicos se le acercó y le pasó la mano por el cabello diciéndole: «Hola, pequeño, ¿qué tal?». Supongo que, como el maestro Weber, el hombre suponía que Justin iba a golpear esa cosa sin ton ni son. El otro músico estaba más o menos a un metro, fumando un cigarrillo y sonriendo, apoyado en un poste de luz. Nos saludó con la mano.

Justin y el otro se sentaron en las banquetas. Justin se veía impaciente, con las baquetas en la mano y su piecito marcando el ritmo sobre la acera, anticipando lo que haría.

«¿Estás listo, amiguito?», preguntó el baterista. «Aquí vamos. Uno, dos, uno, dos tres...».

El tipo empezó a tocar un ritmo. Mi hijo se unió a la improvisación, dándole color y complementando su ritmo. Era muy impresionante, otro despliegue del impecable ritmo musical de Justin.

El músico no podía creerlo. Meneaba la cabeza y decía: «¡Santo gorro!» (bueno, no exactamente gorro sino una palabra de otro tono). Al fin vio que Justin era muy bueno y empezó a seguirlo. Los dos tocaron, contagiándose ritmos que uno no podía sino seguir con los pies. La cacofonía de las calles de Toronto no podía con esos dos bateristas. Era como si toda la cuadra se hubiese callado para que un pequeño y un joven músico pudieran contra todo, con una batería bastante vieja.

El otro músico, que había estado descansando, empezó a seguirlos: «Sí, amigo», gritó, y se palmeaba los muslos al ritmo de las baterías. Entonces, tomó el balde vacío y sacó un par de baquetas de los bolsillos traseros de sus jeans. Arrodillado sobre la acera, empezó a darle al balde de plástico, sumando un sonido muy particular a las baterías.

Los tres tocaban maravillosamente. Las baquetas volaban tan rápido que parecían invisibles. El ritmo era impecable. La energía, palpable. Ya no se trataba de una función callejera. Los tres músicos ya no tocaban solo por conseguir unos dólares. Las baquetas se habían convertido en parte de sus manos. Justin estaba completamente absorto en el ritmo. Lo miré y sonreí. Se divertía como nunca. Justin estaba en su ambiente.

A medida que llegaba más y más gente a verlos, el trío les contagiaba su energía. Allí, de pie, ya casi no podía moverme porque todos acompañaban el ritmo con las manos, con las cabezas. Nadie tenía prisa, algo extraño en una gran ciudad. Era como si cada uno tuviera todo el tiempo del mundo.

Y cuando pensaba que esa era la mejor actuación, el tipo que golpeaba el balde se subió de un salto al poste de luz y empezó a darle con las baquetas. Sigo con ese sonido grabado en mi mente: *Tink, toc, tink, toc, tink-tink-tink, toc.* Justin se quedó mirando el balde solitario en la acera y, en medio de la actuación, dejó la batería para darle con sus baquetas.

Se le iluminó la cara. Jamás había tocado un balde, pero no tuvo problema en seguir tocando y crear sus propios ritmos.

La gente los animaba y en ese momento un grupo de adolescentes despejó un espacio en medio de la muchedumbre. Empezaron a hacer *breakdance*, dando vueltas como trompos y saltando como si fueran de goma. Justin tocaba el balde, pero no podía dejar de mirar a los que bailaban. Dejó las baquetas sobre el piso y fue hacia el círculo de bailarines. Se sacó el suéter mientras caminaba, y la gente gritó: «¡Ohhhh!» *No puede ser...*

Justin hizo alarde de algunos movimientos que acababa de aprender con mi amigo Nathan. Un artista natural, alentó a los jóvenes que lo rodeaban, echando las manitos al aire y preguntándoles si querían más. La multitud gritaba y silbaba.

Después de unos minutos, vi que Justin se había cansado. Su período de atención llegaba a su fin. Justin me miró y asintió con la cabeza. Supe entonces que era hora de irnos. Había tanta actividad en ese momento, con las baterías, el ritmo, el baile, que nos resultó fácil salir de allí sin que casi nadie lo advirtiera. A Justin le brillaban los ojos. Casi podía oír cómo latía su corazón bajo su camiseta empapada. «Mami, ¡fue genial!», exclamó, con las mejillas coloradas por tanta adrenalina corriendo por sus venas.

Cuando nos estábamos alejando de la muchedumbre, dos hombres mayores, con aspecto zaparrastroso nos gritaron algo. Llevaban varias capas de ropas que no combinaban, llenas de agujeros y bastante sucias, como las barbas ralas y largas que no se habían afeitado en meses quizá. Parecían personas sin hogar. Se hicieron oír por sobre el ruido: «Le dimos dos dólares al chico. Era todo lo que teníamos. ¡Fue genial!». Me sentí conmovida. Sabía que era dinero que habían obtenido mendigando.

Uno de ellos señaló la guitarra que Justin se acababa de colgar al hombro. «¿Sabes tocar?», dijo.

Justin y yo asentimos, mientras seguíamos avanzando entre la multitud. Tomé la mano de Justin con más fuerza y me aferré a la manga de Nathan.

Los dos hombres nos seguían. Y uno de ellos volvió a gritar: «¿Podemos oír cómo tocas?». Justin asintió y les hicimos señas para que nos siguieran. Si Nathan no hubiera estado con nosotros, ni se me habría ocurrido consentir su pedido. No era algo que quisiera formar como hábito.

Los cinco avanzamos hacia la esquina y seguíamos oyendo la distante melodía de las baterías, el balde y el poste de luz. Justin se sentó en la acera y con cuidado acomodó la guitarra sobre su regazo. Los dos hombres sonreían, felices. Olían como si no se hubieran bañado en muchos días. A Justin no pareció importarle su olor, ni su ropa sucia. Estaba contento por darles la oportunidad de sonreír.

Los hombres se agacharon en la calle vacía, frente a Justin, ansiosos por oír su concierto privado. Justin tocó todos los acordes de una canción que cantábamos en la iglesia. Me sorprendió que de todas las canciones que pudo haber elegido, desde un rock hasta una tonada de _soul_, eligiera esa en particular. Con una pasión diferente a la que mostró cuando tocaba la batería y el balde, minutos antes, empezó a cantar «Olas de gracia», desde lo más profundo de su corazón.

> Los muros son altos, los muros son fuertes
> He estado encerrado en este castillo
> Que construí, durante demasiado tiempo
> Me has rodeado, con un mar de cada lado
> Se forman grietas y no tengo dónde esconderme
>
> Ahora veo
> Que los muros que levanté están cayendo
> Y que tus olas de gracia me bañan
> Señor, te pido que reines en cada parte de mi vida
> Te doy mi vida a ti y abro mi corazón
> Quiero ser como tú, quiero buscar tu rostro
> Oh, Señor, por favor, báñame en tus maravillosas olas de gracia

Mientras mi hijo cantaba, observé a esos dos hombres endurecidos, gente con tantos problemas que les hicieron acabar en la calle. No conocía sus historias. No sabía cómo habían llegado allí. Solo supe que algo de la canción les llegó a lo más profundo. Vi que a uno se le llenaban los ojos de lágrimas. Sentía vergüenza por mostrar sus sentimientos y se alejó, para que no pudiéramos verle llorar. Su compañero también sollozaba, aunque no parecía importarle hacerlo en público. Se me partió el corazón al verlos a ambos. Me conmovió que se mostraran tan vulnerables.

Cuando Justin terminó de tocar, levantó la mirada y vi que tenía los ojos llenos de lágrimas. Se le quebró la voz cuando dijo:

—Jesús les ama muchísimo.

Los hombres asintieron:

—Lo sabemos, pequeño. Lo sabemos.

Mi hijo entonces corrió unos metros hasta un puesto y les compró algo de comer con lo que había ganado tocando en la calle. Cuando los abrazó al despedirse, les dijo:

—Dios los bendiga.

Mientras volvíamos a casa en el auto, Justin lloraba: «¿Por qué no podemos llevarlos a casa, mami? No quiero que vivan en la calle», rogaba con enormes lágrimas rodando por sus mejillas.

Rodeé con el brazo a mi pequeño mientras mi corazón se derretía al ver lo compasivo que era. Me sentía orgullosa de él, pero no solo de su talento, sino del carácter que empezaba a tomar forma en su corazón.

Por ocupada y comprometida que estuviera como madre, seguía luchando con la depresión que sufría desde mi adolescencia y contra la extrema ansiedad que apareció cuando tenía más o menos veintiún años. En un momento, mi diagnóstico fue de estrés postraumático causado por tantas cosas horribles que viví cuando era más joven.

En particular, cuando Justin tenía entre nueve y doce años, hubo períodos en que me sentía tan deprimida que tenía que obligarme a dejar el sillón para jugar en la mesa con él. Despertar era una tarea de titanes. Oh... lo que habría dado por dormir todo el día. Tenía que levantarme, armarme de nuevo y seguir adelante, como pudiera. Había días mejores que otros.

Sufría de ansiedad, la que me debilitaba, y a veces hasta me producía dolores en el pecho y la garganta. Recuerdo muchísimas ocasiones en que me colocaba en posición fetal y me mecía de adelante hacia atrás, clamando a Dios y rogándole que me quitara la ansiedad.

Probé con muchos medicamentos para encontrar el remedio más efectivo, pero todo eso produjo un desequilibrio en mis niveles de serotonina. En un periodo de unos doce años tal vez probé unas sesenta medicinas para ver cuál trabajaría mejor. Ninguna resultó como yo lo esperaba.

Cada vez que iba por una nueva prescripción, abrigaba esperanzas de curarme. Que ese sería el remedio que curaría mi ansiedad. Que me aliviaría mi depresión. Que me haría mejor persona, una nueva, con más energía y menos ansiedad debilitante. Que quitaría esa nube que flotaba sobre mi cabeza. Aunque algunos remedios ayudaban durante un tiempo, ninguno resultó a largo plazo. En mi caso, no había tal cosa como una píldora mágica.

A pesar de cómo me sentía, sabía cuáles eran mis prioridades. Proveía. Estaba allí cada vez que Justin me necesitaba. Limpiaba. Cocinaba (bueno, si contamos los macarrones con queso). La poca energía que tenía se iba toda en cuidar a Justin. Me aferré a mi fe durante ese tiempo, por lo que tomaba fuerzas y coraje de Dios. De hecho, creo de veras que algunos de mis momentos de fe más profundos son de esa época. Pero no fue fácil.

Doce

—Mami, hay un concurso de canto y yo quiero ir a intentarlo.

Justin, con sus doce años, acababa de volver de la escuela, dejando su enorme mochila sobre la vieja alfombra amarilla de la sala. Odiaba esa alfombra, pero por ciento cuarenta dólares de alquiler al mes, ¿qué podía esperar? ¿Pisos de mármol?

De inmediato noté que Justin seguía con las botas puestas, dejando un largo rastro de nieve derretida desde la puerta de entrada hasta la cocina, donde estaba parado. *Se lo he dicho miles de veces.*

—Hooolaaaaa.

Y chasqueó sus dedos delante de mi cara, tratando de captar mi atención.

—¿Qué te parece? ¿Puedo ir o no?

¿Una audición? ¿De qué me está hablando este chico? ¿De fútbol? No, espera... dijo algo acerca de cantar, creo.

—Cuéntame —le dije.

Justin se sentó de un salto en la silla contigua a la mía, jugueteando con los papeles que cubrían la mesa. Un pececito habría tenido espacio para nadar en el charco de nieve derretida que chorreaba de sus botas.

—Se llama Stratford Star. Es como *American Idol*. Cuando pasas las audiciones cantas cada semana, junto a otros chicos y entonces el jurado vota o no por ti, hasta que queden solo tres.

Parecía algo para chicos mayores. Justin ni siquiera era adolescente.

—¿Qué edad hay que tener?

—De doce a dieciocho.

Oh. Es un margen amplio. No podía imaginarme a uno de doce compitiendo contra otro de dieciocho. Son seis años de más capacitación, más experiencia, más destreza. Me sorprendía que Justin pensara siquiera en ir a la audición. Aparte de cantar «por propinas» en las calles de Stratford y Toronto, solo por divertirse, nunca había actuado ante el público y, por cierto, jamás en un escenario frente a gente que juzgaría su desempeño. Eso, sumado al hecho de que aunque yo sabía que tenía una excelente voz y talento natural, jamás había tomado una clase de canto en toda su vida.

Tenía mis reservas, pero al ver su entusiasmo y observar que Justin moría por oírme decir que sí, decidí que le daría mi bendición, pero no antes de darle unas palabras de advertencia. No quería lanzar a mi hijo a los lobos, ni mandarlo al fracaso seguro.

—Justin, escúchame. Creo en ti y sé que puedes hacer lo que sea. Tienes talento e inteligencia. Lo que decidas hacer, sé que será un éxito. Solo quiero que estés al tanto de algunas realidades.

Y con eso, le hablé un poco acerca de cómo había sido mi participación en las artes dramáticas cuando era pequeña.

—No sé cuántas veces estuve en audiciones para obras de la escuela y hasta de la comunidad. Ponía cuerpo y alma en esas audiciones. Muchas veces, aunque creía con todo el corazón que me darían el papel que quería, si no me lo daban, me sentía devastada. Me rompía el corazón.

Justin asintió, convencido. Se levantó de la silla de otro salto.

—Es solo una audición —continué—. Lo logres o no, no tendrá que ver con la persona que eres ni con tu talento.

Aunque Justin me miraba fijo a los ojos y sabía que me estaba prestando atención, estaba segura de que por dentro ponía los ojos en blanco. *Sí, claro, sí, mami... ya lo sé. Si no gano, ¿qué importa? Bla, bla, bla...*

No iba a decir que sí antes de terminar.

—Y algo más. Tienes que recordar que compites con gente mucho mayor que tú, hasta seis años. Es una diferencia muy grande, amor. Estoy segura de que los concursantes y, en especial los más adultos, lo han estado haciendo ya durante un tiempo. Quizá no sea su primera vez. Estoy convencida de que han estudiado y tienen más experiencia y mucha práctica; más que tú. Lo entiendes, ¿verdad?

Justin estaba impaciente, anticipando mi respuesta.

—¿Quiere decir eso que sí, mami?

Sonreí.

—Sí, Justin. Puedes intentarlo.

—¡Sí! —dijo, poniendo énfasis con el puño como Tiger Woods.

Pero faltaba algo.

—Hay una cosa más.

Esta vez, Justin gruñó, molesto.

—Vas a dar lo mejor de ti y lo harás maravillosamente. No te preocupes. Si no lo logras conseguiremos lecciones de canto, practicarás muchísimo, ¡y el año que viene ganarás!

Justin se fue a encontrarse con sus amigos. Hice una llamada telefónica para averiguar un poco más y me dijeron que las audiciones comenzarían el 19 de diciembre. Faltaban menos de dos semanas.

Hasta el día anterior a su primera audición, preparé a Justin lo mejor que pude. Sin embargo, hay una delgada línea entre alentar a tu hijo y hacerle ver la realidad. A veces la línea es casi invisible. Tenía toda mi fe puesta en Justin. Obviamente, le salía talento por los poros. Pero no estaba segura de que pudiera contra chicos más grandes que pasaban cientos de horas practicando para ese momento. Apenas teníamos dos semanas para ensayar. Y lo hicimos intensamente. Les pedí a mis amigos músicos, que amaban a Justin y creían en él, que nos ayudaran como pudieran. Aunque mi hijo poseía talento natural, tendría mucho que aprender. Así que todos los días, después de la escuela, él y yo íbamos a practicar en el centro para jóvenes (no el del Búnker), un lugar para adolescentes de la comunidad que abría sus puertas a cualquier futuro concursante que quisiera usar su equipo de sonido y el aparato de karaoke.

Justin no era el único que se preparaba para las audiciones. Casi todos los que pensaban presentarse aprovechaban la oportunidad. A las cuatro de la tarde el lugar estaba ya repleto de adolescentes que jugaban ping-pong y futbolín, que hacían lanzamientos de media cancha a la canasta con sus zapatillas chirriando contra el piso, y que practicaban para las audiciones. Era un manicomio.

Mis amigos músicos nos acompañaron en ciertas ocasiones para enseñarle a Justin cosas elementales como la manera de sostener un micrófono, cómo desenvolverse en el escenario, cómo cantar y apagar poco a poco la voz con la música para que suene natural y no como algo forzado. Aunque Justin tenía que aprender lo básico, no necesitaba aprender «eso», la esencia del asunto. Porque lo sabía. Mis amigos también. La gente del centro de jóvenes que lo veía ensayar también lo sabía. «Eso» era algo que Justin ya tenía.

Cuando los chicos que ensayaban para el concurso se turnaban en el uso del micrófono, tenían que batallar contra el caótico ruido de la banda sonora, las insoportables conversaciones de los adolescentes y los rebotes de las pelotas. Una de las trabajadoras del grupo de jóvenes notó que cuando le tocaba practicar a Justin, se hacía un silencio absoluto en el lugar. Todos dejaban de hacer lo que estuvieran haciendo. Comentó que todas las miradas se enfocaban en Justin.

Mi hijo practicaba todo el tiempo y en todas partes: en el auto, en la ducha, en casa de sus abuelos. A veces, hasta en el banco de hockey cuando esperaba que le hicieran entrar en el juego o antes del precalentamiento. Justin ni siquiera se daba cuenta de que la mayoría de las veces cantaba en voz alta. En cierta ocasión, estando en el banco, su compañero le golpeó el casco, diciendo: «Amigo, te das cuenta de que estás cantando, ¿verdad?».

Mi hijo y yo formamos un vínculo aún más fuerte en ese momento. Como no tengo ni un ápice de talento para el deporte, debo admitir que me costaba entender su amor por todo eso. Pero tratándose de la música y las artes, definitivamente andábamos en terreno común.

Mientras Justin se preparaba para su audición, yo estaba más nerviosa que él. Pero logró impresionar al jurado (junto con nueve competidores más) y pasó las audiciones. Habría tres días en la semana en que actuarían dos o tres canciones por noche, hasta que quedaran seleccionados solamente tres. Los que quedaran podrían cantar entonces para la ronda final del 27 de enero de 2007.

Justin y yo nos pusimos a trabajar con más ahínco todavía. Juntos, elegimos canciones que destacaran un sonido muy particular — mi hijo definitivamente podía cantar *soul*— y que él disfrutara. Lo último era el requisito más importante. Las canciones que elegimos provenían de todos los estilos y gustos: desde la melodía de cuna «Ángel» de Sarah McLachlan hasta el pegajoso *pop groove* «3 AM» del grupo Matchbox Twenty, como la favorita universal «Respect» de Aretha Franklin hasta su primera incursión en el rap con «Basketball» de Lil' Bow Wow. Había un poco de todo, desde pop, pasando por música *country* hasta R&B (ritmo y blue).

Cuando Justin subió al escenario para cantar su versión de «Ángel» y dirigí el objetivo de la videocámara hacia él, me sentí nerviosa. Tal vez, más que él. Enseguida miré al público, lleno de chicos con sus padres, concursantes y los que venían a apoyarlos. No era la única allí con tanta ansiedad. La energía de tanto nervio se hacía casi tangible. Había chicas que no podían dejar de hablar o de moverse, y a quienes sus madres o padres debían mandar a callar, molestos. Algunos chicos se veían muy nerviosos y se apoyaban en sus padres, que rodeaban sus hombros con brazos protectores. Además estaban los concursantes más serios, los que se veían confiados y calmados, que en silencio lo apostaban todo a ese concurso.

Cuando Justin tomó el micrófono, al sonido de las primeras notas de «Ángel», se veía un tanto incómodo o, al menos, no tan cómodo como se le vería en actuaciones posteriores. ¿Y su atuendo? Ah, por favor... Ahora que lo recuerdo, digo... ¿en qué estábamos pensando? Jamás se nos ocurrió elegir ropa acorde con el tipo de canción. Estaba allí, cantando esa melodía tan bella e hipnótica, vistiendo una sudadera enorme, una gorra de béisbol y un par de zapatillas enormes al estilo hip-hop. Uno de los jurados, en efecto, mencionó su vestuario: «Presta atención a lo que vistes», sugirió. «Tu vestuario refleja tu canción».

Pero cuando empezó a cantar, su ropa era lo de menos en la mente de todos. Sonaba maravilloso. Su voz potente resonaba en el auditorio; imperaba el silencio al punto que podías oír volar una mosca. Mientras mi pequeño entonaba esa suave melodía, sentí que se me derretía el corazón. Casi no podía sostener la cámara. ¿Sabes lo difícil que es filmar con los ojos llenos de lágrimas? Grabé todas sus actuaciones. Detestaba ver a Justin a través de la lente, los videos son prueba de ello. Están oscuros, movidos, borrosos. Pero al menos logré filmarlo.

Justin nos desarmó a todos con esa canción, como lo haría con cada una de las que cantara. Sabía que si los del jurado no permitían que pasara esa ronda, estaría orgullosa de todas maneras. Miré a mi hijo de doce años allí, sobre el escenario, al terminar su canción con los aplausos llenándole los oídos. Tenía una sonrisa tan grande como el auditorio mismo. Era obvio que el escenario era su lugar. Era su casa.

En verdad, Justin me sorprendió. Era el único chico de doce años, el más joven concursante en toda la competencia. Así que cuando pasó las rondas, estaba extasiada porque mi hijo, el deportista que jamás había tomado una sola lección de canto, que había tenido poco tiempo para prepararse y dos semanas antes no sabía ni tomar un micrófono, pasó la primera ronda. Jamás olvidaré el momento en que la primera miembro del jurado tuvo que dar su crítica. Estaba tan emocionada que lloraba, tuvo que esperar un turno más para recuperar la compostura y finalmente felicitarlo por su esfuerzo.

Cuanto más actuaba Justin, más aumentaba su confianza en sí mismo. Cada canción era un poco mejor que la anterior. Se veía más relajado. Su personalidad empezaba a aflorar. Tenía más presencia. Hasta mejoró su vestuario. Y el público empezó a enamorarse de ese adorable adolescente con esa sonrisa encantadora y contagiosa.

Aunque algunos de los otros concursantes, que una semana tras otra seguían participando, tenían más profesionalismo y experiencia, y se veían más pulidos, Justin tenía un «no sé qué», un talento natural que hacía que sus errores se pasaran por alto y a veces ni siquiera se notaran. A la multitud, por cierto, parecía no importarle lo joven e inexperto que era Justin. Su confianza natural sobre el escenario simplemente los asombraba.

El jurado se mostraba feliz después de sus actuaciones, a excepción de esa crítica constructiva en cuanto a elegir el atuendo adecuado. Lo llamaban «nacido para actuar» y «Señor Personalidad», y le decían que «jamás perdiera esa pasión».

Además, estaban las chicas. Siempre las chicas. Poco después de la primera audición de Justin, empezó a correr por la ciudad la noticia del chico lindo que sabía cantar. No quedaba nadie sin saberlo, porque corrió como de pólvora. Recuerdo haber entrado al auditorio una semana y ver que había más conmoción de la habitual en la puerta de entrada. Cuanto más nos acercábamos, más fuertes eran los gritos. Con su cabello atado en colitas que el viento mecía frenéticamente, una bandada de chicas preadolescentes saltaba continuamente como si tuvieran resortes invisibles atados a los pies.

Gritaban cuando Justin pasó por allí y algunas parecían sentir vergüenza por mostrar tanto entusiasmo, pero cuando les sonrió, las saludó con la mano y les agradeció por haber venido, gritaron todavía más fuerte. Eran pocas, pero ¡sí que se hacían oír! Incluso hoy me asombra ver que un grupito de chicas pueda producir tanto ruido. Aunque haya solamente tres, suena como si fueran diez.

Cuando llegamos a la última semana, el público ya era tan grande que solo quedaban pocos asientos vacíos. Había más chicas. Más muchachas que gritaban. Y que traían carteles hechos en casa, con letras brillantes que decían: «Te amo, Justin Bieber» y «Voto por Justin». Estábamos probando el sabor de lo que vendría después. Al terminar una de sus actuaciones, un miembro del jurado, divertido al ver a las fanáticas seguidoras de mi hijo, bromeó: «He estado tocando por veinticinco años y jamás tuve esa cantidad de chicas como seguidoras».

Antes de que Justin subiera al escenario y después de su actuación en la ronda final, la multitud gritaba su nombre. Eran casi todas chicas, unas veinte o treinta, que gritaban: «¡Justin! ¡Justin! ¡Justin!». El ritmo de sus cánticos era hipnótico. Se alternaban con sus alaridos, tan fuertes que el jurado tenía que taparse los oídos. Yo me sentía orgullosa como mamá, pero todo ese espectáculo también me causaba gracia. No tenía duda alguna: Justin era el favorito (sí, sé que no soy imparcial).

Mi mamá y Bruce venían a cada una de sus actuaciones, fieles seguidores de Justin. También venían Jeremy y demás familiares de ambos (abuelos, tíos, tías, primos... piensa en el pariente que quieras: todos estaban allí). Por desdicha, la abuela Kate, madre de

Jeremy, vivía lejos, a cinco horas en avión y no podía venir. Amaba a su nieto y no poder apoyarlo en persona le dolía terriblemente. Justin y yo sabíamos que se sentía mal. Él adoraba a Kate y quería que pudiera participar en todo eso de alguna manera.

Estábamos en casa un día mientras Justin se preparaba para la competencia del día siguiente. Ensayaba una de las canciones que pensaba usar, cuando de repente, calló y la melodía se convirtió en un grito.

—¡Mamá!

Yo estaba lavando los platos, con los brazos y las manos cubiertos de jabón; el ruido del agua corriendo me impedía oír cualquier cosa aparte de los platos que se iban apilando. Estaba por contestarle, también con un grito: «¿Qué?», pero Justin estaba demasiado impaciente.

—¡Mamá!

Entró en la cocina como potro al que le abren el portón, y me sobresaltó al punto de que casi dejo caer un vaso en el piso de linóleo.

Lo miré, mojándome los pantalones con el agua que me chorreaba por los brazos.

—¿Qué pasa, amor?

—¿Podemos subir los videos del concurso a YouTube para la abuela Kate?

Así comenzó la travesía de Justin en YouTube. Apareció en línea, no para los de la localidad. No para los extraños de otra ciudad. No para la provincia de Ontario ni para el resto del mundo. Justin subió los videos para su abuela.

Como para mí la tecnología era algo conocido, pude no solo cargar los videos sino además, etiquetarlos para que el motor de búsqueda hiciera que les resultara fácil a su abuela y también a otros parientes y amigos, encontrarlos en la jungla de YouTube. Hasta abrí un canal específicamente para los videos de Justin, llamado «Kidrauhl». El nombre venía del que usaba su papá en Internet: «Lordrauhl».

A la abuela Kate le encantó poder ver a Justin en línea. Se sentía especial. Estaba tan orgullosa de su nieto que dejó uno de los primeros comentarios: «Muy bien, Justin. Buen trabajo. Espero que subas el otro también, ¡con la ovación!». La ironía fue que el primer comentario era de un desconocido: «Santo [en blanco]... Este chico es una maravilla». Su primo también escribió: «Sí, es una maravilla. Y será famoso. Hoy solo tiene doce años...».

Justin llegó a estar entre los últimos tres con «Basketball» de Lil' Bow Wow y «So Sick» de Ne-yo. Daba lo mejor de sí en cada función. Cuando empezó a sonar la melodía de «Basketball», Justin avanzó por el escenario, levantando las manos y aplaudiendo. Ni siquiera tuvo que hacer algo para que el público lo siguiera. Casi todos empezaron a marcar el ritmo con las palmas e incluso lo alentaban con gritos.

No podía sino pensar en las primeras actuaciones de Justin. No había logrado conectarse del todo con el público, no lo habían recibido cálidamente. Para Justin había sido difícil lograr que lo siguieran, tratando de entusiasmarlos y alentándolos a hacer palmas al ritmo de su canción. Pero de nada le había servido. Solo unos pocos hacían palmas, el resto del público se mantuvo en silencio, como tumbas.

Pero sus últimas actuaciones fueron algo totalmente distinto. El público rugía durante la introducción de «Basketball», por lo que Justin hizo un molino de *breakdance* y luego un movimiento congelado. Los gritos del público hacían que no se pudiera oír la música. Tomó el micrófono para empezar con su *rap* y le tiró su gorra de béisbol al público. Las chicas lanzaban gritos, frenéticas. Los padres reían. Los del jurado no podían evitar una sonrisa, mientras meneaban la cabeza. Era un éxito. El público ya lo tenía en su corazón. Justin se los había ganado. Sabía cómo entretenerlos. Cómo entusiasmarlos. Y definitivamente, sabía cómo hacer gritar a las chicas.

Cantó como si su combustible fuera el aliento del público y él estuviera en llamas. Esta era su última canción de la noche y Justin dio lo mejor de sí. Les dio todo lo que querían: una actuación genial. Se notaba su pasión. Porque fluía de él y se derretía a los pies del público. Ese tipo de pasión no es algo que se aprenda. Ese espíritu no puede fabricarse. No puede fingirse. Lo tienes o no.

Justin estaba en la ronda final, con cantantes femeninas más expertas. Cuando cantó «Respect», y se movió durante el solo de saxo, la multitud enloqueció. Con su clásica gorra de béisbol y sus pantalones grandes, dio rienda suelta a su espíritu juguetón con el saxo y ni siquiera pestañeó cuando se le cayó el micrófono. El público rió y Justin sonrió, cómplice. Levantó el micrófono y siguió con su solo de saxo. Ese incidente lo hizo más simpático, en especial porque no afectó en lo más mínimo el brillo de su desempeño.

En el momento en que se iban a anunciar los ganadores al final de la noche, Justin estaba en el escenario con las otras dos chicas. Era tan pequeño que parecía un saltamontes en tierra de gigantes. Sabía que si no ganaba, yo me sentiría algo triste; pero el hecho de que compartiera el escenario con cantantes talentosas, con años de lecciones de canto y entrenamiento actoral, ya era un honor. Estaba orgullosa de él. Orgullosa de que hubiera aprovechado la oportunidad de presentarse y de que llegara hasta la ronda final, de que fuera uno de los tres finalistas. Las chicas seguidoras de Justin, en su sector del auditorio, gritaban tan alto que supe que estarían afónicas al terminar esa noche. Los amigos y familiares también gritaban, histéricos, todos cruzábamos los dedos esperando ansiosamente que quedara en primer lugar.

Sé que Justin se llevó una desilusión cuando anunciaron que la ganadora era Kristen Hawley, de dieciséis años. Pero sabía no ser mal perdedor. Porque, fuera en un juego de hockey o de fútbol, siempre le enseñé a ser buen deportista. El público vitoreaba a Kristen y el rostro de la chica resplandecía, feliz por haber ganado. Justin se acercó y le extendió la mano. Con un firme apretón, susurró: «Felicitaciones». Ese pequeño gesto me llegó al corazón. Con la confianza y el coraje de competidor, siempre sabía ofrecer respeto cuando debía hacerlo. Admiraba eso en mi hijo. Y me sentía todavía más orgullosa.

Pude ver que aumentaba la desilusión entre los otros mientras hablamos más tarde. La gente del jurado, los amigos, los familiares y las otras personas de la comunidad se acercaban a darle la mano a Justin y a decirle que era maravilloso aunque no hubiera ganado. Mi hijo, educado, asentía y decía: «Gracias», y se encogía de hombros con una sonrisa cuando le decían que podía intentarlo de nuevo el año siguiente.

Yo sabía que le estaba poniendo buena cara al mal tiempo. A su madre no podía ocultarle que estaba devastado. Toda mamá sabe lo que pasa detrás de una máscara. Justin había nacido para competir. Le encantaba ganar —en lo que fuera— y, por eso, perder lo destrozaba. Había puesto el alma y el corazón en ese concurso. Venció los obstáculos una semana tras otra. Semana tras semana, el público se había enamorado de él cada vez más. De modo que ahora, perder era como una derrota en la batalla. Uno de los miembros del jurado le dio unas palmaditas en la espalda y lo elogió, supe que solo era cuestión de tiempo antes de que sus emociones, su dolor, surgieran a la superficie.

En el auto, camino a casa, no hablamos. Por el rabillo del ojo veía que se le llenaban los ojos de lágrimas. Por muchas veces que le dijera que estaba orgullosa de él, por mucho que repitiera que lo había hecho fantásticamente bien, mis palabras de aliento no podrían hacer mella en su sentimiento de derrota.

Justin era demasiado exigente consigo mismo. Siempre lo fue y sigue siéndolo. Si al terminar un recital no siente que dio lo mejor, que todo estuvo perfecto —aunque todo el mundo haya hecho todo a la perfección— se siente terriblemente mal. Ha sido siempre un perfeccionista y se esfuerza por ser el mejor, tanto si juega al fútbol o hockey como si canta ante miles de personas.

Lo que comenzó como una forma de conectarse con su abuela se fue convirtiendo en un espacio donde la gente desconocida hallaba los videos y hasta incluía pedidos personales. Justin y yo empezamos a filmar su interpretación de todo tipo de canciones. Pero no solo filmábamos para YouTube. Tengo miles de videos de Justin haciéndose el tonto nada más. Se ponía frente a la cámara y hacía gestos y sonidos alocados, haciendo ruidos con la boca y hasta inventando raps.

Cada una de sus actuaciones era algo especial para mí, fuese una canción para sus seguidores de YouTube o su versión de break-dance siguiendo a Michael Jackson, en la sala de casa y solo para mí. Cuando Justin cantaba o tocaba su música no podía sino notar que él ponía toda su pasión y su alma. Y cuando veo esos viejos videos caseros, sin iluminación profesional ni equipo audiovisual adecuado ni buenos subtítulos (no he mejorado en eso todavía), me encanta lo crudo y natural de lo que veo y oigo. Son las expresiones más naturales del talento de mi hijo. Dónde comenzó. Cómo empezó todo.

Muchas noches permanecía despierta pasada la medianoche, con mi dosis de cafeína de un Tim Hortons [tiendas de café y pastelería canadiense] a un lado y mi laptop abierta frente a mí. Mientras Justin dormía, yo monitoreaba el canal de YouTube, cargando nuevos videos, llevando las estadísticas y revisando los comentarios para asegurarme de que no hubiera nada ofensivo. El mantenimiento del canal consumía mi tiempo, mis energías y mis fuerzas pero me encantaba hacerlo. Era un momento que esperaba. Algo divertido que hacer. Y cada vez que subía un video refrescaba la página cada dos segundos para ver los nuevos comentarios y la cantidad de visitas.

No solo la familia y los amigos miraban los videos de Justin. Etiqueté estratégicamente todos sus videos, por título de canción y artista, de manera que cuando se buscara esa canción o artista, aparecería también el video de Justin. Fue así que tanta gente hallaba sus videos, sin esfuerzo alguno. Y aunque después del primero, los comentarios no se hicieron esperar, ahora, al cabo de unas semanas, llovían los de gente de todo el mundo.

«Oh, chico. Eres muy bueno».

«Buena voz. Tienes mucho talento».

«Justin, eres genial. Al verte quiero casarme contigo, ja ja ja».

«Va a cambiar al mundo».

Hoy, YouTube es distinto a lo que era cuando subíamos los primeros videos de Justin. En esa época, YouTube tenía unos treinta o cuarenta premios en distintas categorías, desde «Más visto del día» a «El favorito», o «Más comentado» por nombrar algunos. El sitio daba premios cada día. Una tarde, mientras Justin se preparaba para un partido de hockey, vi que uno de sus videos recibía un premio de YouTube. Era el primero, algo como «Puesto número 10 entre los más vistos del día».

Estaba tan entusiasmada que empecé a reírme. Ante mis ojos, mi nenito, que ya no lo era tanto, atraía mucha atención en Internet. «Justin, no vas a poder creerlo», le dije mientras él sacaba un Gatorade del refrigerador y empezaba a beber. «YouTube te dio un premio».

Justin me miró y asintió: «Qué bueno», dijo con una sonrisa.

Mi hijo no estaba tan entusiasmado como yo en cuanto a sus videos y seguidores en línea. Su canal era algo que yo tenía en mi radar todo el tiempo, hasta cuando trabajaba.

Como diseñadora independiente de sitios de Internet no tenía demasiado trabajo, así que tomé un empleo de medio tiempo en la Universidad de Conestoga en el área administrativa. También daba clases sobre principios básicos de computación a personas mayores, en hogares de ancianos o en casas particulares. Cada vez que tenía un momentito, mientras enseñaba a una dulce ancianita a usar los medios sociales para seguir en contacto con sus nietos, me fijaba qué pasaba en el canal de YouTube. ¿Cuántos comentarios más habían aparecido? ¿Qué pensaban de su nueva canción? ¿Y cuánta gente había visto su video desde la noche anterior?

Cuando Justin llegaba a casa después de la escuela, yo no podía dejar de contarle todo, con detalles actualizados, minuto a minuto, de las respuestas a sus videos. Era como el conejito del comercial de Energizer. No paraba nunca. A fin de cuentas, Justin se hartaba. Hasta las mamás orgullosas a veces tenemos que dar un paso al costado para darles algo de espacio a nuestros hijos. Lo admito. Me costaba no mostrar mi entusiasmo a pesar de que Justin protestaba ante mis constantes informes sobre su creciente base de *fans*.

Después de que su canal empezara a ganar popularidad, creé un canal de YouTube con un hombre llamado James, un genio de la estadística y editor de videos, a quien conocí en una comunidad en línea. Diseñamos el canal para que los chicos famosos de YouTube pudieran colaborar en los videos. Trabajando juntos nos hicimos amigos, por lo que terminó ayudándome con el canal de YouTube de Justin. Era genial tener a alguien con quien compartir mi entusiasmo, ya que Justin no parecía darle tanta importancia a su fama creciente en Internet.

El éxito de sus videos caseros fue creciendo muy rápido. Seis meses después de haber perdido el concurso Stratford Star, su popularidad en YouTube llegó a la cima, al punto que monitorear su canal era como tener un empleo de medio tiempo. Al principio, filtraba con cuidado los comentarios negativos de gente que lo detestaba. Y, la verdad, es que había quienes ni conocían a Justin, ni sabían nada de él, pero decían cosas horribles. No sé cómo hay gente que puede ser tan mala y más con un chico. Pero como los comentarios llegaban en tal cantidad y a tal velocidad (cientos al día), se me hizo imposible seguir monitoreándolos.

Habría tenido que dedicar cada hora del día al seguimiento del canal y durante un tiempo James pudo ayudarme a ponerme al día (¡gracias, James!) hasta que al fin armamos un equipo para que nos ayudara. Es irónico, pero cuando el agente de Justin, Scooter, se sumó, él y yo monitoreábamos cada uno de los videos de Justin como lo hacíamos con James, pero en mayor escala.

Al poco tiempo Justin ya era una celebridad en YouTube. Con eso me bastaba. Era una experiencia divertida, que me entretenía y entusiasmaba, y no podía imaginar siquiera lo que sería el estrellato en la vida real. Francamente, ni siquiera quería imaginar ese tipo de vida.

Su popularidad llegó al punto en que ya no solo los desconocidos tenían algo que decir sobre su creciente fama en Internet. Despertó el interés de algunos programas nacionales que querían invitarlo para entrevistarlo. Aunque me sentía honrada, no estaba preparada siquiera para pensar en ese tipo de oportunidades.

Trece

No podía creer la cantidad de correos electrónicos que Justin comenzó a recibir a través del canal de YouTube, de representantes y ejecutivos de empresas disqueras que querían encargarse de su carrera y convertirlo en una estrella. Fue todo muy abrumador. Y extraño. Estaba acostumbrada a una bandeja de entrada llena de mensajes de sus fans comentando lo lindo que era Justin y cuánto lo amaban. Pero no podía mantenerme al tanto de esos mensajes y comentarios.

Así que no hice nada. Pero no solo porque no tenía el tiempo. No quería que mi hijo entrara en ese camino. Me imaginé que todas esas personas que nos acosaban estaban decididas a convertirlo en una fuente de dinero para llenar sus bolsillos. ¿Y no es así como opera el negocio de la música? Gracias, pero no, gracias. No estamos interesados en eso.

Ignoré los correos, ni intenté enseñárselos a Justin. La verdad es que soñaba que Justin fuera líder de alabanza o pastor juvenil. Todos mis amigos, los que eran músicos talentosos, eran líderes de alabanza, por lo que supuse que el talento de Justin lo llevaría por el mismo camino. Como los mensajes electrónicos con ofertas musicales seguían llegando, lo tomé como un desafío para echar un vistazo fuera de mi entorno seguro. Tuve dudas también porque tenía miedo. Todos saben lo que les sucede a muchos niños artistas. Había oído todas las historias de terror sobre la industria musical. No quería ser tan ingenua como para creer que Justin sería inmune a los peligros y las tentaciones en ese negocio. Casi un adolescente, ya tendría mucho con qué lidiar en la escuela. Así que, de acuerdo a mis cálculos iniciales, no había manera alguna de que Dios le abriera la puerta a Justin al mundo de la música.

Como madre que ora, hice justamente eso: oré por las oportunidades. Por culpa de mi miedo y mi entonces limitada percepción de la manera de actuar de Dios, sin intención oré con duda. «Seguramente esto no es tu voluntad, ¿verdad?». Creo que por alguna razón actué como si yo supiera más que Dios. Yo podía proteger mejor a mi hijo. Yo podía determinar mejor su futuro. «Y si es tu voluntad», le dije a Dios, «quiere decir que le estás abriendo la puerta a la industria de la música cristiana, ¿verdad?».

De inmediato recordé un versículo de la Biblia: «Ustedes son la luz del mundo. Una ciudad en lo alto de una colina no puede esconderse. Ni se enciende una lámpara para cubrirla con un cajón. Por el contrario, se pone en la repisa para que alumbre a todos los que están en la casa. Hagan brillar su luz delante de todos, para que ellos puedan ver las buenas obras de ustedes y alaben al Padre que está en el cielo» (Mateo 5:14-16, NVI).

Escuché a Dios hablar en mi corazón. *¿Cómo puede Justin ser una luz en el mundo si no está en el mundo?*

«Pero solo tiene trece», argumenté en voz alta. «No está firme. Sé que tú tienes enganchado su corazón, pero no ha echado raíces. Esto no es seguro».

¿Confías en mí?

Suspiré.

Aparentemente, no lo suficiente. La respuesta era obvia. Cuando Justin era bebé, le dediqué su vida a Dios en una ceremonia especial en la iglesia, de manera similar a la de Ana cuando dedicó a Samuel en la Biblia (ver 1 Samuel 1). Recuerdo haber orado aquel día, pidiendo a Dios que hiciera surgir a Justin como líder y como voz para su generación.

Esta historia vino a mi mente mientras oraba por el futuro de Justin una tarde. Sentí que Dios me decía que confiara en Él. Que dejara mis propios planes para Justin. Era tiempo de que dejara de crear el tipo de futuro que yo quería que mi hijo tuviera, que yo pensaba que debía tener. Y fue ahí cuando comencé a prestarle atención a los correos electrónicos y a las llamadas. Hasta tomé en cuenta la posibilidad de que fuera Dios mismo quien abría esas puertas.

A mediados del 2007, un agente de Atlanta llamado Scooter intentó contactarme a través de distintos medios. Era incansable. Mandaba correos a través del canal de YouTube. Intentaba conocer a otras personas que pudieran ponerlo en contacto conmigo. Le envió mensajes a uno de mis mejores amigos en MySpace, llamó a la tía abuela de Justin, a quien mi hijo nunca había conocido (además de cada persona apellidada Bieber en donde vivíamos), y trató de ponerse en contacto conmigo a través del Teatro Avon, el lugar del video de YouTube donde vio cantar a mi hijo. Todas esas personas me llamaban y me dejaban un mensaje tras otro acerca de un joven llamado Scooter con una dirección de gmail que intentaba hablar conmigo sobre Justin.

Tal vez uno de los intentos más audaces de Scooter fue llamar a la escuela de Justin a través de la Junta de Educación de Stratford. No era popularmente sabido que Justin tenía una identidad en YouTube. Él era un deportista, un chico agradable y popular. La mayoría de los estudiantes no sabían cómo pasaba su tiempo libre aparte de los deportes. Justin mantenía sus pasatiempos con un perfil bajo. A pesar de que sus compañeros sabían que había competido en el concurso de Stratford Star, ninguno sabía que Justin continuaba cantando.

Cuando los mensajes de Scooter llegaron finalmente a la escuela, alguien del personal comenzó a pasar sus videos en los monitores del pasillo al día siguiente. Cuando Justin entró a la escuela esa mañana, una pantalla gigante mostraba uno de sus videos de YouTube. Ahora todos lo sabían. A pesar de sentirse avergonzado por la atención, ya que tenía reputación de deportista y no de cantante, había una ventaja: las chicas. Estaban ansiosas, orgullosas de la próxima sensación de YouTube. Y no tenían vergüenza en demostrárselo.

Luego de que Scooter sacara sin intención a Justin a la luz, continuó buscándome, y yo seguía manteniendo mi distancia. No sabía mucho sobre él, más de lo que me habían contado mis conocidos, que él contrataba. Sabía que su nombre era Scooter Braun. Mencionó ciertas estrellas musicales, por lo que sabía que había trabajado con artistas famosos como Usher, Justin Timberlake y Britney Spears. También sabía que tenía una dirección de gmail. Estas últimas dos cosas me disuadieron para devolverle la llamada.

A mí no me impresionaban los nombres. Había escuchado todo esto de otros representantes y supuestos ejecutivos que aseguraban que habían trabajado o que eran amigos de tal o cual estrella del pop o celebridad. Por lo general, estaban muy lejos de la verdad. La dirección electrónica de Scooter también despertaba ciertas sospechas en mí. ¿Por qué no tenía una dirección con el nombre de su empresa discográfica? Todos los otros correos que recibía venían de grupos de representantes con reputación, como joeschmoc@tal-y-cual-compañía.

Admiraba su persistencia, pero pensaba que era más una broma que una opción real. Al fin lo llamé solo para que dejara de contactar a todos mis conocidos. Utilicé una línea de mi computadora para poder bloquear mi nombre y número telefónico. No había necesidad de darle algún medio para contactarse conmigo directamente.

Tuve un día muy largo. Recién había terminado un gran proyecto en el preuniversitario, y había dado clases de Microsoft Word esa tarde. Estaba exhausta. Me dolían los pies de estar parada por horas y todo lo que había comido en el día era un panecillo rancio. Tenía planeada una conversación de cinco minutos con Scooter. No tenía mucho más que decir además de «Por favor, deja de llamar». Tenía cosas más importantes que hacer. Quería pasar el resto de la tarde inmersa en un buen baño caliente de burbujas.

Marqué el número de Scooter, pero mi mente estaba perdida en mi necesidad de descansar y entretenerme con otra cosa.

—Este es Scooter.

—Hola —dije con voz monótona—. Soy Pattie Mallette, la madre de Justin Bieber.

—Señora Mallette, ¡gracias por devolverme la llamada! —Scooter no habría podido ocultar su ansiedad aun intentándolo.

Comencé con mi planeado discurso de «gracias, pero no, gracias», mirando mi reloj para ver la hora. Antes de que me diera cuenta, mi discurso se había transformado en una fluida conversación de dos horas. Charlamos como si fuéramos dos amigos que habían perdido contacto.

Scooter me contó que había encontrado a Justin en YouTube y cuánto se había sorprendido por su talento. Luego me contó sobre sí mismo, qué hacía exactamente.

—Simplemente búsqueme en Google —sugirió—. Puede encontrar información sobre algunos de los proyectos que he realizado y la gente con la que he trabajado.

(Más tarde esa noche, busqué información sobre él. Me río de ello hoy, pero la primera cosa que apareció fue un artículo de revista titulado «Scooter Braun es la persona». A la derecha del título había una foto de Scooter en un teléfono celular rodeado por dos rubias manoseándolo. No era la mejor primera impresión para la madre de un niño de trece años).

Si bien Scooter era definitivamente un gran conversador —es su trabajo— algo de él me pareció genuino y acogedor. La conversación tomó distintas direcciones interesantes. Scooter y yo hablamos sobre todo, desde Justin y su potencial en la industria de la música, hasta nuestra fe. Mencionó haber entrado a mi MySpace y ver que yo era cristiana.

—Soy judío —me dijo—. ¿Va a ser un problema?

Qué tonto, pensé.

—Claro que no —contesté—. Jesús era judío.

Por supuesto, mi patrón de pensamiento inicial en este proceso había sido un poco limitado. Mi primera intención en estas oportunidades era pensar que Justin iba a estar en el círculo de la música cristiana o que al menos tendría un representante cristiano. Pero no tenía nada personal en contra de la fe de otras personas y nunca discriminaría en contra del talento, la inteligencia, o la habilidad de alguien solo por el hecho de que no compartiera mis creencias.

La fe era importante para mí, había criado a Justin siguiendo esos principios y creencias. Por supuesto, esperaba que trabajara con un representante que siguiera inculcando los mismos principios en su vida. Pero por la manera en que se iba desarrollando todo eso, no importaba qué planes tenía yo para el futuro de Justin; era obvio que Dios tenía otros.

Scooter finalizó la conversación invitándome a conocerlo en Atlanta.

—Te presentaré a ciertas personas aquí que te permitirán ver que soy legal, que no estoy vendiendo cuentos baratos. No tienes que firmar nada. No tienes que prometer nada. Sin presiones. Sin compromisos. Si vienes y no te gusta, considéralo como unas vacaciones gratis a Atlanta. Al menos piénsalo.

A pesar de ser persistente, debo admitir que Scooter no fue un idiota ni trató de entrometerse en la vida de Justin. Siempre fui sincera con los miedos o las opiniones que tuve, y Scooter trató nuestra relación con delicadeza y el perfecto equilibrio entre tenacidad y paciencia. Entendió mis sospechas sobre la industria de la música y siempre me hizo sentir que no había presión alguna. Entonces claro, por supuesto que podía encontrarme con él.

Me tomé un tiempo para orar tras la llamada. No había ninguna razón para hablar con Justin sobre nada todavía; aún tenía que analizar las cosas. La decisión hubiera sido fácil para mí basándome en lo que quería en un representante, pero lo que yo deseaba era escuchar qué era lo mejor para Dios. Sus caminos obviamente son muy distintos a los míos.

En aquel tiempo Jeremy vivía en Winnipeg, a 1930 kilómetros de Stratford. A pesar de que él y Justin no se veían periódicamente, a causa de la distancia nada más, Jeremy y yo conversábamos siempre. Él estaba muy contento y preocupado a la vez por la oportunidad potencial. Ambos compartíamos las mismas precauciones.

Luego de la oferta de Scooter, hablé con mis padres espirituales: John y Sue Brown e Ivan e Isabel, así como también con otros líderes espirituales de la iglesia en los cuales confiaba. Reunida con ellos, les conté acerca de mi conversación con Scooter y sobre la oportunidad potencial de Justin en la industria de la música. También les presenté mis temores en cuanto a por qué no creía que fuera una buena idea. Justifiqué mi caso con buenos argumentos. «Es peligroso», les dije. «No es seguro. Justin solo tiene trece años. Es un niño que tiene por delante toneladas de cosas por aprender, para madurar». A pesar de mis esfuerzos por convencer a esos mentores de por qué debíamos ignorar esas puertas abiertas, cada uno de ellos sintió paz al respecto.

Todos menos yo. A pesar de apreciar sus sentimientos, aún no me era suficiente. Fue ahí que recordé a Gedeón.

La Biblia nos cuenta una historia en Jueces 6 sobre un hombre llamado Gedeón. No era necesariamente el ser más seguro o confiado en sí mismo. Tampoco ganaba medallas por su coraje o valentía. Pero por alguna razón, Dios lo eligió para que fuera guerrero y para hacer ciertas cosas importantes para la nación de Israel. Sin seguridad sobre sí mismo ni sobre el plan de Dios respecto del rumbo de su vida, Gedeón oró una noche por una confirmación. Extendió un vellón en el suelo y dijo: «Señor, si despierto en la mañana y el vellón está mojado con rocío, pero el suelo está seco, sabré que estos planes son realmente tuyos».

Gedeón despertó y vio el suelo seco y el vellón mojado. Pero aun así no estaba convencido. Esa noche, pidió a Dios otra señal, la contraria. Y a la siguiente mañana, Gedeón encontró el vellón seco y el suelo mojado con el rocío. Obtuvo su confirmación.

Al igual que Gedeón, yo tengo mis propios vellones. Le pedí a Dios dos cosas: confirmación de que Scooter debía ser el representante de Justin (la paz del pastor no me servía de confirmación suficiente) y un abogado del ambiente del espectáculo. Este último puede parecer un poco prematuro, pero no quería ni siquiera considerar un encuentro con Scooter sin representación legal. Tampoco quería un abogado que estuviera poco familiarizado con la industria. Una amiga me advirtió que la habían «extorcionado»; me aconsejó enfáticamente que encontrara un buen abogado. Alguien importante, que representara a los grandes jugadores.

El talento de Justin y la cantidad masiva de atención que estaba obteniendo por su fama en YouTube me motivaron a asegurarme de que estuviéramos preparados, que no camináramos por un campo minado con los ojos vendados. No quería encontrarme acorralada o encerrada en un contrato, a pesar de que Scooter me aseguró que no había compromiso alguno en nuestra reunión. La verdad era que no sabía nada sobre contratos, negociaciones, ni nada relacionado con el negocio de la música. No sabía absolutamente nada. Parecía algo lejano e imposible, al menos a mis ojos. Con suerte tenía suficiente dinero como para poner comida en la mesa. Había oído que los mejores abogados del espectáculo costaban hasta novecientos dólares por hora. ¿Novecientos dólares por hora? ¿Estás bromeando? Ese año había logrado un ingreso de diez mil dólares entre todos mis trabajos. ¡No podía conseguir novecientos en un mes! Tendría que ganar la lotería, obtener un aumento imposible o encontrar un abogado que trabajara gratis para nosotros.

No pasó mucho tiempo hasta que mis oraciones tuvieron respuesta. Scooter llamó un día para ver si había pensado en su oferta y quería saber cómo me sentía para seguir adelante.

Fui directa con él.

—No puedo ni pensar en comprometerme con algo así si no consigo un abogado del ámbito del espectáculo. Seré sincera. Todo esto parece excitante y glamoroso, una gran oportunidad. Pero no voy a tomar ninguna decisión, ni siquiera pensaré en la oferta sin un abogado y, francamente, no puedo pagarlo; así que no sé qué tan lejos podremos llegar.

Scooter no dudó ni medio segundo.

—Oh, eso es fácil, Pattie. Haré algunas llamadas. Conozco algunos abogados que trabajan por un porcentaje. No requieren ningún costo por adelantado. Sé lo talentoso que es Justin, y estoy seguro de que una vez que vean su talento, muchos abogados querrán representarlo.

Al cabo de unos días recibí un llamado de uno de los mejores abogados de la industria del espectáculo, que accedió a aceptar a Justin como cliente. Me contó que había trabajado con Scooter durante mucho tiempo y que tenía mucha fe en él. «Si Scooter piensa que tu hijo tiene potencial», me dijo, «probablemente esté en lo correcto». Este abogado también había visto los videos de Justin en YouTube y pudo ver por sí mismo su talento. Luego de la llamada, investigué un poco y descubrí que había representado a grandes nombres en la industria. Era legal, exactamente lo que pensaba. Estaba asombrada. Allí estaba, mi vellón, justo ante mis ojos. Había pensado que la idea de tener uno de los mejores abogados del entretenimiento para aconsejarnos era inalcanzable. Imposible. Contra todas las probabilidades. Nunca había imaginado que se haría realidad. Pero de alguna manera, y sin mucho esfuerzo de mi parte, me encontraba con un experimentado y astuto abogado que conocía el mundo del entretenimiento de arriba abajo.

Un vellón menos, quedaba uno más.

Aún debía hablar con Justin antes de confirmar el viaje para reunirnos con Scooter. Sorprendentemente, esa fue una de las conversaciones más sencillas que haya tenido con mi hijo, considerando que el tema era algo de gran importancia, con tanto efecto en la vida.

Acababa de volver del trabajo, lista para sacarme mi ropa casual pero elegante, para ponerme algo más cómodo. Me hundí en mi lugar favorito del sillón de la sala y abrí la página de YouTube de Justin.

Cien comentarios nuevos en este video. ¡Ah!

Hmmm, alguien quiere que Justin haga algo de Michael Jackson. ¡Ugh! ¿Cómo puede decir algo así de Justin? Es solo un niño.

¡Genial! Hemos obtenido otro premio al video «con mayores respuestas».

Mientras miraba los nuevos correos que habían llegado en las últimas horas, oí la llave en la puerta delantera.

—Hola, mamá, ¿qué hay de nuevo?

Justin entró en el apartamento y se acercó a mí con una gorra de béisbol hacia atrás y una camiseta con capucha. Parecía que había vuelto a casa solo para volver a salir. Estaba siempre ocupado haciendo algo: practicando deportes, yendo al parque a patinar, jugando videos en casa de un amigo. Si no estaba cantando y yo no estaba sosteniendo una cámara de video, era muy difícil hacer que se sentara a hablar conmigo. Era el mismo niño de dos años con energía salvaje, siempre en movimiento.

—Siéntate conmigo un minuto, Justin. Quiero hablar contigo sobre algo.

Justin se dejó caer en el sillón, inclinándose para darme un beso en la mejilla.

Respiré profundamente, pretendiendo mantener la conversación como algo casual y ligero. No quería que sintiera que lo estaba presionando en ningún sentido.

—¿Te gusta cantar?

—Ehm, sí.

—¿Te encanta?

—Seguro.

—¿Qué quieres ser cuando crezcas, Justin?

—Un jugador profesional de hockey o fútbol, probablemente. No lo sé. ¿Por qué?

Comenzó a juguetear con los cordones de sus zapatillas.

—Muy bien. Ahora bien, si tuvieras la oportunidad de cantar y tocar música como profesión, ¿te gustaría hacerlo? ¿Al menos lo pensarías?

Justin resopló, molesto por tantas preguntas. Me pregunto si tenía alguna idea de adónde iba todo eso.

—Sí, probablemente. ¿Por qué me estas preguntando todo esto?

Miré a mi niño, pequeño adolescente. Dudé acerca de si entendía la magnitud de lo que le estaba preguntando. Dudaba que entendiera algunos de los sacrificios que todo esto significaría. Dudaba que entendiera que esto no era una broma, algo que se podría tomar a la ligera, como elegir un nuevo pasatiempo o decidir qué calzado deportivo comprar.

—Bueno, tenemos la oportunidad de ir a Atlanta a reunirnos con unas personas y ver cómo sería todo. ¿Qué te parece? ¿Quieres intentarlo?

Cerré los ojos, casi esperando que no le interesara, así podíamos terminar con esa charla y concluir el día. Podíamos volver a nuestras vidas normales sin la necesidad de luchar con esas decisiones exclusivas sobre su futuro. Podía continuar viviendo en mi comodidad. Si Justin hubiera dicho que no, habría llamado a Scooter en ese mismo segundo y rechazado cualquier tipo de ofertas futuras. Habría seguido haciendo y posteando videos de Justin durante el tiempo que él quisiera.

Pero Justin no dijo que no. Sus ojos se encendieron. Dijo:

—¡Sí, seguro! ¿Cuándo nos vamos?

Comencé una llamada por Skype con Scooter. No iba a hacer un viaje de dos horas sin que Justin conociera primero a Scooter. Ambos se llevaron muy bien al instante. Scooter era joven de corazón, divertido, y genial con los niños; Justin lo aceptó muy rápidamente. Estaba arreglado. A pesar de que no iba a tomar ninguna decisión sobre Scooter hasta que obtuviera mi confirmación, nos íbamos a Atlanta.

Todo estaba listo, pero yo seguía pendiente de mi segundo vellón, mi oración para saber si Scooter era quien debía representar a Justin. En apariencia, parecía un buen tipo. Lucía como si supiera lo que hacía. Pero aun así, necesitaba una confirmación clara, no solo paz.

Unos días antes de nuestro viaje, estaba haciendo unos trámites en el centro. Quería comprar unos chocolates en Rhéo Thompson Candies, nuestra famosa tienda de chocolates. Estacioné mi auto frente a un café y caminé unas cuadras más, agradecida por el día soleado y el aire fresco.

—Hey, Pattie.

Oí que alguien me llamaba. Me volví y vi que mi amigo Nathan, el mismo que había organizado la colecta de fondos para comprarle una batería a Justin. Estaba caminando con un hombre a quien yo no conocía. El tipo que estaba con él me miraba raro. No de manera desagradable. Parecía que me quería decir algo, pero no lograba sacarlo. Finalmente dijo:

—No estoy seguro de cómo te parecerá esto o si pensarás que es algo loco, pero realmente creo que tengo un mensaje de Dios para ti.

Mi corazón se detuvo.

—Seguro, dímelo —respondí.

—Tengo el presentimiento de que has estado pensando u orando sobre un trabajo con un hombre judío. Siento que Dios está diciendo «sí, sí y sí». La gracia de Dios está en ese hombre. Dios bendice todo lo que él toca.

—¡Oh! ¡Gracias! Estás en lo cierto. Estuve orando por eso mismo.

Me maravilló el modo en que Dios puede operar en los lugares más extraños, y a través de la vida de perfectos desconocidos. Hablamos por unos minutos y les conté la oportunidad que había recibido Justin y mi rechazo hacia ella.

Dios había respondido a mi segundo vellón. Era oficial. Sabía que al menos esta temporada, Scooter era la mejor opción. Sabía que podía tener un papel importante en la vida de Justin y en su carrera musical. Estaba ansiosa y nerviosa. No tenía idea de lo que nos esperaba. No tenía idea de las puertas que se abrirían con nuestro viaje a Atlanta. Francamente, nunca había imaginado todo eso.

Catorce

Justin y yo abordamos el avión para nuestro vuelo de más de dos horas hasta Atlanta. Antes de pasar al pasillo para dirigirnos a nuestros asientos, una linda auxiliar de vuelo tocó a Justin en el hombro: «¿Te gustaría ver la cabina», preguntó, guiñándome el ojo discretamente. «No está permitido, pero el comandante dice que puedes venir a ver cómo es». Momentos antes, yo le había mencionado a alguien de la tripulación que este era el primer vuelo de Justin.

Mientras el resto de los pasajeros pasaban junto a nosotros por el angosto pasillo, con sus bolsos que parecían demasiado grandes para el portaequipaje, Justin sonrió de oreja a oreja. «¡Sí, claro que quiero!» Pensé que era inusual, a la luz de las medidas de seguridad posteriores al 11 de septiembre, que la tripulación dejara que Justin fuera a la cabina. Pero agradecimos el gesto, de veras.

Rodeado por una interminable cantidad de botones, luces y llaves, el comandante y el copiloto le hablaron brevemente de los sistemas de vuelo. Fascinado por las luces que titilaban, Justin no decía mucho más que «¡Genial!» o «¡Increíble!», mientras yo buscaba la cámara en mi bolso, algo que llevaría pegado a la mano durante todo el viaje. Le saqué una foto. Mi hijo, sonriente, ponía una mano en una de las palancas de mando. Su cabello largo y rubio cenizo, aparecía por debajo de la enorme gorra de piloto que amablemente le pusieron. Sentí que el poder visitar la cabina sería una de las muchas cosas que Justin haría por primera vez en ese viaje.

Comenzaron a rugir las turbinas cuando el avión corrió por la pista. Justin pegó la nariz a la ventanilla. Íbamos cada vez más rápido y el ruido aumentaba. Se levantó la nariz del avión y sentimos que nuestro cuerpo se inclinaba contra el respaldo del asiento. Justin no podía creerlo: «¡Allá vamos! ¡Allá vamos! ¡Ya casi estamos arriba!». El avión siguió ascendiendo y las ruedas se despegaron de la pista. Con una sensación en el estómago mientras la nave tomaba mayor impulso, Justin gimió: «Oh, mi estómago. Mi estómago. Siento que... ¡blaaaaaaaaaaaaajjjjjjj!». Pero se recuperó enseguida y miró por la ventanilla, viendo cómo se hacía más y más pequeña la ciudad. «Es maravilloso», exclamaba Justin. «¡Puedo verlo todo!»

Cuando aterrizamos en Atlanta y nos dirigimos al interior del aeropuerto más activo de los Estados Unidos, nos sentíamos nerviosos y entusiasmados. Justin miraba hacia todas partes, todo le llamaba la atención. Era la misma mirada curiosa e inquisitiva que tenía cuando paseábamos por el centro de Toronto, siendo él un pequeñín de seis años. Pero ahora, ya no era pequeño. Era adolescente. Demasiado mayor para ir de mi mano mientras tratábamos de avanzar entre la muchedumbre que había en la terminal, pero lo suficiente joven como para necesitar de mí (aunque como típico adolescente, probablemente no quisiera admitirlo).

Suspiré. *Está creciendo y madurando demasiado rápido.*

—¡Vamos, mami! ¡Vamos! —y con eso, Justin me hizo volver a la realidad.

—Ya voy... ya voy —dije, divertida y fingiendo molestia.

Pasamos por el área donde se recogía el equipaje y llamamos a Scooter para avisarle que habíamos llegado.

—¡Excelente! Busca un Mercedes de color púrpura, frente a la entrada. No podrás dejar de verlo —nos dijo.

Apenas salimos, lo vimos. Tenía una sonrisa enorme al salir de su auto para tomar nuestras maletas. Me abrazó con afecto y chocó los cinco con Justin.

—¡Qué bueno verlos, amigos! ¿Qué tal el vuelo?

Mientras íbamos en su auto a toda velocidad hacia el centro de Atlanta, todo parecía pasar volando junto a nosotros, a uno y otro lado de la autopista. Scooter nos dijo cuáles eran los planes:

—Antes de que salieran del aeropuerto me llamó Jermain Dupri. Con el desafío de jugar en el estudio, NBA 2K8. ¿Les importa si paramos un rato?

Desde el asiento trasero, Justin exclamó:

—¡Me encanta ese juego! ¿Me dejarán jugar también?

Scooter miró a Justin por el espejo retrovisor.

—Claro que sí... aunque, prepárate para perder... —dijo con un guiño y una sonrisa.

Para Justin, el juego había comenzado. No iba a dejar pasar una competencia entre amigos. Mientras veíamos los rascacielos que surgían en el horizonte delante de nosotros, Scooter y Justin seguían charlando, animados.

Me encantó que se llevaran tan bien de inmediato. Scooter decía cosas tontas, tenía el don de hacer reír a Justin, en especial cuando irrumpió con su voz de surfista. Yo guardaba silencio y los observaba, algo escéptica ante la oportunidad y sin saber hacia dónde nos llevaría. Estaba centrada en ser madre, en tener los pies sobre la tierra, en no dejarme llevar por el remolino de lo que bien podría ser una carrera lucrativa para Justin en la industria de la música. No podía darme el lujo de no pensar. Tenía que observarlo todo, sin distraerme.

Para ese momento, no dudaba de que Scooter fuera exitoso, ni de que hubiera logrado cosas importantes. Solo era como una mamá osa, que no se deja impresionar con facilidad. Aunque aprecio y respeto el talento y los logros, mi prioridad era ser la madre de Justin. Mi trabajo, ante cualquier otra cosa, era protegerlo, cuidarlo y siempre pensar en su bienestar. Así que aunque respetaba a Scooter, en realidad, no me fijaba tanto en qué contactos tuviera o a quién podría conocer. Estaba en guardia, siempre para salvaguardar el bienestar de mi hijo. En el mundo del espectáculo es fácil dejarse llevar por la fama, las luces, las cámaras, lo glamoroso y todas esas cosas tan atractivas que la gente cree que envuelven al mundo de la música.

Apenas estacionamos frente al estudio, un Range Rover negro se detuvo al lado de nosotros. Cuando Justin vio quién salía de la camioneta, prácticamente saltó del asiento trasero. Vestido con una chaqueta de cuero y con gafas de sol de diseñador, Usher se veía genial, casi como si no prestara atención a nada, mientras pasaba junto a nosotros para entrar en el estudio.

—Oye, Usher —dijo Justin en voz alta y avanzando a zancadas para poder alcanzar a uno de sus héroes de la música—. Soy un gran *fan* y conozco tus canciones. ¿Puedo cantarte una?

Usher sonrió y, con educación, rechazó la oferta.

—En otro momento, amiguito. Hace frío afuera.

No lo veríamos hasta nuestro siguiente viaje, meses más tarde.

Scooter preguntó si yo podía esperar en el vestíbulo mientras Justin y él entraban al estudio. Claro que podía. Pero para ser franca, aunque sabía que no era nada personal, me sentí desilusionada. Sabía que Scooter quería jugar tranquilo y no hacer demasiada alharaca de la reunión de Justin con Jermain (creo que hasta lo presentó como su sobrino). Pero en cierto punto, me sentí excluida.

Aquí estaba yo, una madre que había pasado los últimos trece años criando sola a su hijo. Nosotros contra el mundo. Y ahora estábamos en otro país, enfrentando ciertas decisiones importantes, y separados. Jamás me había gustado estar separada de Justin, ni siquiera ahora. Caminé por el vestíbulo mientras esperaba, tratando de distraerme. Había placas en las paredes con discos de oro y platino de artistas como Mariah Carey y Destiny's Child. Todo muy lindo, pensé, pero nada de eso me convencía del todo.

Ese día, más tarde, Scooter nos llevó al lujoso apartamento de su amigo donde nos quedaríamos esa semana. Apenas entramos al lugar, en el piso treinta y dos, me sentí transportada a las páginas de esas importantes revistas de diseño interior. El lugar tenía estilo ultramoderno, como apartamento de soltero, con lustrosos pisos de madera, una mullida alfombra de piel de oveja al pie de un sillón de cuero rojo manzana, ventanales del techo al piso con impactantes vistas del centro de la ciudad, y lo que más le encantó a Justin, la televisión de pantalla plana más grande que hubiera visto en su vida. Los dormitorios eran blancos, impecables al punto que encandilaban, espaciosos, con poco mobiliario excepto por más televisores de pantalla plana y las camas más cómodas en las que hayamos dormido. Era oficial. Justin y yo morimos, y estábamos en el paraíso de *MTV Cribs*.

Nos divertimos mucho en ese apartamento. Nos fascinaban los tonos decorativos tan singulares que adornaban el lugar, como la caja de dominó hecha de diamantes verdaderos y la calavera de lagarto que Justin simplemente no podía dejar de tocar. Creo que nos tomamos cien fotografías, solo allí en el apartamento. Todo el tiempo, Justin tenía los ojos como platos mientras decía: «Oh, mira, mami» o «Fíjate en esto», cada dos minutos. Atlanta no se parecía a Stratford en absoluto. Era una metrópolis vertiginosa y, en comparación, el pueblo de donde yo venía parecía más pequeño todavía.

Entre reuniones con distintos productores y cantantes, un día Scooter recibió una llamada de su padre, que vivía en Connecticut. Iba camino a su casa y haría una escala en Atlanta. Scooter quería que pudiéramos reunirnos los cuatro en el aeropuerto antes de que su padre tomara el vuelo a su ciudad.

Antes de conocernos en persona, Scooter nos habló mucho de la importancia de la moral y los valores familiares que desde el primer día sus padres le habían enseñado, formando así su personalidad. Pero una cosa es hablar de todo eso y otra, vivirlo. Así que esperaba conocer a su padre para echar un vistazo a las raíces de Scooter y ver la dinámica de su relación en acción. Si Scooter iba a ser el agente de Justin e influir de manera significativa en su vida, quería asegurarme de que fuera un hombre íntegro. ¿Qué mejor forma de averiguarlo que conociendo a su padre?

Ervin Braun, dentista con una carrera brillante, nos halló en la sección de comidas. Creo que venía de un viaje en el que había estado surfeando. Era un hombre alto, apuesto, con una presencia inconfundible y un estilo seguro, aunque no arrogante. También tenía los pies sobre la tierra. Era uno de los hombres más agradables que he conocido. En un momento, Scooter fue con su papá a un pasillo tranquilo para apartarse del ruido de cincuenta conversaciones simultáneas y el bullicio típico de los restaurantes de comida rápida, para que Justin pudiera cantarle algo. A Ervin le gustó mucho su función privada.

Mientras comíamos sándwiches, le hice muchas preguntas al padre de Scooter, repitiéndole mis temores y preocupaciones en cuanto a que Justin entrara en la industria del espectáculo. A lo largo de toda la reunión, hizo hincapié en que podía confiar en su hijo, que era un hombre íntegro y nos cuidaría muy bien. Sé que lo que me aseguraba Ervin no era una charla de ventas. Era sincero, en cada una de sus palabras. Mi instinto era bastante bueno. Y sabía que estaría bien.

Pero no me quedé solo con lo que me dijo Ervin sino que leí entre líneas. Lo observé cuando interactuaba con su hijo. Era evidente el amor entre padre e hijo, el respeto mutuo, la coincidencia en muchas cosas. Su relación me impresionó muy bien. Sabía que Scooter venía de una buena familia y el conocer a Ervin me ayudó en cierto modo a cerrar trato con él.

Dejamos Atlanta sin compromisos oficiales. Justin seguía en la escuela y no pensaba sacarlo de allí antes de que terminara el año. Aunque no estaba dispuesta a apresurar las cosas, Justin ya lo había decidido. Si de él dependiera, habría firmado el documento antes de volver a Canadá. Le dije a Scooter que nos mantendríamos en contacto para hablar en cuanto a cómo sería todo si decidíamos avanzar con él, como agente de Justin.

Fui sincera con mi hijo y me esforcé por andar por la fina línea entre el aliento y una buena dosis medicinal de realidad.

—Sé que todo esto es asombroso, una oportunidad increíble —le dije—. Pero no te hagas ilusiones todavía. No he tomado una decisión.

No quería ser pájaro de mal agüero, pero la verdad es que todavía no había llegado a una conclusión definitiva. Sí que tenía la confirmación en las respuestas a mis dos preguntas más importantes, pero aún me costaba decidirme. Había muchas cosas en juego, no mías sino de Justin, mi único hijo. Necesitaba tiempo y paz absoluta antes de dar el gran paso y desarraigarnos para mudarnos a otro país.

Dos o tres semanas después de nuestro viaje a Atlanta, lo decidí. Entre el progreso natural de mis perseverantes oraciones, la confirmación de mis dos vellones, la paz que sentía en mi espíritu, la diligencia de Scooter y el apasionado impulso de Justin, la respuesta era clara. Llamé a Scooter: íbamos a dar el gran paso para mudarnos a Atlanta. Empezó a redactar los contratos.

Estaba tan emocionada por Justin, entusiasmada por ver cómo iba a desarrollarse, página a página, este nuevo capítulo de su vida. Claro que tenía mis preocupaciones sobre lo impredecible que es la industria de la música y la dura y cruda realidad de lo que puede pasarles a los artistas jóvenes. Como madre, esas preocupaciones y, en general, toda ansiedad puede seducirme. Ya en movimiento tras el contrato oficial de Scooter como agente de Justin, el asunto aumentó a una velocidad que mareaba. Era hora de planificar la mudanza a los Estados Unidos.

Tuve muchas conversaciones serias con Justin en esos días. Lo llené de amor y palabras de aliento; le decía que estaba muy orgullosa de él. Pero al mismo tiempo no quería que tuviera un falso concepto de sí mismo. Jamás me cansaba de recordarle de dónde venían sus dones y cómo habían llegado a rodearle tantas oportunidades increíbles. Como madre, quería inculcarle una perspectiva equilibrada, un sólido entendimiento del telón de fondo de su creciente popularidad y futura carrera.

Recordé el versículo: «Con regalos se abren todas las puertas y se llega a la presencia de gente importante» (Proverbios 18:16, NVI). Y por eso, muchas veces y de maneras diferentes, le advertía: «Puedes arrogarte el crédito de ser disciplinado y de esforzarte por pulir tus talentos, pero no por ser naturalmente bueno en lo que haces. Es Dios el que te dio esos talentos. Y la única razón por la que estás en esta posición, es por Él».

Aunque jamás le empujé mi fe a la fuerza, le di un fundamento, un cimiento sólido. Lo equipé con determinadas creencias y valores sabiendo bien que tendría que decidir él mismo cómo vivir y qué caminos tomar. Siempre será decisión suya, de nadie más.

Aunque Justin seguía en la escuela y yo no quería que la dejara antes de que terminara el año, su entusiasmo le salía por los poros. Mientras tanto, la vida seguía a paso tranquilo en Stratford. Yo trabajaba, Justin iba a la escuela, subíamos videos en Internet. Eso era más o menos todo.

Scooter y yo trabajamos juntos por reforzar la cantidad de seguidores de Justin en YouTube. Nos quedábamos levantados por las noches monitoreando el canal, subiendo videos, observando cómo crecía su popularidad. Y aunque despertamos cierto interés en algunas discográficas, nadie mordió el anzuelo hasta que Scooter trajo a Usher y Justin Timberlake. Era un honor que ambos nos tomaran en cuenta. Aunque al fin decidimos trabajar con Usher, siento que con cualquiera de los dos nos habría ido bien. Recuerdo ese viaje para ir a ver a Usher, en febrero de 2008. Justin estaba fuera de sí, pensando en que conocería a uno de sus ídolos. Debo admitir que también me entusiasmaba. Crecí escuchando su música y lo admiraba. Fue un viaje corto, pero pasaron muchas cosas. Nos reunimos con Usher en lo que parecía un estudio de danzas. Había una pared de espejo y muchas sillas. Justin hizo lo suyo y entonó canciones como «I'll Be», de Edwin McCain, y hasta «U Got It Bad», de Usher. En una parte de esta última canción, Justin le preguntó a Usher en tono juguetón: «¿Cantarás conmigo o qué?», y siguió cantando. Sin ponerse nervioso. Ni un poquito. Justin es un actor nato. Nunca se pone nervioso.

Justin y Usher se llevaban bien. Los dos eran competitivos. El juego favorito de Usher era *Connect Four* y Justin mencionó que hacía tiempo que no jugaba. A la una o dos de la mañana, a horas de tomar nuestro vuelo de regreso a Canadá, Usher nos hizo llegar un juego de *Connect Four* y un cubo de Rubik. Nos conmovió ese gesto tan afectuoso. Justin estaba impaciente por practicar para poder jugar con Usher un día y ganarle la partida.

Al contarles a mis padres la noticia de que nos mudaríamos a Atlanta cuando terminaran las clases, se alegraron mucho. Reconocieron el hecho de que Justin tenía por delante una oportunidad para llegar a algo grande. Como sucedería con todos los abuelos del mundo, les partía el corazón el hecho de que su nieto estaría a mil trescientos kilómetros de distancia. Bruce estaba destrozado, porque él y Justin tenían un vínculo especial, que Justin no podría reproducir con ningún otro ser humano, ni siquiera con su abuela ni conmigo.

Jamás había visto a Bruce derramar una sola lágrima hasta que Justin cantó en el concurso Stratford Star. Había algo en Justin que le producía profunda emoción. Cuando les contamos a él y a mamá que habíamos decidido mudarnos, Bruce comenzó a balbucear. Iba a echar de menos a su pequeñito. Formaban un equipo. Todos los viernes por la noche, él y Justin iban a ver al equipo de hockey en un partido en el estadio de Allman. Bruce también me acompañaba a todos los partidos de hockey de Justin y hasta lo llevaba a casi todas sus prácticas.

Aunque yo tenía aprehensiones sobre los potenciales problemas y las tentaciones que implicaba entrar en el mundo del espectáculo, sabía también que en Atlanta la red de contención sería mejor que en la escuela secundaria de nuestra ciudad. Stratford es una ciudad pequeña, pero se le conoce como «la capital de la metanfetamina» de Canadá, y como yo no podía estar junto a mi hijo las veinticuatro horas del día, los siete días de la semana, incluso en esa ciudad tan pequeña había muchos peligros y problemas en que podría meterse.

Desde el principio, Scooter y yo nos cuidamos de elegir a las personas adecuadas para que estuvieran con Justin y trabajaran con él. Aunque tal vez no estemos de acuerdo en todo y nuestras filosofías puedan ser distintas, tenemos el mismo compromiso con respecto a proteger a Justin. Tomamos la decisión consciente de no rodearlo de hombres y mujeres que dijeran que sí a todo. Queríamos un equipo que presentara desafíos a su carácter, que fomentaran su integridad. Así que aunque la mudanza me preocupaba en diversos aspectos, sentía confianza respecto del bienestar de mi hijo. Sabía que Scooter y yo siempre tendríamos los dedos sobre el pulso a las idas y venidas diarias de Justin.

La realidad tiene una manera de desaparecer cuando estás en medio de un gran cambio en tu vida. Las emociones quedan a un costado porque, en ese momento, lo que te ocupa son las listas de cosas por hacer. Pero pasado ya el ciclón de tareas, como reducir treinta y tres años de tu vida a un par de maletas, tomar las historias clínicas y los récords escolares, y calcular toda la logística de mudarte a otro país, cuando regresa la calma, sucede algo. La realidad se presenta como si fuera un primo distante que llega de sorpresa. Tenía que enfrentar la inevitable despedida de todo lo que conocía, para aventurarme a la incertidumbre de lo nuevo.

Lloré mucho ese último mes, antes de dejar mi apartamento. Mucho. Los días se iban fundiendo unos con otros mientras lloraba y procesaba mi duelo de perder ese lugar conocido donde había nacido y crecido. Iba en el auto por los caminos menos transitados, a lo largo de kilómetros, mirando las pintorescas granjas de las afueras de la ciudad. Además, conducía por las lindas calles del centro de Stratford y pasaba por la biblioteca donde Justin y yo solíamos leer libros como *Clifford, el gran perro rojo* o la serie de *Arturo*. Pasé por los viejos barrios, recordé a mis mejores amigos de la cuadra y las ferias en las que nos divertíamos con monedas.

Estaba dejando atrás los lugares y las cosas que me daban consuelo, alegría, que me hacían reír, que me ofrecían seguridad. Todo lo que conocía de Stratford, todo lo que amaba, como el bellísimo río donde mi hijo y yo admirábamos a los graciosos cisnes o alimentábamos a los ruidoso patos, hasta el escenario del teatro donde yo había actuado y que para mí era mi segunda casa, o los cafés y bares donde pasaba horas charlando con mis mejores amigos, todo eso sería solo un recuerdo a mil trescientos kilómetros de mi hogar, allá lejos, en Atlanta, Georgia. (Y en Atlanta, ¡no hay Tim Hortons! ¡Todos los días de mi vida de adulta bebía un café Tim Horton! ¿Qué iba a hacer ahora?)

Apenas le avisé al dueño del apartamento, mamá entró como un general del ejército. Se puso a trabajar, tratando de aliviarme el trabajo de vaciar el apartamento. No podíamos llevarnos muchas cosas a Atlanta, solo lo que cupiera en una o dos maletas. Habitación por habitación, rincón tras rincón, parte por parte, casi todas mis pertenencias y muebles empezaron a desaparecer. Mamá era mujer de decisiones rápidas. Esto se vendía. Esto se donaba. Eso otro se tiraba. Aquello se le daría a una amiga. Yo daba gracias por su apoyo pero, a veces, se movía tan rápido que no podía seguirla. Había momentos en que yo necesitaba tiempo. Y espacio. Necesitaba procesar el hecho de que las partes de mi vida acumuladas a lo largo de los años, dejaban el apartamento. En un abrir y cerrar de ojos —o al menos eso es lo que sentí—, me encontré a una o dos semanas de la mudanza, viviendo en un apartamento donde solo tenía un colchón en medio de la sala. Había ropa de Justin apilada en un rincón y algo de la mía colgada en el armario. El apartamento no era lo único vacío y desnudo. Yo también me sentía vacía. Y lloraba. No sabía siquiera dónde podía encontrar una manta.

Antes de vaciar mi apartamento, hubo mucho que limpiar. Jamás olvidaré que una vez saqué una bolsa enorme llena de juguetes rotos con los que Justin ya no jugaba desde hacía años. Lloré. Una vez más. Ya no era un bebé. Ni siquiera un niño. Justin crecía, maduraba, y ahora andaba por todas partes, e incluso entraría en territorio desconocido, en un paisaje extraño donde ningún manual o GPS me ayudaría a guiarlo o a navegar. Si hasta parecía ayer cuando Justin golpeaba en su sillita, como si tocara la batería. ¿Había pasado una década ya?

El día de la mudanza estuve allí, en el apartamento vacío, rodeada de las paredes ya casi despintadas que se veían permanentemente sucias. Al mirar las habitaciones —el tope de la cocina que jamás pude limpiar bien, las cosas viejas que ya tenían sus años, los rayones de las paredes—, en un momento mis ojos se posaron en el piso del pasillo. Me quedé mirando unos minutos, sin un motivo en particular. Las baldosas de vinilo estaban bastante gastadas. No podías decir si el piso estaba sucio o si las rayas eran originales del diseño. Aunque me dolía el corazón, por la montaña rusa de recuerdos que pasaban por mi mente, estaba segura de algo: definitivamente, no iba a extrañar este viejo apartamento.

Mi amigo Scott, mi salvavidas en esas últimas semanas, un día me ayudó a sacar algunas de las cosas más pesadas hasta la calle. Y, en ese momento, me derrumbé en sus brazos como una muñeca de trapo. Lloré en su hombro, sintiendo el insoportable peso de esta nueva transición. Aunque se estaba por escribir un nuevo capítulo, sentía que mi vida misma, esa que había construido, se me iba de entre las manos. Mientras caminábamos hacia la esquina por el rabillo del ojo vi la tienda donde Justin compraba golosinas casi todos los días al salir de la escuela. De nuevo el llanto, y la camiseta blanca de Scott quedó manchada y empapada.

Scott, Justin y uno de los mejores amigos de mi hijo, Chaz, fuimos a acampar al Parque Provincial Pinery una semana antes de que nos fuéramos a Atlanta. Eso sirvió para calmar un poco nuestra ansiedad. Por unos días, caminamos mientras matábamos mosquitos en las tardes húmedas y pegajosas. Nos refrescamos en las aguas claras y tranquilas del lago y jugamos en las grandes dunas de arena. Justin y Chaz pasaron horas haciendo pequeñas fogatas. Y por la noche, nos abrigábamos en las bolsas de dormir, dentro de la tienda, y dormíamos bajo la luz de la luna con el sonido de los grillos.

Cada vez que oigo las canciones «Better Together» de Jack Johnson y «1234» de Fiest, recuerdo ese viaje. Porque las escuchábamos una y otra vez. Me recuerdan lo libres que nos sentíamos, disfrutando de la belleza de la naturaleza, cantando tontas canciones junto al fuego, aparentemente sin que nada en el mundo nos preocupara. Para eso habíamos ido: para divertirnos. Había querido que Justin tuviera un último viaje de improviso. Quería que pudiera pasar tiempo con su mejor amigo, sin tener que lidiar, al menos por un tiempo, con las conflictivas emociones y los sentimientos que seguramente pujarían dentro de su corazón.

Con la cuenta regresiva hasta el día de la partida ya casi en sus últimos días, di una fiesta de despedida para Justin en la granja de nuestro amigo Chad. Mi hijo se sorprendió al ver cuánta gente asistió a apoyarlo. Por lo que yo vi, creo que estaban todos los alumnos de los primeros años de su escuela secundaria. Algunos jugaban voleibol y otros andaban en cuatriciclos mientras otro grupo se reunía alrededor de la mesa de bocaditos y pasteles grasientos y poco saludables que tanto les gustan a los chicos. Al atardecer, los adolescentes se reunieron alrededor de una gran fogata y cantaron, mientras Justin tocaba su guitarra. Hasta les regaló solos, de «Cry me a river», de Justin Timberlake, entre otras canciones. Antes del final, terminamos la celebración con coloridos fuegos artificiales.

Mi propia fiesta de despedida no fue tan grande ni tan elaborada. Invité a unas cincuenta personas conocidas. Solo asistieron nueve, incluyendo a la esposa de John, Sue, y a su hija Tasha. Aunque me sentí desilusionada porque hubo tantos que no pudieron acompañarme, nos divertimos. Era la primera vez que yo iba a un bar estilo *country*. Bailamos y seguimos coreografías desconocidas, de temas como Charlie Daniels, con un violín que sonaba estrepitoso por los parlantes.

Hasta me animé, gracias a la presión de mis amigos, a subirme al toro mecánico esa noche, un poco más tarde.

Apreté las piernas contra la piel sintética con todas mis fuerzas, mientras el toro me sacudía con tal fuerza que apenas lograba mantenerme sentada. Mientras todos gritaban y cantaban, como típicos fans del *country*, finalmente aterricé como un manchón de pintura sobre el suelo acolchado. (¡Aunque me felicito a mí misma porque no fue en los primeros quince segundos!)

La noche anterior al día de nuestra partida, Justin y yo dedicamos algunas horas a pasear por la ciudad. Era nuestro momento de recordar y despedirnos, juntos. No hablamos mucho, aunque pusimos el estéreo a todo volumen, como siempre. A medida que pasaban junto a nosotros las escuelas a las que había ido Justin, el parque de patinaje al que iba seguido y los que habíamos explorado juntos, íbamos diciendo adiós, adiós, adiós…

CAPÍTULO

Quince

Mucha gente sueña con un nuevo comienzo, aunque para la mayoría todo queda en deseos. ¿A quién no le gustaría hacer borrón y cuenta nueva? ¿La oportunidad de conocer gente nueva que no sabe quién eres, ni los errores que cometiste, ni los malos hábitos que no puedes dejar?

Para mí, la mudanza a Atlanta era mi nuevo comienzo y aunque agradecía ese novedoso inicio, me hallaba en un laberinto de emociones: extrañaba mi hogar, aunque estaba ansiosa por iniciar la nueva aventura, pero tenía mis aprehensiones respecto de lo que vendría.

Creo en Justin con todo mi corazón y sentía entusiasmo por su nuevo futuro. Sabía, sin duda alguna, que era talentoso y que quería todo eso con el corazón. Pero no sabía qué esperar, sobre todo porque veníamos de una ciudad pequeña de Canadá. Tan solo las diferencias demográficas nos abrumaban. La población de Stratford llega a treinta mil personas y la tasa de delincuencia es una de las más bajas en todo Canadá. Atlanta es una de las ciudades más peligrosas de los Estados Unidos, con tasas de criminalidad cinco veces más altas que las del promedio nacional. Más de cinco millones de personas viven en el área metropolitana de Atlanta. Es una diferencia muy grande.

Scooter nos advirtió que no estaría en casa la primera semana después de nuestra mudanza. No es que lo hubiera planeado así. Era un mal momento. El día en que llegamos a Atlanta, todo estaba envuelto en neblina. Scooter nos dejó en un hotel de Buckhead, nos dio trescientos dólares para esa semana, y se fue en un viaje de negocios. No voy a adornar las cosas. Fue una semana dura. El lugar en el que nos alojamos era precioso. El hotel estaba en una de las comunidades más caras de Atlanta, rodeado de bellísimos jardines, con calles impecablemente limpias, flanqueadas por edificios de una arquitectura impresionante, donde había también *boutiques* de alta costura demasiado caras siquiera para mirar las vidrieras. Era todo deslumbrante, pero difícil de disfrutar. Aunque apreciaba la generosidad de Scooter, todo era tan caro que no podíamos hacer mucho. No iba a pagar veinte dólares por una hamburguesa, ni setenta y cinco por una entrada a un espectáculo. Además, Justin y yo estábamos en un lugar desconocido y no me sentía segura saliendo a explorar sin alguien que nos acompañara.

La tensión de la mudanza, la soledad y el no conocer a nadie, se cobró su precio al poco tiempo. Aunque me sentía increíblemente ansiosa por esa mudanza, traumática, igual daba gracias porque mi ansiedad y mi depresión ya no eran lo que fueron en el pasado. De hecho, unos meses antes de la mudanza, con ayuda de mis médicos, dejé de tomar la medicación diaria.

Pero esa primera semana me sentía abrumada. Me estallaba la cabeza por las migrañas. Ahora que miro hacia atrás, me siento terrible por Justin. El dolor me debilitaba al punto que no podía hacer mucho más que pasar el día entero en cama. Mi pobre hijo se habrá vuelto loco en esa habitación de hotel. Peleábamos mucho. Imposible no hacerlo.

Kenny Hamilton, un buen amigo de Scooter que terminó siendo uno de los guardaespaldas de Justin, vino a vernos al hotel uno de esos días. Fue un regalo de Dios que rescató a mi hijo. Llevó a Justin de paseo algunas veces mientras yo me quedaba en cama con migraña, acurrucada bajo las sábanas, tratando de no moverme. Nunca olvidaré lo bueno que fue Kenny esa semana, y todas las que le siguieron hasta hoy.

Una semana después, Scooter regresó y pasamos unas noches en la casa de los padres de su novia. Por fin había llegado el momento de ir a casa, una nueva vivienda, ubicada en una comunidad tranquila en medio de la ciudad. Era una casa de tres pisos, preciosa. Con solo entrar por la puerta del frente, me sentí menos nerviosa. El lugar estaba vacío. Todo era nuevo, flamante y estaba impecable. Ni comparación con mi viejo apartamento. *Hola, nuevo hogar.*

Los tres fuimos a una tienda de muebles donde Scooter pagó la cuenta por una cantidad de sillones, mesas y juegos de dormitorio «de segunda mano». También fuimos a Target y llenamos dos carros con cosas de todo tipo: papel higiénico, platos, toallas, cacerolas, sartenes, sábanas, relojes y artículos de tocador. La parada final fue el mercado. Jamás compré tanta comida en mi vida (¡gracias, Scooter!). Llenamos el refrigerador y la despensa con condimentos, cereales, pastas, frutas, verduras, bocados, bebidas gaseosas y jugos. Como madre soltera que había vivido trece años contando las monedas y recibiendo ayuda del gobierno, sentí como si hubiera ganado la lotería. Fue realmente divertido armar nuestro hogar. Empezar otra vez con cosas nuevas nos entusiasmaba, era liberador.

Pero me dolía haberlo dejado todo atrás y haberme separado de toda la gente que conocía, porque aquí no conocíamos a nadie más que a Scooter y Kenny. No teníamos una iglesia. Ni una red de apoyo. Hasta los amigos que dejamos allá parecían no tener tiempo para conectarse. Echaba de menos mi lugar, tanto que me dolía físicamente. Y lloré durante seis meses.

Mi plan era encontrar una iglesia de inmediato. Estaba segura de que la hallaría enseguida, porque Atlanta está en el Cinturón Bíblico y había una casi en cada esquina. Me conectaría, me uniría a un grupo pequeño, conocería gente, saldría a tomar café o a cenar con mis nuevos amigos y volvería a tener una red social que me apoyara. No tuve esa suerte. Me costó encontrar una iglesia donde sentirme como en casa.

Lo intenté. Fui a distintas congregaciones cada domingo: megaiglesias, iglesias pequeñas, iglesias dinámicas, iglesias con proyectos de evangelización o solidaridad. Todas tenían cosas positivas, pero no logré conectarme con nadie en particular al menos en seis meses. Me sentaba en un banco de la congregación un domingo tras otro, disfrutando de buena música y buenos sermones. Y miraba a la gente que tenía alrededor, que se abrazaba y se decía «hola», preguntando por los hijos de tal o cual, y qué harían a la hora del almuerzo o qué traerían para el almuerzo la semana siguiente. Sentía que quería desaparecer en los asientos acolchados.

El hecho de no poder conectarme tuvo cierto efecto en mi fe. En algunos aspectos, sentía que Dios me había abandonado. No podía sentir su presencia. Fue una de mis épocas espirituales más oscuras, en la que tuve fobias y miedos que no sentí antes. Tenía miedo de volar, por ejemplo. Durante unos ocho meses después de la mudanza, cada vez que abordaba un avión, me plantaba en el asiento y hundía las uñas en los apoyabrazos. Cerraba los ojos tan fuerte que me dolían. A segundos de hiperventilar, repetía en susurros: «Por favor, no dejes que muera. Por favor, no dejes que muera». Si Justin quería ir al parque de diversiones me negaba a subir a la montaña rusa o a los toboganes de agua, porque estaba convencida de que moriría, algo muy inusual en mí. Casi todas las noches, durante semanas, tuve pesadillas en que caía de un puente y moría con la cabeza aplastada contra las rocas de un río poco profundo.

Trataba de animarme yo misma, decidida a que esos sentimientos de abandono no destruyeran mi fe. Oraba. ¡Sí que oraba! Leía mi Biblia más que antes, absorbiendo cada palabra y escuchando además la versión grabada en cinta de audio. Pero con todo, no lograba quitarme de encima esos sentimientos que me carcomían como termitas, que desgastaban mi paz con sensaciones de temor y ansiedad.

Luchaba con Dios en medio de la noche, cuando Justin dormía profundamente en su cama. Batallaba con Dios apenas asomaba el sol por el horizonte bañando de color naranja a los que salían a trotar. Peleaba con Dios mientras quedaba atascada en un embotellamiento de tránsito en las atestadas autopistas de Atlanta. «¿Dónde estás, Dios?», gritaba en un sollozo. «¿Te enojaste conmigo? ¿Te entendí mal con esto de la mudanza? ¿Por qué siento que me estás rechazando?»

Se me partía el corazón, no dejaba de llorar. Pero por abandonada y triste que me sintiera, estaba decidida a no dejar a Dios, aunque solo pudiera aferrarme a un hilito de fe. Seguía asida a Él con todas mis fuerzas y contra todo pronóstico. Estaba familiarizada con esas noches oscuras del alma y sabía que, a pesar de lo que sintiera, tenía que seguir aferrada... un poco más... tal vez, mucho más.

Tenía momentos de alivio cuando me animaba algún mensaje, o la oración sentida de un viejo amigo, o si percibía la conocida presencia de Dios que durante un tiempo no había experimentado. El inmanejable peso del pánico parecía entonces levantarse, aliviando mis espaldas. Y mi corazón aminoraba su ritmo, se calmaba. Todos los miedos y las fobias que llegaban tan repentinamente, se desvanecían.

Creo que mi inquietud espiritual y emocional fue resultado del drástico cambio. Tenía que mantenerme firme con Dios en esos días. Eso era un desafío porque debía depender únicamente de mi fe, sin depender de nadie más. El cambio extremo se convertiría en mi nueva normalidad, al entrar en la vertiginosa vida de los viajes continuos en que cada noche dormiríamos en un hotel distinto.

Pasaban cosas asombrosas e importantes en la vida de Justin, y todo sucedía a gran velocidad. Entre mi tiempo con él en los estudios de grabación, mirándolo mientras cantaba, o los viajes con él haciendo promoción en las emisoras de radio por todo el país, también tenía la responsabilidad de firmar contratos que podían afectar gran parte de su vida. Eran páginas y páginas de jerga legal que me ponían delante todos los días y aunque tenía un abogado que me ayudaba a avanzar párrafo a párrafo, para mí todo eso resultaba difícil. Al fin, solo era la madre de Justin. Responsable de las repercusiones que pudieran surgir de cualquier documento que firmara, de cualquier trato que autorizara.

Hubo momentos en que el miedo entraba casi a escondidas en mi corazón. Temía cometer un error. Sentía demasiada presión. ¿Y si firmaba algo que llevara a Justin en la dirección equivocada? ¿O que lo encadenara a una obligación que pudiera dañarlo a largo plazo? ¿O que lo pusiera en el camino de relaciones poco saludables y de larga duración?

No podía permitir que esas preguntas y esos temores paralizaran mi confianza. Recordaba entonces quién nos había traído a ese lugar, quién había puesto cada una de las piezas y detalles, de modo que yo supiera que todo había sido designado por Dios. Él no me habría puesto en esa situación para que cayera o fracasara. Empecé a escuchar lo que me indicaban mis instintos, a seguir la paz de mi corazón. Estoy segura de que cometí errores, pero, ¿qué padre o madre no los comete?

Al fin encontré una iglesia donde me sentía como en casa. Además conocí a un hombre la primera vez que asistí, al que medio en broma llamaré «mi ángel». Brandon estaba de visita cuando lo conocí. Era de Maryland. Después de que el pastor nos persuadiera de que nos pusiéramos en contacto, formamos un vínculo al instante. Brandon fue entonces nuestro pastor de viajes, venía con Justin y con su equipo cada vez que viajábamos. Lo hizo durante unos años. Justin necesitaba un mentor y aunque Scooter era por cierto una buena influencia, no podía hacerlo todo. Scooter siempre estaba a todo vapor, haciendo un millón de cosas para que la carrera de Justin, en plena erupción, fuera exitosa. Mi hijo necesitaba a alguien que pudiera dedicarse de lleno a la formación de su carácter, alguien que pudiera orar con él, que le diera orientación. Brandon era el indicado. Era un joven de poco más de veinte años, formó una muy buena relación con Justin. A los dos les gustaba cantar *rap* y pasaban horas escribiendo canciones. Hace poco, Brandon se casó e inició su nueva vida, dejando atrás su papel como pastor y acompañante de Justin. Pero siempre le estaré agradecida por haber apoyado tanto a mi hijo en esa época.

El resto de la historia, es conocida. Casi todos la saben bien: los álbumes de platino. Los grandes éxitos. Los sencillos número uno en el mundo. Los premios Grammy. Los premios *American Music*. Las giras por el mundo. Las fans. Esas fanáticas absolutamente maravillosas.

Estoy muy orgullosa de Justin. Me asombra lo lejos que ha llegado y lo incansable que es en su esfuerzo por entretener a sus fans. Una de las cosas que siempre admiré en mi hijo es su capacidad de pasar del Justin Bieber cantante, al Justin Bieber adolescente normal. Desde el principio, jamás permitió que las cámaras, el éxito, las seguidoras y sus gritos, el brillo y lo glamoroso, le quitaran sus raíces.

Me recuerda la ocasión en que cantó en una función especial durante un recital cuando apenas comenzaba su carrera. Me fascinó lo calmado, tranquilo y compuesto que estaba. Creo que fue el primer momento en que supe sin duda alguna que había sido creado para eso. Que había nacido para actuar.

Era la primera gran función de Justin. Hasta entonces solo había hecho pequeños espectáculos, con apariciones breves en la radio durante su gira promocional por todo el país. Pero jamás algo como eso. Eso eran las ligas mayores.

El momento de la verdad había llegado. Justin tenía muchísimos seguidores en Internet —por supuesto, nada como lo de hoy— y la publicidad para el evento mayor hizo el resto. Miles de personas llenaron el enorme estadio. Las luces de los flashes enceguecían. El rugido de miles de chicas era como un trueno que no permitía pensar.

Estaba nerviosa por mi hijo y caminaba de aquí para allá tras bambalinas, acompañada por Scooter y Ryan (el agente/estilista de Justin en los viajes, que iba con nosotros a todas partes). Tenía una sensación terrible en la boca del estómago. Estaba segura de que Justin pasaría a solas sus últimos momentos antes de subir al escenario, ensayando y concentrándose. Quería darle una charla para prepararlo, para recordarle que se relajara, para decirle que todo saldría bien. Porque eso era lo que necesitaba, ¿verdad? ¿Que su mamá lo animara para calmarle los nervios?

Dispuesta a envolverlo en mis brazos, en un cálido abrazo justo antes de la función, me resultó increíble lo que vi cuando lo encontré tras bambalinas. Estaba inclinado sobre una laptop, jugando furiosamente con el video que lo obsesionaba en ese momento. ¿No sabía acaso que faltaban tres minutos para subir al escenario? ¿No se daba cuenta de que estaba a punto de cantar frente a miles de fans que gritaban frenéticamente?

—Justin —dije en tono un poco cortante—. Tienes tres minutos. ¡Deja ya ese estúpido juego!

Ni se molestó en levantar la mirada. Seguía absorto en la computadora, sin hacer caso, como si le hubiera dicho que tenía que ordenar y limpiar su cuarto.

—Espera. Ya voy, mamá. Ya termino. ¡Estoy por batir mi propio récord!

¿Qué estaba diciendo? ¿Era broma? La verdad, no sabía qué decir. No le preocupaba para nada el paso de los segundos y los minutos. La presión. Era un espectáculo importante.

—Justin — repetí, molesta—. ¡Deja esa computadora!

—Mamita, espera. Ya voy. Quiero terminar con esto.

Y entonces, a menos de un minuto de tener que cantar, a segundos de que yo fuera a arrancarle la computadora de las manos, Justin la cerró. Me miró con una enorme sonrisa, se paró de un salto y dijo: «¡Listo!».

Tomó un micrófono que había cerca y corrió hacia el escenario. Lo oí gritar, tranquilo y disfrutándolo: «¿Qué tal, Nueva York?». La respuesta fue estruendosa.

Aunque aumentara la presión, él seguía siendo un típico adolescente. Jamás olvidaré lo que pasó después de uno de sus primeros espectáculos. Salimos apresurados del estadio porque solo teníamos treinta escasos minutos para llegar a la estación de radio a su próxima función. Los oficiales de seguridad nos rodeaban mientras tratábamos de avanzar, educadamente, en medio de los cientos de chicas que esperaban a Justin en la calle. Parecía que nuestro auto estaba a kilómetros de distancia y me sentí apretada en medio de chicas que gritaban y cientos de manos extendidas que trataban de tocar a Justin. Alguien, al fin, abrió la puerta del auto y pudimos entrar. Cerré de un golpe y di un suspiro de alivio.

Fue difícil salir de allí. Las chicas no nos dejaban pasar. Requerimos refuerzos de seguridad para abrirnos camino, de modo que el auto pudiera salir del estacionamiento sin atropellar a nadie. Era una multitud que un ejército de guardias no podría controlar. El conductor avanzó, centímetro a centímetro, hacia la calle mientras las chicas golpeaban las ventanillas repitiendo el nombre de Justin y gritando: «¡Te amo, Justin!». Era un ruido ensordecedor. Y golpeaban con tanta fuerza que parecía que el auto estuviera bajo bombardeo, como lluvia de pesas de cinco kilos que cayeran del cielo sobre el techo. El auto se movía como si hubiera un terremoto.

Fue un momento que percibí como algo para disfrutar, pero también una locura que te impactaba. *¿Cómo fue que llegamos a este punto?*, me preguntaba. *¿Cómo sucedió todo esto?* Justin, sin embargo, parecía no verse afectado por el caos. Estuvo todo el tiempo hablando con su abuela por el teléfono celular, charlando como siempre: «¿Cómo estás, abuela? ¿Qué tal tu día?», preguntaba. No era Justin Bieber la estrella del *pop*. Era Justin el nieto.

A pesar de que su carrera ha estallado y es tan famoso, siempre ha seguido decidido a no olvidar sus raíces. Lo mismo sucede conmigo.

CAPÍTULO

Dieciséis

Eran iguales a mí.

Y yo, igual a ellas.

En un angosto pasillo donde formaban fila una cantidad de jóvenes vestidas con camisetas negras y jeans, yo formaba parte del grupo, no como curiosa visitante sino como sobreviviente que conocía bien la misma historia. Como persona que había sentido el mismo dolor.

Estaba visitando el recinto del *Dream Center* de Los Ángeles. Es una organización de voluntarios que satisface las necesidades físicas y espirituales de la comunidad a través de casi trescientos programas que incluyen un banco de alimentos, fijo y móvil, una clínica médica movible, un centro de rehabilitación para adictos en recuperación y hasta un refugio para víctimas de la trata de personas con fines sexuales. Piensa en cualquiera de las necesidades que pudiera haber en el área de Los Ángeles y es muy probable que el *Dream Center* tenga un programa adecuado para cubrirla. El pastor Matthew Barnett, fundador de la organización y hoy buen amigo mío, lo llama «hospital espiritual de las veinticuatro horas». Y para los que llegan allí, es una línea de vida, un salvavidas.

Días antes visité la iglesia del pastor Matthew. Lesley, una de mis mejores amigas, asiste allí y participa de varios de los distintos programas evangelísticos. Me había hablado muy bien del *Dream Center* y la iglesia, por lo que sentía curiosidad por verlo todo en una visita.

Ese día, cuando Matthew habló, dijo algo que no olvidaré nunca: «Es muy bueno reunirnos en la iglesia el día domingo, pero la iglesia de verdad empieza los lunes por la mañana». Su mensaje se refirió a parte del trabajo que se hacía a través del *Dream Center*. Estaba intrigada e impaciente porque Lesley me mostrara el recinto de ocho hectáreas después del servicio. Quería ver las instalaciones centrales de una organización con un corazón enorme, tan orientada a la misión.

Mientras íbamos en el auto, Lesley me habló de varios programas. Yo no hablé casi porque prefería enterarme de todo y vivir esa experiencia. Un grupo de mujeres, vestidas todas igual y caminando al unísono atrajo mi mirada. Parecían un batallón militar, avanzando con propósito, andando con orgullo. Lesley me dijo que formaban parte del programa para mujeres. «Están aquí por una segunda oportunidad», me informó. Me conmovió ver el coraje que las había llevado a dar el primer paso y formar parte del ministerio de *Dream Center*.

Me caían las lágrimas mientras el auto pasaba por enormes edificios de ladrillo y los prolijos pero sencillos jardines. «Hay un banco de alimentos donde procesamos más de quinientos mil kilogramos de alimentos donados cada mes». Quedé boquiabierta. Es un montón de comida. «Allí está la unidad de adolescentes y más allá la de los hombres. La próxima es la unidad de las mujeres. Hay más de quinientas personas que viven aquí, en cualquier momento del año». Lesley también me mostró las ambulancias renovadas que recorrían los barrios empobrecidos ofreciendo atención médica gratuita. Finalmente pasamos por un comedor donde había camareros, menúes y una gran selección de comida deliciosa, todo gratis.

Ver todo eso, tan maravilloso como misión organizada, con mis propios ojos me dejó sin palabras. Esa noche, en mi twitter escribí: «Matthew Barnett es mi nuevo héroe. Él es verdaderamente las manos y los pies de Jesús». Y él respondió en su twitter: «Si quieres venir de visita, solo dímelo».

Una mañana, poco después, Matthew me llevó a visitar las instalaciones y me mostró cada una de las facetas de ese asombroso ministerio. También había organizado que distintos grupos de hombres, mujeres y adolescentes de diversos programas pudieran contarme por qué estaban en el *Dream Center* y cómo habían cambiado sus vidas.

Cuando llegamos a la división de las mujeres, tenía el corazón lleno de sensaciones, anticipando lo que vería. Frente a ellas, me preguntaba qué era lo que las había traído hasta aquí. Algunas tenían solo diecinueve años. Y habían venido a este lugar porque necesitaban ayuda desesperadamente. Matthew me presentó a tres de ellas, que me contarían sus testimonios. Las escuché mientras sus palabras pintaban el tapiz de sus vidas: roto, gastado, deshilachado y milagrosamente bello. Sus historias eran conmovedoras.

Oí a una ex actriz porno que me contó que había huido de su casa, que se había metido en las drogas y con malas compañías, que había conocido a un joven que la convenció de que sería muy buena trabajando como acompañante de hombres. A fin de cuentas, su actividad la llevó a protagonizar películas pornográficas. Pero como no podía lidiar con la realidad, adormecía su dolor con la adicción a la metanfetamina.

Otra me habló de su relación y los abusos físicos, que había pasado por sobredosis de drogas y la habían dado por muerta, en coma. Luego, la sentenciaron a quince años de prisión, con solo veinte años.

Vi cómo la última chica que me habló, luchaba por no llorar mientras me contaba su historia de abandono. Su padrastro abusó sexualmente de ella varias veces. Y estando de vacaciones con la familia en Los Ángeles, la golpeó casi hasta matarla. Despertó en un hospital y un agente de la policía le dijo que sus padres la habían abandonado. Entonces quedó bajo tutela del estado y pasó de un hogar a otro hasta que se perdió en el sistema. Las drogas le daban una vía de escape a su profundo dolor porque nadie la quería.

Al oír sus historias, sentí un golpe en el estómago que me resultaba conocido. Podía identificarme con ellas. Quería que esas jóvenes supieran que entendía tanto su dolor como su triunfo. Así que cuando me dieron las gracias por haberles permitido contar lo que había en sus corazones, les pregunté si querían oír mi historia. Aceptaron.

Momentos antes, Matthew solo me había presentado como Pattie, una amiga suya que visitaba el *Dream Center*. No les había dicho quién era mi hijo. Les conté a esas preciosas mujeres el trauma del día en que mi papá nos abandonó. Les dije cómo el abuso sexual me había dejado vulnerable, con miedo, a lo largo de los años. Les informé también que el dolor y el vacío en mí me llevaron a beber, a abusar de las drogas, a intentar suicidarme. Les hablé del momento en que supe que esperaba un bebé, sola y a los dieciocho años, admitiendo que no estaba preparada para ser mamá.

Pero no solo les conté eso. También les hablé de la gracia, de lo que viví por gracia. De las segundas (y terceras, y cuartas) oportunidades. Quería recordarles que siguieran adelante, que no bajaran los brazos, que siguieran creyendo que sus vidas podían avanzar por el camino correcto, no solo por un tiempo sino por el resto de sus días. Cuando llegué al final de esta historia de un corazón roto y destrozado que sanó, de una vida restaurada, del amor hallado, les revelé la última pieza del rompecabezas. «Y hoy, estoy aquí con ustedes, como mamá de Justin Bieber», dije con una gran sonrisa.

Dieron un respingo colectivo. Algunas incluso lloraron. Estaban atónitas porque los caminos que habíamos recorrido eran tan parecidos, porque teníamos algo en común: todas habíamos encontrado la esperanza. No queríamos pasar el resto de nuestras vidas arrastrándonos por las partes subterráneas y lodosas de nuestro recorrido en la vida. Y aunque, por cierto, todavía no habíamos llegado, encontramos el camino a la luz.

No creas que su conmovida reacción fue provocada por la noticia de que soy la madre de una estrella de la música *pop* con fama mundial. No pienses ni por un minuto que lo que las inspiró solo fue el hecho de que yo sea quien soy. Quiero que comprendas que eso no tenía mucho que ver conmigo. Tenía que ver con tener ante los ojos la evidencia de que las cosas pueden cambiar a mejor, que «Dios dispone todas las cosas para el bien de quienes lo aman» (Romanos 8:28, NVI). Lo sabían, por supuesto, por sus propias experiencias. Pero mi historia les ofrecía una prueba más de que no tienes que quedarte atascada en el abuso, en la adicción, en la desesperanza.

Aunque he pasado por el dolor, la vergüenza, el miedo y el abandono, también he vivido la esperanza, la promesa, la paz y el gozo. Me siento maravillada ante el modo en que Dios ha derramado sobre mí su amor y su gracia, en tal abundancia. He vivido de manera íntima la bondad de su misericordia. Y me encanta el versículo de los Salmos que dice: «El Señor está cerca de los quebrantados de corazón, y salva a los de espíritu abatido» (34:18, NVI). Es mi testamento. No cambiaría por nada todo lo que sufrí porque sé que, como resultado de ello, mi fe se hizo mucho más profunda.

Al despegar la carrera de Justin, seguí con mi recorrido hacia la sanidad y la plenitud. Había empezado a enfrentar a mis demonios, a mi pasado, desenterrando profundas heridas. Es un proceso continuo. Aunque la depresión y la ansiedad me presentaban desafíos, también indicaban que tenía que seguir sanando.

Confieso que sanar, para mí ha sido —y sigue siendo— un proceso largo. No puedo afirmar que he llegado al destino final de la plenitud emocional, pero hoy he avanzado mucho más de lo que podría imaginar. Me siento mucho más libre, más llena de vida y de paz, en muchas de las áreas de mi existencia.

Cuando inicié mi camino hacia la sanidad, buscando los lugares quebrantados, destrozados por el rechazo, el abandono y el abuso sexual, nunca pude ver que iba a tener que avanzar por tantas capas de sufrimiento y dolor. Jamás imaginé lo duro que sería. A veces pensaba que la presión me iba a quebrar. Entonces, recordaba el pasaje de las Escrituras que nos dice que Dios «no acabará de romper la caña quebrada, ni apagará la mecha que apenas arde» (Isaías 42:3, NVI). Eso me decía que Dios entendía mi quebranto, que sería gentil y tierno conmigo. No se impacientaría si no sanaba de inmediato. No iba a presionarme más allá de lo que pudiera soportar. No iba a exigirme más de lo que fuera capaz de hacer. Se tomaría su tiempo conmigo, sin apresurar el proceso de sanidad.

Y ha llevado mucho tiempo, tal vez, por las mentiras en las que creí desde que era pequeña. Esas faltas de verdad me moldearon de manera dañina, a través de mensajes que me transmitían mis circunstancias, las personas que había en mi vida, e incluso yo misma. Me ha llevado años no solo identificar esas mentiras, sino reemplazarlas con la verdad. Fue un desafío. Y aunque sé que ciertas cosas eran verdad, no siempre se conectaban con lo más profundo de mí. Porque no es lo mismo saber algo en tu mente, que creerlo en tu corazón. Cuando pude finalmente ver, comprender y abrazar ciertas verdades (de las cuales hay muchas en la Biblia) pude combatir las mentiras y reclamar mi identidad.

Por ejemplo, solía creer en la mentira de que nadie podía amarme. Ahora sé la verdad. Sé que soy amada (Romanos 8:39). Solía creer que estaba llena de vergüenza. Ahora sé que soy perdonada (Romanos 8:1). Usualmente creía que no valía nada, ahora sé que soy valiosa (Salmos 139:14). Por lo general creía que mi existencia no tenía propósito alguno, pero ahora sé que el futuro está lleno de esperanza (Jeremías 29:11). Me sentía rechazada, ahora sé que soy hija de Dios y que mi Padre me mira con ojos de aprobación (Sofonías 3:17). Solía creer que yo era un error, pero ahora sé que soy escogida (1 Pedro 2:9).

Cada vez que me sentía deprimida, o con ansiedad, insistía con estas verdades para integrarlas a mi corazón (sigo haciéndolo cuando me hace falta). No me permití caer en la trampa de los viejos sentimientos y las emociones que solo servían para reforzar el daño emocional. Me enfoqué en la esperanza. Me centré en la sanidad. En la verdad. La verdad, realmente, te hace libre.

Para sanar del abuso sexual que sufrí por años, debía pasar por diferentes niveles. Porque no era solo cuestión de lidiar con los hechos que causaron mi daño emocional. También tenía que tratar con lo que me ocurrió como resultado de todo eso. El abuso creó en mí vergüenza, ansiedad y miedo. También torció mi percepción de lo que es el amor y el sexo. Creo que gran parte de mi quebranto provenía del hecho de que no valoraba ni respetaba mi sexualidad.

Después de perder mi virginidad, no había nada de mi sexualidad que me pareciera sagrado. Tener sexo nunca me pareció malo. Formaba parte de mi estilo de vida. Era algo que hacía. Algo que se suponía que tenía que hacer. Pero a los veintiún años empecé a sentir que esa parte de mi vida se enfrentaba a otro desafío.

Como cristiana sabía que el sexo estaba reservado para el matrimonio. Pero aunque hacía unos años que le había entregado mi vida a Dios, todavía me costaba lidiar con eso. Fue entonces que un pastor de jóvenes me invitó a una conferencia acerca de que «el verdadero amor espera». Fue en el momento preciso. No tenía idea de cómo redimir o purificar mi sexualidad. Y, con franqueza, no creía que fuera posible. Mientras escuchaba el mensaje, tenía el estómago hecho un nudo. Cuanto más oía al disertante hablar sobre su pasado sexual, sobre cómo había reclamado para sí esa parte de su vida, tanto más desesperadamente quería restaurar yo mi pureza. Antes de que terminara con su mensaje en esa conferencia, vi que esa era mi oportunidad. Que era mi momento. Era la forma en que podría recuperar la parte de mi vida que quedó mutilada, destruida. Después del servicio firmé la promesa —mi amigo Kev firmó como testigo— de no tener más relaciones sexuales antes de casarme. Me tembló la mano mientras escribía mi nombre. Pattie Mallette: la chica que sabía de sexo a la misma edad en que jugaba a las muñecas. La chica que al fin podría restaurar lo que tan dolorosamente se había roto.

Jamás volví a ver atrás. Sí, es realmente difícil. Porque la tentación era grande, muchas veces. Pero hice votos, prometiéndole algo a Dios y eso lo tomo muy en serio. Podrá parecerte antiguo, una mojigatería en esta época, pero me comprometí a honrar a Dios, guardándome para el matrimonio. Y no tengo intención de renegar de esa promesa (y sí, al día de hoy en que escribo esto, sigo soltera).

Buscando sanar de mi maltrato sexual, mis consejeros fueron orientándome a lo largo de un sinuoso camino de desafíos. Había comenzado por una decisión. Pero primero tenía que admitir que era una víctima y luego, negarme a serlo. Sí, habían abusado de mí. Pero no voy a vivir el resto de mi vida sintiendo lástima de mí misma. Porque jamás podré sanar del todo en mi corazón si no dejo de ser mentalmente víctima. Eso no significa, sin embargo, que no hiciera duelo por mi dolor. Tenía que amarme lo suficiente como para llorar lo que debía. Valorarme lo suficiente para poder filtrarlo todo, a través de esas heridas emocionales, pero sin quedarme allí.

Además, no iba a poder sanar emocionalmente si no aprendía a perdonar a los demás, y también —más importante todavía— a perdonarme a mí misma.

Hace poco, cuando leí el diario que escribí en mis años de adolescencia, me estremecí. Recordar cómo bebía y fumaba en las noches. Cómo me perdía las reuniones familiares. Cómo le daba cualquier nombre a mi madre en el diario. Muchas emociones. Sentí mucha vergüenza por ser la persona que fui alguna vez, alguien tan diferente de lo que soy hoy. De modo que arrojé ese diario al piso y jamás he vuelto a levantarlo. Hasta sentí la tentación de quemarlo. De eliminarlo de mi existencia.

Pero de repente recordé esas palabras: *Los que más necesitan el amor son las personas a las que más les cuesta amar.*

Me encanta esa declaración. La digo todo el tiempo para recordar que hay personas a las que tengo que tratar con cuidado. Se lo digo a mis padres. Se lo digo a mis amigos. Se lo digo a Justin. No puedo sacarlo de mi mente. Y entonces se me ocurrió: *Aplicas eso a todos los que te rodean. ¿Por qué no puedes aceptarlo para ti misma? ¿Por qué no puedes amarte?* Era una verdad que me impactó. No era la Pattie adulta la que yo no podía amar. Era la Pattie adolescente. No podía soportar a esa adolescente endurecida, rebelde y desafiante que solía ser.

Días después, con un consejero, repasé todas esas ideas. Por fin pude separar las cosas, pude atravesar ese velo de lo que me molestaba. Ante la pregunta directa, que pude elaborar con alguien en quien confiaba, sentí un despertar. Empecé a dejar atrás ese odio que sentía por mí misma cuando era adolescente, por las terribles decisiones que había tomado, por todas las cosas estúpidas que dije e hice.

Empecé a recordar que mis terapeutas anteriores intentaron lograr que me mirara en un espejo y dijera: «Te amo». Pero era casi imposible. Lo intenté, una o dos veces, mas detestaba hacerlo. Me había hecho sentir rara, extraña. Como una impostora. Pero, si no me amo a mí misma, ¿cómo puedo amar a los demás? Si no puedo recibir amor, ¿cómo podría darlo? Todos los mandamientos pueden resumirse en dos: «Ama al Señor tu Dios con todo tu corazón, con todo tu ser y con toda tu mente» y «Ama a tu prójimo como a ti mismo» (lee Mateo 22:36-40). No puedo amar a los demás si no me amo a mí misma, por eso estoy aprendiendo a amarme.

No era yo la única persona a la que tenía que perdonar. Había muchas más hacia quienes debía extender la misma gracia: mi padre, mi madre, los que abusaron de mí, Jeremy... A veces, parecía una lista interminable. Y mientras continuaba en el proceso hacia la sanidad, comencé a ver que el perdón no es algo que empiece y acabe en un momento nada más. Con solo decir: «Te perdono», no desaparece el dolor, el sufrimiento ni la injusticia de la ofensa. Tendría que vivir continuamente a partir de un punto de perdón. A veces, a diario. Otras veces, hora a hora.

Hubo ocasiones en que eso me parecía imposible. En mis momentos más difíciles tenía que pedirle a Dios que me ayudara. Supuse que si estuvo dispuesto a enviar a su único Hijo a morir en una cruz para que yo pudiera ser perdonada, seguramente estaría dispuesto a ayudarme a mí, para que pudiera perdonar a otros. Aunque no siempre sucedió al instante, he visto que soy capaz de perdonar, solo por su gracia (también he orado pidiendo ayuda cuando necesité amar a otros, o ser paciente con ellos, sin tener las herramientas para lograrlo).

Me encanta ese dicho: «La falta de perdón es como beber veneno y esperar que muera la otra persona». El hecho es que si yo no daba el primer paso para perdonar, la perjudicada en última instancia sería yo. Porque sería rehén de la amargura. Mi falta de perdón también llegaría lejos: podría afectarme no solo en lo emocional sino en muchas áreas, como en mis relaciones, o incluso en mi salud física. Hay varios estudios médicos que vinculan la falta de perdón con la enfermedad y la depresión.

Podrías definir el perdón como renunciar a tu derecho de buscar venganza. Eso no significa que la injusticia es buena. Yo no tenía alternativa cuando me destrozaron y me lastimaron. Pero ahora tenía la alternativa de perdonar. Tenía la oportunidad de permitir que me definiera el dolor o la de sanar de las heridas que me había provocado. Decidí que sanaría. Decidí avanzar, sin que esas heridas me impidieran seguir adelante. Decidí vivir. Pero vivir *de veras*. No ha sido sencillo, pero valió la pena.

Sigo enfocada en llegar a la plenitud emocional y me entusiasma ver lo que hay por delante. Porque, por cierto, este no es el final de mi historia. Es solo el comienzo.

Hay mucho más para mí que ser la madre de Justin Bieber. Durante los últimos dieciocho años he dedicado mi vida, mi corazón y mi alma a criar a mi hijo de la mejor manera posible. El hecho de escribir este libro no solo ha sido sanador, sino que representa el primer paso hacia un nuevo capítulo de mi vida. Estoy lanzándome hacia mi propio destino. Parte de ello significa definirme, aparte de mi hijo que transita hacia la adultez (y seguro que cualquier mamá se sentirá identificada con esto). También, significa seguir definiendo y ampliando mi propósito y misión en la vida.

Esa asombrosa plataforma que Dios le ha dado a mi hijo también me abrió puertas para que contara mi historia, como lo hice con las mujeres del *Dream Center*. Hace poco tuve la oportunidad de visitar el Centro Bethesda y hablar con las chicas que están allí.

Aunque han renovado el edificio y las habitaciones hoy se ven diferentes, me invadió una oleada de recuerdos. Podía imaginarme como adolescente asustada tratando de responder millones de preguntas, de domar un torbellino de emociones que me abrumaban. Aunque era la mamá de un chico de casi dieciocho años (en ese momento), sentí la ansiedad del embarazo como si fuera ayer. Sentí la preocupación. La maravilla. El dolor.

Mientras algunos empleados me llevaban a recorrer las instalaciones, nos detuvimos en una de las clases en las que seis chicas, embarazadas o con sus recién nacidos en brazos, estaban sentadas alrededor de una mesa. Sonreí al ver sus dulces rostros. Se veían tan jóvenes, y algunas, tan cansadas. Sabía exactamente lo que tienen que haber sentido en ese momento, fuera que tuvieran miedo al dolor del parto, o que estuvieran agotadas por no dormir al tener que ocuparse de sus bebés, o que les invadiera la incertidumbre de no saber qué pasaría con ellas cuando tuvieran que dejar ese centro y llegara el momento de crear una vida nueva para sí mismas, solas. Las chicas conversaban y reían, ruidosas, sin parar. Me bombardeaban con todo tipo de preguntas acerca de Justin (¿sobre quién más preguntarían?), como si tenía novia, o cómo era ser mamá de una famosa estrella de la música *pop*. Pero poco después, sus inquietudes fueron haciéndose más serias. Las preguntas más tontas se convirtieron en afirmaciones sinceras que desenmascaraban emociones y sacaban a la luz inseguridades.

Noté que una de las más vivaces se había quedado callada. Entonces, bajó la mirada y con timidez, alzó la mano. Le hice una seña para que hablara y vimos que lloraba sin consuelo. «Siento que no tengo nada que ofrecerle a mi bebé», sollozó. Me partía el corazón ver que seguía llorando. Me le acerqué y la abracé. Permanecimos así por unos minutos. Las otras chicas de la mesa asintieron, sabiendo bien de qué se trataba, y se secaban las lágrimas que la compasión les hacía derramar. Imagino que muy pocas madres adolescentes escapan a esa sensación de que no podrán lograrlo.

Con empatía en mi corazón, alenté a esa preciosa jovencita: «Yo tampoco creía poder ofrecerle nada al mío», admití. «Era muy joven cuando tuve a Justin; además, sufrí años de abuso sexual y cosas muy feas. Por eso, en parte, estoy aquí. Sé lo duro que es. Sé exactamente lo que sientes».

La miré a los ojos y continué: «¿Qué tienes que ofrecerle? Amor. El amor es muy poderoso. Y te tienes a ti misma para ofrecerte a tu bebé. Es más que suficiente. Si te cuidas, si cuidas tu vida y tu corazón, ¡tienes mucho que ofrecerle! Mira a los niños que nacen en los países del Tercer Mundo. Sus padres no tienen mucho que darles, excepto a sí mismos y sus corazones. Y esos niños, muchas veces, ¡son más felices que cualquier otro! Confía en mí. Tienes mucho que ofrecerle a tu bebé».

La sinceridad de esa chica me hizo sentir más sencilla, honrada por poder contarle mis experiencias, mis inseguridades y dudas, por mostrarle a través de mi vida que iba a poder ser una buena mamá para su bebé, aunque fuera tan joven.

Siempre tendré en mi corazón un lugar especial para las madres adolescentes. Pero no solo para las que tienen dificultades o que necesitan encontrar esperanza. Seas madre soltera, adicta, víctima del abuso... o si estás al borde de la bancarrota, o a punto de divorciarte... o si tu familia es disfuncional, o vienes de un hogar fracturado... si luchas contra la depresión o la ansiedad... o vives con miedo y te escondes por la vergüenza... si te han abandonado, rechazado o ignorado... debes saber que hay esperanza.

No importa dónde te encuentres hoy, ni lo dolida, herida, quebrantada o avergonzada que estés. Si Dios pudo ayudarme a mí a hallar el camino hacia la luz, te aseguro que puede hacer lo mismo por ti.

Agradecimientos

A mi hijo, Justin, mi corazón: estoy orgullosa de ti, no hay palabras para describirlo. Has traído tanto gozo a mi vida, siempre supe que fuiste creado para la grandeza. Te doy gracias por haber estado conmigo a lo largo del proceso de escribir este libro. Sé que no he podido viajar mucho contigo últimamente. Quiero que sepas que te extraño. (P.D.: Acabo de estallar de amor por ti).

A mis padres: Mamita, eres y siempre fuiste una buena mamá. Siempre voy a estar agradecida por los sacrificios que hiciste por nuestra familia, por quedarte levantada de noche cuando estábamos enfermos, por estar siempre presente, por cocinar y limpiar todos los días y por hacer lo que fuera para que nada nos faltara. Gracias, mamá. Te amo. Gracias, Bruce, por ser tan maravilloso esposo para mamá y por amarla como la amas. Sé que no fui la hija más fácil, pero siempre fuiste un padre bueno y fiel. (No llegué a ser boxeadora, pero ¡escribí un libro!). Son unos abuelos maravillosos.

A mis hermanos: Candie, siempre te admiré. Fuiste una hermana genial. Gracias por escucharme siempre y por tus consejos. Chris, gracias por ser un hermano mayor protector y por sacarme de encima a los bravucones. Te pido perdón por haberte metido en líos cuando éramos chicos. Al otro Chris, gracias por dejar que te llamáramos Chuck, por ser dulce y por hacerme reír siempre. Sally, estoy esperando encontrarme contigo en el cielo.

A Jeremy: te agradezco eternamente, no solo por darme el mejor regalo de mi vida —Justin—, sino también por convertirte en el hombre y el padre que eres hoy. Aunque nuestra relación tuvo sus sacudones, no podría borrarla ni cambiarla en nada, porque Dios lo ha convertido todo para bien, y sigue haciéndolo. Mis intenciones son no lastimarte nunca. Dicho esto, este es mi lado de la historia, no sería posible sin ti. Te amo. Siempre habrá en mi corazón un lugar especial para ti.

A Lesley, mi publicista, mi asistente, agente, consejera, lista para lo que necesite: ¡Eres maravillosa! Por sobre todo, eres de veras una gran amiga. Un tesoro para mí.

A mi coautora, A. J., esposa, madre de una bebé y escritora: sinceramente, no sé cómo lo haces. Trabajas más que cualquiera de las mujeres que conozco y, de alguna manera, te las arreglas para producir oro. Después de tantas horas juntas, me gané una amiga. ¡Lo logramos!

A Esther, mi agente literaria: gracias por creer en mí. Eres la mejor en lo que haces.

A Dwight Baker y el equipo de Revell: Gracias por sus esfuerzos, por su paciencia, diligencia y conocimientos. Gracias en especial a Jennifer y Twila por siempre ir la milla extra (específicamente, los 400 kilómetros que Jen recorrió en auto hasta Canadá).

A los que abusaron de mí: los perdono.

Pattie Mallette, conocida en casi todo el mundo como la mamá de Justin Bieber, es más que solo la madre de una sensación del *pop* de fama mundial. Pattie recorre un camino poco transitado al ser madre de un joven en el imprevisible camino a la fama. Como mujer, joven y madre soltera, luchó mucho por surgir de un doloroso pasado de abuso, vergüenza y pobreza. Pattie espera alentar a los jóvenes con problemas, a las madres solteras con dificultades y a los quebrantados de corazón, con su historia. Sigue ampliando su alcance a las mujeres jóvenes y a los jóvenes en general (que incluyen a su casi un millón de seguidores en Twitter), mientras supervisa la carrera de Justin y a su equipo. Síguela en Twitter (@ PattieMallette).

A. J. Gregory es una exitosa autora que ha colaborado con figuras fascinantes de alto perfil, en casi veinte libros. También es autora de *Silent Savior* [Salvador silencioso] y *Messy faith* [Fe que es un lío].